Internationale Bauausstellung
Fürst-Pückler-Land 2000 – 2010 (Hrsg. -- Ed.)

NEUE LANDSCHAFT LAUSITZ

Katalog 2010

--

NEW LANDSCAPE LUSATIA

Catalogue 2010

jovis

2 3
Energiebezirk Cottbus in der Lausitz in den 90er Jahren

4 5

Werksiedlung in Plessa nahe dem ältesten deutschen Braunkohlekraftwerk

6 7

Großkokerei Lauchhammer, die erstmals hüttenfähigen Koks aus Braunkohle herstellte, 1991

8 9

Schienentrasse für Förderbrücken im Braunkohletagebau Welzow

Typische Kippenlandschaft im Braunkohletagebau Welzow

12 13
Biotürme als Abwasserreinigungsanlage, letztes Relikt der Großkokerei Lauchhammer

Fürst Pückler-Muskau.

← 2/3 Cottbus as Lusatian energy district in the 90s
4/5 Factory housing estate in Plessa near the oldest German lignite power station
6/7 Lauchhammer coking plant, the first to make coke suitable for smelting from lignite, 1991
8/9 Rails for conveyor bridges at the Welzow opencast lignite mine
10/11 Typical tipping landscape at the Welzow opencast lignite mine
12/13 Bio-towers as a sewage treatment plant, last remnant of the Lauchhammer coking plant

Teil 1

KONZIPIEREN – ORGANISIEREN – KOMMUNIZIEREN

--

Part 1

PLANNING – ORGANISING – COMMUNICATING

GRUSSWORT VON MINISTERPRÄSIDENT MATTHIAS PLATZECK

Liebe Leserinnen und Leser, liebe Freunde unserer IBA,

Matthias Platzeck
Ministerpräsident des Landes Brandenburg

lassen Sie es mich gleich auf den Punkt bringen: Die Internationale Bauausstellung Fürst-Pückler-Land ist ein grandioser Erfolg. Die bisherigen Ergebnisse des Umgestaltungsprozesses sind mehr als vorzeigbar. Selbst kühne Hoffnungen und Erwartungen haben sich erfüllt, manche wurden noch übertroffen. Heute nimmt eine Vision täglich mehr Gestalt an: Riesige Brachen werden zu Deutschlands innovativster Wassertourismusregion und Europas größter künstlicher Seelandschaft umgestaltet. Viele der rund 30 Seen werden mit schiffbaren Kanälen verbunden sein und ein dichtes Rad- und Skaterwegenetz wird die Wasserwege ergänzen, neues Leben wird einziehen.

Wir wollten der Lausitz eine Perspektive aufzeigen. Viele Jahrzehnte des ungezügelten Braunkohleabbaus und weitgehend ausgebliebener Rekultivierung hatten die Landschaft der Niederlausitz verwundet und waren ein schweres Erbe. Allein 17 Tagebaue lagen nach der Wende plötzlich still. Was sollte, was konnte mit den gewaltigen Kratern geschehen? Hier wurde die Idee einer »IBA von unten« geboren. Nicht jeder war von diesem Plan sofort begeistert. Widerstände mussten überwunden und Widerspenstige überzeugt werden – vor Ort, in der Region und auch in Potsdam. Schnell hat sich eine enge, konkrete Zusammenarbeit entwickelt, und nach anfänglichem Zögern hatte jeder sein spezielles IBA-Projekt ins Herz geschlossen.

Wenn ich die Aktivitäten der IBA insgesamt ins Auge fasse, kann ich nur immer wieder betonen, dass es eine goldrichtige Entscheidung der

--

A WORD OF WELCOME FROM PRIME MINISTER MATTHIAS PLATZECK

Dear readers, dear friends of our IBA

Let me come straight to the point: the Fürst-Pückler-Land International Building Exhibition is a tremendous success. The results of the new design for the area are already more than evident. The boldest of hopes and expectations have come to fruition, some of them beyond our wildest dreams. Today a vision is becoming more of a reality daily: huge areas of waste land are turning into Germany's most innovative region for water tourism, redesigned to create Europe's largest set of artificial lakes. Many of the lakes, there are about 30 of them, will be linked by navigable canals, a new network of cycle and skateboard paths will complement the waterways, and new life will move in.

We wanted to find new prospects for Lusatia. Many decades of lignite mining without checks and balances and almost no restoration of the terrain damaged the landscape in Lower Lusatia and left a difficult heritage. Seventeen opencast mining sites closed suddenly after the Berlin Wall fell. What should, what could be done with these enormous craters? This is where the idea of an »bottom-up IBA« came into being. Not everyone was keen on this plan at first. Resistance had to be overcome and opponents persuaded – on the spot, in the region and also in Potsdam. Close concrete co-operation developed quickly, and after some initial hesitation everyone had taken a special IBA project to heart.

When I look at the IBA activities as a whole, I can only stress that the regional government was absolutely right to decide to support this extraordinary project from the outset and to

Landesregierung war, dieses außergewöhnliche Projekt von Anfang an und mit aller Kraft zu unterstützen. Die Kopplung der Braunkohlesanierung mit der IBA Fürst-Pückler-Land hat Synergien erschlossen, die beiden Seiten und insbesondere den Menschen in der Region zugute kommen. Hier ist eine ebenso eigenwillige wie erfolgreiche »Landmarke« gesetzt worden. Immer – und ich komme häufig – ist mein Eindruck: sehenswert, aussagekräftig, spannend und im doppelten Sinne natürlich auch bewegend!

Neue Energien, neues Wasser, neues Land sollen die Besucherinnen und Besucher auch in den kommenden Jahren dazu bewegen, der Umgestaltung der Lausitz und ihren neuen Möglichkeiten Aufmerksamkeit und Interesse zu schenken. Wir wollen die Menschen der Region und die zahlreichen an diesem Projekt interessierten Gäste auch künftig für die weiteren Vorhaben begeistern.

Ich wünsche mir, ja ich erwarte, dass nach der IBA der Zweckverband Lausitzer Seenland und die Region auch weiterhin ihre Rolle als Entwicklungsmotor für den südbrandenburgischen Raum wahrnehmen. Mit den zahlreichen innovativen Ideen dieses Projekts ist es gelungen, den Strukturwandel in der Lausitz zu unterstützen. Man kann sagen, die IBA hat sich als Innovationsmotor im Land Brandenburg herausgestellt. Es ging und geht dabei nie nur um die Schaffung eines weiteren Naherholungsgebietes, sondern um neues Wohnen und neues Arbeiten in einem attraktiven, überregional bedeutsamen Areal.

Heute gehören Sanssouci, Rheinsberg und der Spreewald zum Besucherpflichtprogramm Brandenburgs. Warum sollte sich das Lausitzer Seenland perspektivisch nicht dazu gesellen? Schließlich zieht es schon jetzt jährlich Zehntausende zum Besucherbergwerk F60 oder zur Slawenburg Raddusch. Das Potenzial ist vorhanden. Allen noch Zweifelnden sage ich: Kommen Sie, lassen Sie sich überzeugen. Wir freuen uns auf Sie.

Ihr Matthias Platzeck

--

the utmost. Linking lignite restoration with the IBA Fürst-Pückler-Land has created synergies that have been good for both sides and the people in the region in particular. A »landmark« that is as unusual as it is successful has come into being here. My impression – and I come here a lot – is always: worth seeing, convincing, exciting, and of course moving in both senses of the word!

New energy sources, new water, new land should make visitors pay attention to and show interest in redesigned Lusatia and its new opportunities, now and in future years as well. We want to make the people of the regions and the many guests who are interested in this project enthusiastic about what we intend to do in future too.

I hope, indeed expect, that after the IBA the Lusatian Lake District board and the region will continue to play a part as a development engine for south Brandenburg. The many innovative ideas for this project have successfully supported structural change in Lusatia. We can say that the IBA has driven innovation in the state of Brandenburg. It is not and never has been about creating another area for day trippers, but about new housing and new work in an attractive spot with significance beyond the region.

Today Sanssouci, Rheinsberg and the Spreewald are essential places to visit in Brandenburg, Why should the Lusatian Lake District not join their number? When all is said and done, it now attracts tens of thousand of people a year to the F60 visitors mine or the Slawenburg in Raddusch. The potential is there. What I say to anyone who is still doubtful is: come and see, and be prepared to be convinced. We look forward to welcoming you.

Yours, Matthias Platzeck

VORWORT

Liebe Mitstreiter, Förderer und Betrachter
der IBA Fürst-Pückler-Land,

Prof. Dr. Rolf Kuhn
IBA-Geschäftsführer

zehn Jahre Internationale Bauausstellung in der Lausitz gehen zu Ende, aber die Neugestaltung der Landschaft nach und mit dem Bergbau geht weiter. Die Bilanz, die wir ziehen, ist also eher eine Zwischenbilanz.

1999 gab der damalige Ministerpräsident des Landes Brandenburg der IBA mit auf den Weg, »der Lausitz ein neues Gesicht und ein neues Image« zu geben. Heute, 2010, kann man resümieren, dass dies gelungen ist. 30 große und kleine Projekte zum Struktur- und Landschaftswandel hat die IBA gemeinsam mit ihren Partnern in der brandenburgischen Lausitz umgesetzt oder als Planung auf den Weg gebracht. Das Kunststück, dabei die Geschichte zu bewahren und gleichzeitig zu neuen Ufern aufzubrechen, gelang ebenfalls. Das ermöglicht, den Stolz auf die vergangene Industriegeschichte wieder aufleben zu lassen, sich auch an die mit ihr verbundenen Verluste zu erinnern und zugleich eine neue Landschaft zu schaffen, die neue Chancen eröffnet.

Der Schlüssel zum Erfolg des Lausitzer Seenlandes – des Kernstücks dieser dünn besiedelten Region – liegt genau in diesem Anspruch. Durch eindrucksvolle Industriekultur, neue Seen, die durch Kanäle verbunden sind, und schwimmende Architektur wird diese Seenlandschaft anziehend und einmalig. Letztlich sind die großen, geotechnisch notwendigen Sanierungsarbeiten nach Auslaufen des Bergbaus nur dann gut angelegtes Geld, wenn man eine deutschland- oder noch besser mitteleuropaweite Ausstrahlung und Anziehungskraft der Bergbaufolgelandschaft erreicht. Zugleich ist dies Voraussetzung für die wirtschaftlich erfolgreiche Auslastung des neu entstehenden Seenlandes.

--

FOREWORD

Dear teammates, supporters and
observers of the IBA Fürst-Pückler-Land

Ten years of the International Building Exhibition in Lusatia are coming to an end, but redesigning the landscape after and alongside mining activity goes on.

In 1999, the then prime minister of Brandenburg asked the IBA »to give Lusatia a new face and a new image.« Today, in 2010, we can safely say that this was a success. The IBA and its partners implemented thirty large and small projects for changing structure and landscape in Brandenburg's Lusatia, or launched them at the planning stage. The trick here was to preserve history and the same time to pursue new aims, and this succeeded too. This makes it possible to take pride in past industrial history and also to remember what has been lost because of it, and at the same time to create new landscapes that open up new opportunities.

The key to the success of the Lusatian Lake Land – the heart of this thinly populated region – lies precisely in this ambition. This lakeland landscape is being made attractive and unique through impressive industrial culture, new lakes linked by canals and floating architecture. Ultimately money is well spent on the geotechnically necessary refurbishment work after mining finishes only if the post-mining landscape makes an attractive impact all over Germany or better all over Central Europe. This is also a requirement for agriculturally successful use of the new Lake Land that is emerging.

The Lusatian Lake Land will be distinctively different from comparable landscapes in function and form, and will surpass them in its quality. This needed extraordinary projects linked with extraordinary efforts.

Das Lausitzer Seenland wird sich in Funktion und Form von vergleichbaren Landschaften deutlich unterscheiden und sie qualitativ übertreffen. Dafür waren – mit außergewöhnlichen Anstrengungen verbundene – außergewöhnliche Projekte erforderlich.

Mit den IBA-Projekten entwickelten sich darüber hinaus sowohl eine große Nutzungsvielfalt als auch ein wesentlich früherer Nutzungsbeginn. Dabei setzte sich die IBA dafür ein, dass die Herkunft der Landschaft – ihr »vom-Menschen-gemacht-Sein« – nicht verleugnet und in der Neugestaltung sogar betont wird. Dieser Prozess wird sich nach der IBA fortsetzen.

Auch die ästhetische Qualität landschaftsarchitektonischer Projekte darf nach der IBA nicht verloren gehen, sondern muss weiterentwickelt werden. Gern erinnere ich in diesem Zusammenhang an die 1949 veröffentlichte Theorie des Schweizer Architekten und Publizisten Alfred Roth. Dieser sieht in der Architektur – auch in der Landschaftsarchitektur – eine gleichberechtigte Balance von Idee, Kunst, Philosophie einerseits und Wissenschaft, Technik, Ökonomie andererseits. Die einseitige Hinwendung nur zu einer dieser beiden Seiten hält er für den Tod der Architektur.

Im Sinne der eingangs erwähnten Zwischenbilanz ist es vielleicht hilfreich, dass die IBA Fürst-Pückler-Land nicht nur fertige Projekte, sondern auch Visionen und noch nicht umgesetzte Planungen wie die »Hand« in Altdöbern, die »Sonne« in Lichterfeld oder den »Schwimmenden Steg« über den Sedlitzer See hinterlässt. Ihre Realisierung könnte eine Brücke in die Zeit nach der IBA sein. Eine Zeit, in der weiterhin Wert auf den besonderen Charakter der Landschaft gelegt wird und in der die Region die Entwicklung herausragender Projekte mit hoher ästhetischer Qualität weiter vorantreibt.

In Anlehnung an Bertolt Brecht könnte man dann sagen: Sie (die IBA) hat Vorschläge gemacht, wir (die Region) haben sie angenommen. Damit sind beide geehrt.

Ihr Rolf Kuhn

--

And over and above this, the IBA projects produced both a great variety of uses and also a considerably earlier launch for those uses. Here the IBA was determined that the origin of the landscape – its »man-made quality« – should not be denied, and indeed emphasized in the new design. This process will continue after the IBA.

And the aesthetic quality of the landscape architecture projects must not be lost after the IBA either, but must be developed further. In this context I like to remember the theory of the Swiss architect and journalist Alfred Roth, published in 1949. He saw architecture – and landscape architecture – as an equal balance between ideas, art and philosophy on the one hand and science, technology and economics on the other. He feels that emphasizing one of these sides unduly is the death of architecture.

In terms of the interim summary mentioned at the beginning, it is perhaps helpful that the IBA Fürst-Pückler-Land has not left behind only completed projects, but also visions and as yet unrealized plans such as the »hand« in Altdöbern, the »sun« in Lichterfeld or the »floating walkway« over the Sedlitz Lake. Realizing them could create a bride to the post-IBA period. A period in which the special character of the landscape will continue to be valued and in which the region will continue to push ahead with developing outstanding projects of high aesthetic quality.

Borrowing from Bertolt Brecht, it could be said that it (the IBA) has made suggestions, we (the region) have accepted them. This does honour to both.

Yours, Rolf Kuhn

KONZIPIEREN

--

Die Lausitz hat immer ihr Bestes gegeben: ihre Braunkohle. Und sie gibt immer noch alles, damit um sie herum nicht die Lichter ausgehen. Aber jetzt ist sie doch ziemlich erschöpft, auch ganz schön mitgenommen, das ist nicht zu übersehen. Nach 150 Jahren Bergbau wird es höchste Zeit, dass sie, die sich so aufgeopfert hat, auch mal an sich denkt, es mal ruhiger angehen lässt mit dem Bergbau, sich mal untersuchen lässt und darüber nachdenkt, wie sie ihr Leben ändern und wieder zu neuen Kräften kommen kann. Klar, sie wird sich von ein paar alten Gewohnheiten trennen müssen, das ist nicht so leicht – aber es muss sein, sonst bricht sie zusammen. Und wenn es ihr ein bisschen besser geht, wenn sie schon ein paar Ideen für die Zukunft hat, kann sie sich natürlich auch mal was gönnen und ein wenig feiern. Das macht sie 2010.

Neue Landschaft Lausitz lautet der Titel dieses Buches – und in dem saloppen Vergleich mit einer hart arbeitenden Mutter ist »Landschaftswandel« so etwas wie die empfohlene Umstellung der Lebensweise. 20 Jahre nach der Wiedervereinigung und dem teilweisen Ende des Bergbaus in der Lausitz zeigt sich, dass die Therapie gut anschlägt.

--

PLANNING

Lusatia has always given of its best: its lignite. It still gives its all to stop the lights around it from going out. But it is unmistakeably haggard and on the brink of total exhaustion. After 150 years of mining, it is time for this place that has sacrificed so much to think of itself, to take it easier with its mining activities, to have a check-up, and to think about how to change its life to recover its vitality. It will have to give up a few of its old habits, and that won't be easy – but if it fails to do so, its health will be permanently ruined. And once it's looking a little better and has a few ideas for the future, then it can spoil itself a little and let its hair down. It can celebrate. This is what it will be doing in 2010.

This book is entitled *New Landscape Lusatia* – and, in this rather flippant comparison with a hard-working mother, »landscape transformation« is the recommended change of lifestyle. Twenty years after reunification, and the reduction in mining in Lusatia, we can see the therapy working.

DIE AUSGANGSSITUATION

Seit Beginn der Industrialisierung in Deutschland ist die Lausitzer Braunkohle eine ihrer Antriebsquellen. In den 40 Jahren der DDR stieg sie gar zur wirtschaftlichen Hauptgrundlage auf: Auf politischen Beschluss hatte die DDR Energieeigenversorger zu werden. Mit aller Macht wurde der einzige in großem Umfang vorhandene Rohstoff, die Braunkohle, ausgebeutet. Zwischenzeitlich war die kleine DDR der größte Braunkohleproduzent der Welt, förderte über 300 Millionen Tonnen Braunkohle – rund ein Drittel der jährlich weltweit geförderten Menge. Alleine im Lausitzer Revier wurden jedes Jahr 200 Millionen Tonnen gefördert und sogar rund eine Milliarde Tonnen Sand, Erde und Steine als Abraum beseitigt. Im Unterschied zur Steinkohle liegt die Braunkohle relativ dicht unter der Erdoberfläche und wird meist über Tage gewonnen, indem gewaltige Maschinen kilometergroße Tagebaugruben erschließen. Ende der 1980er Jahre gab es in der DDR fast 40 solcher Tagebaue gleichzeitig. Auch die Niederlausitz war im Grunde ein einziger gewaltiger Tagebau. Etwa 130 Dörfer, Siedlungen und Ortsteile mussten den Baggern ganz oder teilweise weichen, 25.000 Lausitzer verloren ihre Heimat. Die größte Umsiedlung traf Großräschen: Rund 4000 Einwohner mussten ihre Häuser räumen, die Hälfte des Stadtgebiets verschwand durch den Bergbau, der damals über 60.000 Menschen Arbeit gab. »Die Kohle gibt – die Kohle nimmt«, sagten die Lausitzer dazu.

Das Streben nach Energieautarkie hatte verheerende Ausmaße angenommen, der Preis für diese Politik war zu hoch – für die Umwelt, die Kulturlandschaft und die Bevölkerung. Auch nach der Wiedervereinigung 1990 kam die Region diese Monostruktur teuer zu stehen: Bis auf fünf wurden alle Tagebaugruben und fast alle Standorte der Folgeindustrie geschlossen, die Arbeitslosigkeit stieg auf 25 Prozent. Entsprechend verließ fast ein Viertel der Bevölkerung die Region. Mit anderen Worten: Die Lausitz lag am Boden.

--

THE INITIAL SITUATION

Lusatian lignite has always been vital for German industry – and the GDR's forty-year history saw it become a pillar of its economy. The GDR had an energy self-sufficiency policy. Lignite – the only energy resource available in bulk – was furiously exploited. For a while, this little country became the world's biggest lignite producer, mining over 300 million tonnes of lignite – about a third of annual global production. In Lusatia alone, 200 million tonnes were mined, together with about a million tonnes of sand, earth, and stone spoil. Unlike hard coal, lignite lies quite close to the surface and is usually mined by the open-cast method, which involves powerful machines digging in open-cast trenches kilometres long. There were almost forty of these open-cast mines being worked in the GDR at the end of the 1980s, and Lower Lusatia was effectively a single huge open-cast mine. About 130 villages, residential developments and town districts were bulldozered, and 25,000 Lusatians were displaced. The largest translocation was in Grossräschen: around 4,000 of its inhabitants had to leave their homes, while half of the town was destroyed by a mine that provided jobs to over 60,000 people. The Lusatians had a saying: »coal gives – and coal takes away.«

The results of this struggle for energy autonomy were devastating. The price of this policy was too high – for the environment, for the cultural landscape, and the population. This monostructure continued to burden the region after the reunification in 1990, when all but five of the open-cast trenches and almost all of the processing plants were closed, unemployment rose to 25 percent. As a result, almost a quarter of the population left the region. In other words: Lusatia was left in very bad shape.

AUFGABENSTELLUNG UND ENTWICKLUNGSSZENARIEN

Neben der Arbeitslosigkeit war in dieser Zeit die Umwelt- und Landschaftszerstörung das größte Problem – aber immerhin gab es dafür einen Ansatzpunkt: das Verursacherprinzip. In Deutschland sind Bergbauunternehmen per Bundesberggesetz dazu verpflichtet, Schäden und Gefahren, die durch den Bergbau entstehen, zu beseitigen. Dies gilt heute für Vattenfall wie im Prinzip auch schon zu DDR-Zeiten für die damaligen Staatsbetriebe. Allerdings hatten die Planungen aus DDR-Zeiten vorgesehen, noch viele weitere Flächen abzubaggern und den jeweils entstehenden Abraum in die ausgekohlten »Restlöcher« zu kippen. Mit der DDR hatten sich diese Pläne erledigt. Anfang der 1990er Jahre war daher von 75.000 Hektar überbaggerter Fläche nur die Hälfte rekultiviert worden. Dieser »Sanierungsstau« musste nun unter neuen Voraussetzungen beseitigt werden.

--

MISSION STATEMENT AND DEVELOPMENT SCENARIOS

Apart from unemployment, the biggest problem was the wrecked environment and landscape – but there was a mechanism for dealing with this: the »polluter pays principle.« In Germany, the Bundesberggesetz (federal mining law) obliges mining companies to remedy any damage or risk factors created by their mining activities. This applies to companies like Vattenfall today, and, in theory, it also applies to the state-run companies of the GDR period. In the GDR period, there were plans to dig out even wider tracts of land and to tip the resulting spoil into the »residual cavities« that had been worked out. This plan died with the GDR, meaning that in the 1990s only half of the 75,000 hectares of dug-out land had been recultivated. Now this »restoration backlog« has to be sorted out under the new dispensation.

Obwohl im Bundesberggesetz geregelt ist, dass Bergbaufolgelandschaften für Mensch und Umwelt sicher saniert werden müssen, gab und gibt es doch außerhalb der behördlich-administrativen Ebene stets eine gesellschaftliche Debatte um das Für und Wider solcher ingenieurstechnischer Rekultivierungsmaßnahmen. Grundsätzlich sind zwei verschiedene »Szenarien« für den Umgang mit einer durch den Bergbau zerstörten Landschaft denkbar:

Szenario 1:
Sanierung als »Wiedergutmachung«
Können die Zerstörung der Natur und der Abriss ganzer Dörfer wenn nicht ungeschehen, so vielleicht doch »wieder gutgemacht« werden? Als »Wiedergutmachung« werden in diesem Szenario die großen Tagebaulöcher teilweise zugeschüttet und rekultiviert, sodass wieder Agrar- und Forstflächen und Bauland entstehen. Die verbleibenden Restlöcher werden geflutet und verwandeln sich vor allem in Gewässer. Nicht mehr benötigte Brikettfabriken, Kokereien, Kraftwerke und sonstige Industrieansiedlungen machen Platz für neue Bebauung oder bleiben Brachflächen. Nach ein, zwei Generationen sind die offensichtlichen Spuren der Bergbauvergangenheit beseitigt, nichts erinnert mehr an die einstigen Mondlandschaften und Industriestandorte. Aus der Lausitz wird eine Art »zweitbeste Mecklenburgische Seenplatte« – gefällig und austauschbar.

--

Although the Bundesberggesetz specifies that the post-mining landscape should be restored and made safe for the environment and for the human population, there has always been – once you get beyond the official level – a continual social debate about the pros and cons of such engineered, technological recultivation measures. There are two basic »scenarios« for dealing with a landscape destroyed by mining:

Scenario 1:
»Remediation« restoration
If the destruction of nature and the demolition of whole villages cannot be undone, perhaps it can be »remedied«? In this scenario, »remediation« means partially filling and recultivating the large open-cast cavities, creating agrarian, forest, and building land. The remaining residual cavities are flooded, becoming bodies of water. The obsolete briquette factories, coking plants, power stations, and other industrial facilities give way to new developments or are left as brownfield sites. After one or two generations, the most obvious traces of the region's mining past have been removed, with no memory left of the former moonscapes and industrial sites. Lusatia would be turned into »a second-best Mecklenburg Lake District« – attractive and interchangeable.

Szenario 2:
Natur wird sich selbst überlassen – Verzicht auf Sanierung

Sobald die Bagger stillstehen und die Grundwasserpumpen abgestellt sind, wird die Bergbaufolgelandschaft sich selbst überlassen. Das Grundwasser steigt wieder an, die Gruben füllen sich innerhalb von 40, 50 oder mehr Jahren selbstständig mit Wasser und die Natur erobert sich Stück für Stück die Landschaft zurück. Vegetation überwuchert die ausgekohlten sandigen Böschungen, die rostenden Gütergleise und die leer stehenden Industriebauten. Vögel und Insekten siedeln sich an, später auch andere Tierarten. So entsteht ohne weiteren Eingriff des Menschen eine einzigartige Naturlandschaft. Eine ebenso morbide wie romantische Vorstellung, ein Sinnbild der Vergänglichkeit.

Inspirierend finden dieses nur theoretisch denkbare Szenario vor allem Künstler und Menschen, die nicht vor Ort mit den Folgen leben müssten – denn das Szenario birgt viele Risiken: Ohne künstliche Zuleitung von frischem Oberflächenwasser bliebe das Seewasser extrem sauer, da das aufsteigende Grundwasser Sulfat aufschwemmt, das als geologische Besonderheit der Lausitz im Boden enthalten ist. In diesem sauren Wasser könnten keine Pflanzen und auch keine Fische oder andere höhere Organismen leben. Auch zum Baden wäre das Wasser ungeeignet und es würde die bisher intakten Flüsse der Region mitbelasten. Ohnehin müssten die Seen dauerhaft und großräumig abgeriegelt bleiben, da an den unsanierten Ufern akute Lebensgefahr bestünde. Wo der nur locker geschüttete Boden an den Steilrändern der Gruben nicht abgeflacht und verdichtet wird, kann er jederzeit ins Rutschen geraten und Millionen Kubikmeter Erde mitreißen. Bei diesem Szenario müssten weite Teile der Lausitz totales Sperrgebiet werden, sie wären für Menschen in den nächsten 100 Jahren nicht mehr bewohn- und nutzbar.

--

Scenario 2:
Nature is left to itself – do not restore

As soon as the bulldozers stop work and the groundwater pumps are switched off, the mining landscape is left to go its own way. The groundwater will rise again, the trenches will naturally fill with water within forty to fifty years and nature will gradually reclaim the landscape. Vegetation will grow over the worked-out embankments of sand, the rusting freight railways, and the derelict industrial buildings. Birds and insects will move in, followed by animal species. A unique natural landscape will form without further help from human beings. An abandoned but romantic image, an evocative, symbolic treatment of the past.

This theoretical scenario is inspiring chiefly for artists and people who do not have to live in the area – as it is a very high-risk scenario. Without artificial channelling of fresh surface water, the lakes will have a high salt content, as the rising groundwater will bring the sulphates common in geographical areas like Lusatia to the surface. No plants, fish, or other higher organisms would be able to live in this salty water. The water would also be unsuitable for swimming, and would contaminate the region's rivers. Apart from this, large areas around the lakes would have to be closed off, as the non-secured banks would represent a danger to life. If the loosely heaped soil on the steep edges of the trenches are not flattened out and compacted, they can slide – moving millions of cubic metres of soil. This scenario would turn large areas of Lusatia into restricted areas, uninhabited and unusable for another 100 years.

Will man die Region nicht »absperren« und ihr jegliche Entwicklungsmöglichkeit nehmen, muss der Mensch also erneut eingreifen und sanieren. Es muss somit Flusswasser aus der Umgebung eingeleitet und der Böschungsbereich der Seen zur Gefahrenabwehr »entschärft« werden – wie in Szenario 1. Aber welchen Grund gibt es, bei der Neugestaltung die industrielle Vergangenheit der Lausitz zu leugnen? Sind nicht einige herausragende architektonische und landschaftliche Zeugnisse der Industriegeschichte erhaltenswert? Machen nicht gerade diese Zeugnisse die Region aus? Beraubt man die Menschen durch Abriss und herkömmliche Sanierung nicht auch ihrer Identität, ihrer Geschichte und Geschichten?

--

If the region is not to be »closed off,« shutting out developmental possibilities, human beings will have to take a hand and restore it. Water from nearby rivers will have to be channelled in, and the lake embankment edges »levelled off« to reduce risks – as with Scenario 1. But is there any reason for Lusatia's redesign to obscure the industrial past? Aren't some of the landscapes and buildings left behind by industry worth preserving – as part of the region's character? Wouldn't demolition and a standard renovation destroy local identity, local history, and local stories?

Die IBA und der »Dritte Weg«

Die Initiatoren und die späteren Macher der IBA kämpften daher entschieden für einen »dritten Weg«. Dieser sieht vor, die industrielle Vergangenheit der Region nicht auszuradieren, sondern zu erhalten und ganz bewusst in einen Entwicklungspfad der Lausitz zu integrieren. Besteht bei 30 von Menschenhand geschaffenen Seen in einer dünn besiedelten Region nicht auch die Möglichkeit, diese unterschiedlich zu gestalten? Einerseits klassische Badeseen für die ganze Familie und andererseits ein See für laute und schnelle Wassersportarten wie Jetski und Kitesurfen. Daneben bleibt aber auch Platz für Seen als ungestörte Biotope oder als attraktiver Standort für Kultur und zum Leben am und sogar auf dem Wasser. Einige Seeufer können bewusst landschaftsarchitektonisch gestaltet und mit Landmarken inszeniert werden. So könnte man dem traditionsreichen Ingenieursgeist der Region eine Zukunftsaufgabe übertragen. Badeseen gibt es überall. Auch Industriekultur gibt es andernorts. Aber eine so abwechslungsreiche und spannungsvolle Landschaft wäre einmalig in Deutschland – und das hebt sie von anderen Regionen ab. Lebensqualität und Freizeitwert sind als weiche Standortfaktoren wichtig im Wettbewerb um kreative Köpfe, Investoren und Touristen.

--

The IBA and the »third way«

The initiators and protagonists-to-be of the IBA campaigned tirelessly for a »third way« – for the region's industrial past to be preserved and made part of Lusatia's future development. After all, don't thirty artificial lakes in a sparsely occupied region present exciting design opportunities? Such a lake could be turned into a classic family swimming pool – or into a lake for noisy, fast water sports like jet skiing and kite surfing. There would still be space for undisturbed lake biotopes, for culturally significant lakes, and for lake sites where people could live near – or even on – the water. Some lake banks could be landscaped and given new landmarks – giving the region's engineering tradition a task for the future. There are plenty of public swimming lakes elsewhere – and plenty of industrial culture elsewhere too – but such a varied and fascinating landscape would be unique in Germany, setting the region apart. »Soft factors« like quality of living and leisure opportunities help a region to compete for creative intellects, investors, and tourists.

Ende der 1990er Jahre fiel die Entscheidung, ein solches Szenario des dritten Weges im Rahmen einer Internationalen Bauausstellung umzusetzen. Im Jahr 2000 nahm schließlich die Internationale Bauausstellung (IBA) Fürst-Pückler-Land ihre Arbeit auf, um den laufenden Sanierungsprozess kreativ zu begleiten, zu qualifizieren und möglichst viele gestalterische Akzente zu setzen. Die Arbeit der IBA ergänzt somit komplementär die Aufgabenstellung des bundeseigenen Bergbausanierers LMBV, der Lausitzer und Mitteldeutschen Bergbau-Verwaltungsgesellschaft. Seit ihrer Gründung 1994 löst die LMBV den Sanierungsstau des DDR-Bergbaus auf und bereitet die ehemaligen Bergbauflächen und Industrieareale für eine sichere Nachnutzung im Sinne des Bundesberggesetzes vor.

--

At the end of the 1990, a decision was made to implement this »third way« by means of an Internationale Bauausstellung (International Building Exhibition, IBA. In 2000, the IBA Fürst-Pückler-Land began to supervise and improve the ongoing restoration, adding as many quality design features as possible. The IBA's work was added to that of the federally-owned mine restoration company Lausitzer und Mitteldeutsche Bergbau-Verwaltungsgesellschaft (LMBV). The LMBV was founded in 1994, and has since resolved the backlog of GDR mines in need of restoration, and prepared the former mine and industrial areas for safe future use in line with the Bundesberggesetz.

1901

Mathildenhöhe Darmstadt

1927

Weißenhofsiedlung Stuttgart

100 JAHRE INTERNATIONALE BAUAUSSTELLUNGEN

Die IBA Fürst-Pückler-Land trägt den Untertitel: »Werkstatt für neue Landschaften«. Damit werden die besonderen Herausforderungen des Landschaftswandels unterstrichen, mit denen die IBA von 2000 bis 2010 konfrontiert ist. Dieser Landschaftswandel ist in Deutschland einzigartig; die IBA als Instrument der räumlichen Planung ist es hingegen nicht. Tatsächlich reiht sich die IBA in der Lausitz in eine lange Tradition von Bauausstellungen in Deutschland ein. Ihnen allen ist gemein, dass sie innovative Antworten auf die zu ihrer Zeit drängenden Fragen des Wohnens, des Bauens und des Städtebaus gaben. Weil der Begriff »Internationale Bauausstellung« erst später geprägt wurde und sich durchsetzte, ist umstritten, welche Veranstaltungen im Nachhinein als IBA gewertet werden können. Aktuelle Forschungen zu dem Thema sprechen von fünf oder sechs historischen IBA:

Darmstadt 1901 -- Rund 100 Jahre vor der IBA Fürst-Pückler-Land fand in dem Darmstädter Stadtteil Mathildenhöhe eine Bauausstellung unter dem Titel »Ein Dokument deutscher Kunst« statt, in deren Rahmen das heute weltberühmte Jugendstilensemble der sogenannten Künstlerkolonie entstand.

Stuttgart 1927 -- Im Rahmen der Ausstellung »Die Wohnung« des Deutschen Werkbundes entstand hier unter Leitung des Bauhausarchitekten Mies van der Rohe die Weißenhofsiedlung – eines der wichtigsten Zeugnisse für Neues Bauen.

Berlin 1952/1957 -- Im geteilten Berlin kam es in den 50er Jahren auch zu einem baulichen Wettstreit der Systeme: An der Stelle abgeräumter Ruinen entstand im Ostteil die Stalinallee. Gesäumt von Monumentalbauten (»Arbeiterpalästen«) mit teilweise an das historische Erbe des Berliner Klassizismus angelehnten Fassadenelementen (»Zuckerbäckerstil«), war die Stalinallee ebenso ein Demonstrationsobjekt wie das fast zeitgleich im Westteil der Stadt entstehende Hansaviertel, wo im Rahmen der »Interbau« eine »Stadt von Morgen« (Ausstellungstitel) entstand. Das Hansa-

--

100 YEARS OF THE INTERNATIONALE BAUAUSSTELLUNG

The IBA Fürst-Pückler-Land's subtitle – »workshop for new landscapes« – emphasises the particular challenges of landscape transformation that confronted the IBA from 2000 to 2010. This landscape transformation is unique in Germany – but an IBA as a spatial planning strategy is not. The Lusatia IBA is part of a long tradition of architecture exhibitions in Germany – all of which endeavoured to find innovative solutions to contemporary living, building, and urban planning problems. As the term »Internationale Bauausstellung« was a later coinage, there is some debate about which past exhibitions can be classed as IBAS. Current research suggests that there have been five to six IBAS:

Darmstadt 1901 -- Around 100 years before the IBA Fürst-Pückler-Land, an architecture exhibition entitled »Ein Dokument deutscher Kunst« took place in Darmstadt's Mathildenhöhe district. It left behind the »Künstlerkolonie« art nouveau ensemble, internationally famous today.

Stuttgart 1927 -- During the »Die Wohnung« exhibition by the Deutscher Werkbund, the Weissenhofsiedlung – one of the most important examples of the Neues Bauen school – was created, under the directorship of Bauhaus architect Mies van der Rohe.

Berlin 1952/1957 -- In the nineteen-fifties, divided Berlin was the scene of an architectural battle of the systems. The Stalinallee was built on a ruined site in East Berlin. Lined by monumental buildings (the »Arbeiterpaläste«) with façade elements partially based on the socialist classicist »Zuckerbäckerstil« (wedding cake style), the Stalinallee was a statement – as was the

viertel setzt sich bewusst vom Städtebau in Ost-Berlin ab und stellt ein »aufgelockertes« Quartier dar mit Wohnhäusern der Klassischen Moderne aus der Feder führender Architekten wie Walter Gropius und Oscar Niemeyer.

1952/57
Stalinallee & Interbau

1987
IBA Berlin

Berlin 1987 -- In den 80er Jahren fand erneut eine Internationale Bauausstellung in Berlin statt – erstmals unter dem heute gebräuchlichen Namen IBA. Ein Teilbereich der IBA widmete sich der »Kritischen Rekonstruktion«: Führende Architekten wie Paul Kleihues und Matthias Ungers errichteten neue Wohnbauten im Stil der Postmoderne. Demgegenüber wurde im zweiten Teil der IBA »Behutsame Stadterneuerung« zum Thema. Diese läutete eine Abkehr von der üblichen »Flächensanierung« ein, also dem Abriss ganzer Straßenzüge, und sah stattdessen die Sanierung maroder Altbausubstanz in Kreuzberg vor. Anders als bisher ging es bei dieser IBA nicht mehr nur um Neubauten, sondern auch um Stadtreparatur und neue Formen der Planung unter Beteiligung der betroffenen Bürger.

Ruhrgebiet 1999 -- Noch einen Schritt weiter ging die IBA Emscher Park im nördlichen Ruhrgebiet. Bezugsrahmen war zum ersten Mal nicht ein Stadtteil, sondern eine ganze Region, der Emscherraum, mit Städten wie Duisburg, Gelsenkirchen und Oberhausen. Mehr noch als bei der Vorgänger-IBA in Berlin ging es hier um Sanierung, neuartige Planverfahren und erstmals auch um Strukturwandel. In der vom Bergbau und der Montanindustrie geprägten und von deren Niedergang gezeichneten Region galt es, neue Nutzungen für leer stehende Industriebauten und Brachflächen zu finden, marode Werkssiedlungen zu sanieren sowie zerstörte Landschaften zu rekultivieren und aufzuwerten. Mindestens genauso wichtig wie Bauen und Sanieren war auch die davon ausgehende Botschaft nach Innen und Außen: Dem »Rostgürtel« des Ruhrgebiets sollte neues Selbstbewusstsein gegeben werden und die Region ein positives Image bekommen, um für kreative Köpfe und Touristen interessant zu werden. Die IBA Emscher Park verstand sich somit auch als Marketinginstrument und Therapie für eine geschundene Region.

--

Hansaviertel – built at around the same time in West Berlin. The Hansaviertel »Stadt von Morgen« (city of tomorrow; the title of the exhibition) was part of the Interbau event. A »relaxed« district with classical modernist apartments by leading architects like Walter Gropius and Oscar Niemeyer, the Hansaviertel was deliberately different to East Berlin's urban planning structure.

Berlin 1987 -- In the nineteen-eighties, a new Internationale Bauausstellung took place in Berlin, given the modern name IBA for the first time. One section of this IBA was dedicated to »Critical Reconstruction.« Leading architects like Paul Kleihues and Matthias Ungers created new homes in a postmodern style. The theme for the second part of the IBA was »Cautious Urban Renewal.« This marked a turning away from »wide-area renewal« – the demolition of whole streets – in favour of, for instance, restoring decrepit old buildings in Kreuzberg. Unlike the previous exhibitions, this IBA was not restricted to new buildings – it also dealt with urban repair and with new forms of planning with input from citizens affected by the plans.

Ruhrgebiet 1999 -- The IBA Emscher Park, held in the north part of the Ruhrgebiet, went a step further. For the first time, the exhibition dealt with a whole region – the Emscher area which includes cities like Duisburg, Gelsenkirchen, and Oberhausen – rather than a city quarter. It went further than the Berlin IBA in addressing renewal and new types of planning process, and also dealt with structural change for the first time. In a region shaped by mining and by mining-related industries – and by their demise – the aim was to find new uses for empty industrial buildings and wasteland, to renovate derelict workers' housing, and to recultivate and improve ravaged landscapes.

1999

IBA Emscher Park

Das Format IBA hat sich in seiner 100-jährigen Geschichte also immer weiter entwickelt, weg von der reinen Architekturschau und hin zu einem Instrument für den Strukturwandel. Die IBA Fürst-Pückler-Land steht in dieser Entwicklungslinie und knüpft thematisch an die Arbeit der IBA Emscher Park an. Im Gründungskuratorium der IBA Fürst-Pückler-Land, das 1997 unter dem Vorsitz des früheren Regierenden Bürgermeisters von Berlin, Walter Momper, seine programmatischen Empfehlungen formulierte, saß daher neben regionalen Akteuren auch Karl Ganser, der damalige Geschäftsführer der IBA Emscher Park. Dieser übergab 1999 symbolisch den Staffelstab an Rolf Kuhn als Geschäftsführer der nachfolgenden IBA Fürst-Pückler-Land.

Auch nach dem IBA-Finale 2010 wird die Erfolgsgeschichte der Bauausstellungen in Deutschland weitergehen. Aktuell finden bereits drei weitere IBA statt oder sind geplant:

IBA *Stadtumbau Sachsen-Anhalt 2010* -- Im gleichen Zeitraum wie die IBA Fürst-Pückler-Land findet in Sachsen-Anhalt eine IBA statt. Sie bündelt modellhafte Stadtumbauprojekte in 19 Städten verteilt über das gesamte Bundesland. Im Vordergrund stehen geordneter Rückbau, Baulücken- und Freiflächenkultivierung und einige Akzente setzende Neubauten.

IBA *Hamburg 2013* -- Die IBA in Hamburg konzentriert sich wie ihre historischen Vorbilder wieder auf einen Stadtteil: Wilhelmsburg, ein lange vernachlässigter Stadtteil, der nicht zuletzt durch zahlreiche Neubauprojekte eine neue Mitte erhalten und in dem das »Wohnen von Morgen« gezeigt werden soll.

IBA *Basel 2020* -- Im Dreiländereck von Deutschland, der Schweiz und Frankreich soll diese trinationale IBA in den kommenden Jahren dazu beitragen, grenzüberschreitende Infrastrukturprojekte zu fördern. 2010 soll der Staffelstab von der IBA Fürst-Pückler-Land an die IBA Basel übergeben werden. Eine erste Zwischenpräsentation ist für 2012 geplant.

--

At least as important as the architecture and renovation was the message they sent nationally and internationally. Some confidence had to be put back into the Ruhrgebiet's »rust belt,« giving the region a positive image that would attract creative intellects and tourists. The IBA Emscher Park was, among other things, a marketing tool and an attempt to rehabilitate an overworked region.

Throughout its 100 years of existence, the IBA format has developed from a dedicated architecture show into an instrument for transforming regional infrastructures. The IBA Fürst-Pückler-Land continues this development by picking up on and extending IBA Emscher Park themes. The IBA Fürst-Pückler-Land's founding board of trustees – led by Walter Momper, a former mayor of Berlin – first formulated its policies in 1997. In addition to regional representatives, the board included Karl Ganser, the then executive director of the IBA Emscher Park. In 1999, he symbolically passed the baton on to Rolf Kuhn, executive director of the IBA Fürst-Pückler-Land.

The fine tradition of architecture exhibitions in Germany will continue after the finale of this IBA in 2010. At present, three further IBAs are either taking place or are planned to take place:

IBA Stadtumbau Sachsen-Anhalt 2010 -- An IBA is taking place in Saxony-Anhalt simultaneously with the IBA Fürst-Pückler-Land. This IBA brings together model urban conversion projects in nineteen cities, all over Germany. The emphasis is on planned disassembly, on cultivating urban gaps and open spaces, and on certain prominent new buildings.

IBA Hamburg 2013 -- Like its historical predecessors, the Hamburg IBA concentrates

IBA Basel 2020
Trinationale Stadtregion entdecken, bauen, leben

Relativ konkret sind auch Überlegungen für eine erneute IBA Berlin: Im Mittelpunkt soll die Suche nach einer neuen Nutzung für den aufgegebenen Flughafen Tempelhof stehen. Weit fortgeschritten waren zudem bereits Pläne für eine IBA Frankfurt Rhein-Main. Diese sollte den gesamten Ballungsraum im Blick haben, allerdings sind die Pläne 2009 politisch (vorläufig) gescheitert. Überlegungen gibt es auch in Karlsruhe, Heidelberg, Augsburg und andernorts. Die Vielzahl von IBA-Vorhaben hat dazu geführt, dass sich 2007 ein Netzwerk »IBA meets IBA« gebildet hat, in dem neben den aktuellen IBA auch das Bundesbauministerium und das Bundesamt für Bauwesen und Raumordnung (BBR) vertreten sind. Da es keine zentrale Einrichtung gibt, die über die »Vergabe« einer IBA entscheidet, hat das Netzwerk einen unverbindlichen, »Memorandum« genannten Anforderungskatalog zur Qualitätssicherung erstellt, um eine Schwächung der bisherigen Standards zu vermeiden. (vgl. Anhang S. 274)

--

on a city district: Wilhelmsburg, a neglected area. The idea was for the numerous new building projects to give the district a new centre, and to demonstrate the »Wohnen von Morgen« (»the living concept of tomorrow«).

IBA Basel 2020 -- Set in the Dreiländereck (or border triangle) of Germany, Switzerland, and France in the coming year, this trinational IBA is intended to encourage the development of interdisciplinary infrastructure projects in the coming years. The baton is to be passed on from the IBA Fürst-Pückler-Land to the IBA Basel in 2010. The first presentation is planned for 2012.

There are also some fairly definite plans for an IBA Berlin. It will focus on a new use for the abandoned airport at Tempelhof. An IBA Frankfurt Rhein-Main has also reached the advanced planning stage. Its focus is to be on the whole conurbation, but in 2009, the plans temporarily fell through on political grounds. Karlsruhe, Heidelberg, Augsburg, and other places have also been suggested. The large number of planned IBAS has led to an »IBA meets IBA« network being formed in 2007, with the participation of the Bundesbauministerium or Federal Ministry of Building and the Bundesamt für Bauwesen und Raumordnung (Federal Office for Building and Regional Planning, BBR) as well as the present IBA. As there is no central authority to »award« the next IBA, the network has created an unofficial set of specifications for quality control purposes – to prevent the present high standards from being diluted. (see appendix p. 274)

DER NAMENSGEBER: FÜRST PÜCKLER

Die IBA in der Lausitz hat sich nach dem berühmtesten Sohn der Lausitz benannt: Hermann Ludwig Heinrich Fürst von Pückler-Muskau, einem Weltenbummler, Reiseschriftsteller und Landschaftsarchitekten.

Geboren 1785 auf dem Familiensitz in Muskau, gehörte Fürst Pückler zu den exzentrischsten Figuren seiner Zeit, der gerne orientalische Gewänder trug und schon mal mit einem Kutschgespann gezähmter weißer Hirsche vor den feinen Berliner Cafés Unter den Linden vorzufahren beliebte. Für seine Exzentrik bekam er von seinen Zeitgenossen den halb spöttischen, halb bewundernden Beinamen »der tolle Pückler« verliehen. Bis heute ranken sich viele »tolle« Geschichten um sein Leben. Darunter mindestens drei verschiedene, wer denn nun das berühmte Pückler-Eis erfunden hat. Eigentlich ist nur sicher, dass er selbst es nicht war. Bleibendes hat er dennoch hinterlassen – nämlich einige der schönsten Parkanlagen Europas.

Von seinen ausgedehnten Auslandsreisen brachte er neue Ideen für die Gestaltung seiner Gärten mit. Er entwarf die königlichen Gärten in Babelsberg und Neuhardenberg und wirkte an verschiedenen Anlagen in Thüringen, im Rheinland und andernorts mit. Vor allem aber gestaltete er den Familiensitz in Muskau komplett neu: Pückler ließ umgraben, aufschütten, fluten und anpflanzen. Er kaufte riesige Bäume im Umland und pflanzte sie in seinem Muskauer Park, die Neiße, die seinen Park durchfließt, ließ er umleiten, damit das Landschaftsbild harmonischer würde. Einen alten Bergwerksstollen bezog er ebenso in die Parkgestaltung ein wie insgesamt die hügelige Endmoränenlandschaft des Muskauer Faltenbogens.

--

FÜRST PÜCKLER: THE HISTORY BEHIND THE NAME

The Lusatia IBA is named after Lusatia's most famous son: Hermann Ludwig Heinrich Fürst von Pückler-Muskau, a globetrotter, travel author, and landscape architect.

Born in1785 on his family's estate in Muskau, Fürst Pückler was one of his age's most eccentric personalities. He liked to wear oriental dress, and used to pull up in front of the up-market Berlin cafe Unter den Linden in a coach drawn by four tame white stags. His contemporaries gave him the half-mocking, half-admiring nickname of »der tolle Pückler« (crazy Pückler). Many »crazy« stories about his life remain today. There are also at least three stories about who invented the famous Fürst-Pückler-Eis ice cream (it is certain, however, that it wasn't Pückler). He did, however, leave behind a real legacy of his own – some of the most beautiful parks in Europe.

After collecting new ideas for garden designs on his many extended foreign journeys, he designed the new gardens at Babelsberg and Neuhardenberg and created various parklands in Thuringia, in the Rhineland, and elsewhere. First and foremost, however, he completely redesigned his own family estate in Muskau, having various parts of it dug out, filled in, flooded, and planted. He bought huge trees in the surrounding area to plant in his Muskauer Park, and diverted the river Neisse where it flowed through the park to make the landscape more harmonious. He also integrated an old mining gallery into his park design, along with the Muskauer Coal Crescent's terminal moraine landscape.

Die Arbeit an dem Park verschlang so große Geldsummen, dass ihm die Mittel auszugehen drohten. Auch seine geliebte Frau Lucie – immerhin Tochter des Staatskanzlers – konnte ihm finanziell nicht mehr weiterhelfen und ließ sich pro forma von Pückler scheiden, damit dieser »ungebunden« in England nach einer guten Partie Ausschau halten konnte. Zwar brachte die Reise nicht den erhofften Erfolg, aber immerhin entstanden dabei viele Reisebriefe an Lucie, die als *Briefe eines Verstorbenen* veröffentlicht und einer der größten literarischen Erfolge des 19. Jahrhunderts wurden. Zusammen mit den *Andeutungen über die Landschaftsgärtnerei* bilden die *Briefe* das literarische Hauptwerk des Multitalents.

Schließlich hatte sich Pückler allerdings so überschuldet, dass er Bad Muskau verkaufen und sich 1845 gemeinsam mit seiner »geschiedenen« Frau Lucie auf den zweiten Familiensitz in Branitz zurückziehen musste. Hier machte er sich erneut an die Arbeit, um dem »flachen Pfannkuchen«, wie er die Niederlausitz sah, etwas mehr Abwechslung zu geben. So ließ er wieder Bäume pflanzen, kleine Hügel und Erdpyramiden aufschütten, Seen und Wasserläufe anlegen. Bis zu seinem Tod mit 85 Jahren arbeitete er am Branitzer Park, wo der Rastlose neben Lucie in einer Pyramide im See seine letzte Ruhestätte fand.

--

The work on the park cost so much money that he almost went bankrupt. Even his beloved wife Lucie – daughter of the state chancellor – was unable to support him financially and legally dissolved her marriage to him, leaving him free to look for a good match in England. While this plan did not meet with success, his many letters home to Lucie were published under the title *Briefe eines Verstorbenen,* and were one of the greatest literary successes of the nineteenth century. This and his *Andeutungen über die Landschaftsgärtnerei* are considered this multitalented man's most important literary works.

Pückler eventually got so deeply into debt that he had to sell Bad Muskau, and, in 1845, he moved into a second estate at Branitz, together with his »divorced« wife Lucie. He soon started trying to give the Lower Lusatian landscape, which was »as flat as a pancake« a little more variety. Once again, he had trees planted, created small hills and pyramids of earth, and laid out lakes and water courses. He continued work on his Branitzer Park until his death at eighty-five, when this restless man was finally laid to rest alongside Lucie in a pyramid in the middle of a lake.

ORGANISIEREN

--

IBA-PHILOSOPHIE

Kooperation und Kommunikation sind die Schlüsselworte der IBA Fürst-Pückler-Land. Die IBA ist nämlich auf Zusammenarbeit mit Dritten angewiesen. Sie ist keine Behörde und steht als intermediäre Organisation außerhalb der Planungshierarchie: Sie erstellt keine Bebauungspläne, hat keinen Planungsvorbehalt und keinerlei Befugnisse. Sie hat nur ihr Know-how und muss auf Überzeugungsarbeit setzen. Sie versteht sich als Knoten eines Netzwerks, in dem regionale und internationale Sichtweisen zusammengeführt werden und Innenwahrnehmung mit Außenwahrnehmung konfrontiert wird. Die IBA »macht« keine Projekte (und ist auch nur im Ausnahmefall der IBA-Terrassen Projektträger), sondern fördert bestehende Projektträger oder gründet neue, wo diese für ungewöhnliche Ideen benötigt werden. Die IBA ist somit gleichzeitig Initiator, Ideenfinder, Forum, Motor und Katalysator des Wandels. So versucht die IBA den ohnehin anstehenden Strukturwandel zu qualifizieren und mit neuen Qualitäten zu versehen. Dies funktioniert nur durch die Vor- und Mitarbeit vieler Projektpartner aus der freien Wirtschaft, den Hochschulen, der Verwaltung und Politik und der Bergbausanierer.

--

ORGANISING

IBA PHILOSOPHY

Cooperation and communication are the key to the IBA Fürst-Pückler-Land, which depends on collaboration with third parties. Rather than acting as an authority, it is an intermediary organisation outside of the planning hierarchy. It does not produce building plans and has no authority or ability to impose restrictions on plans. All it has is know-how and powers of persuasion. It sees itself as a nexus in a network that brings together regional and international views and the region's own self-image with its image further afield. The IBA does not »create«any projects (and is not usually the lead partner for the IBA Terraces). Instead, it supports existing project-makers or founds new ones in order to promote unusual ideas. The IBA, then, is an initiator, idea generator, forum, motor, and catalyst for change, all at once, trying to improve and give a new quality to structural transformations already taking place. This can only be done through the collaboration of many project partners – from the free market, universities, local administration, politics, and mine restoration companies.

ENTSTEHUNGSGESCHICHTE UND STRUKTUR

Die Internationale Bauausstellung (IBA) Fürst-Pückler-Land ist eine zeitlich befristete GmbH. IBA-Gesellschafter sind die vier südbrandenburgischen Landkreise Oberspreewald-Lausitz, Spree-Neiße, Elbe-Elster und Dahme-Spreewald sowie die kreisfreie Stadt Cottbus. Diese Gesellschafter gründeten 1998 die IBA zunächst als Vorbereitungsgesellschaft. Ein Jahr später beschloss die Landesregierung von Brandenburg die Durchführung und finanzielle Förderung der IBA. In den vier Landkreisen und in Cottbus arbeitet die IBA seit ihrem Start im Jahr 2000 an zahlreichen Projekten zum Struktur- und Landschaftswandel.

»Mütter und Väter« bzw. Initiatoren der IBA sind Architekten, Stadt- und Landschaftsplaner sowie Kommunalpolitiker aus dem Raum Senftenberg/Großräschen. Unterstützung für diese Idee gab es schon seit 1994 auch von der LMBV. In den 1990er Jahren sahen die Initiatoren mit Sorge die Mondlandschaften, die nach Stilllegung der Braunkohlegruben zurückblieben und deren Sanierung schon zu DDR-Zeiten auf sich warten ließ. Dagegen ging der Abriss alter Kraftwerke, Brikettfabriken und Kokereien sehr schnell und hinterließ schmerzhafte Lücken im Stadt- und Landschaftsbild. Die Arbeitslosigkeit war erdrückend. So richtete sich der Blick der örtlichen Planer und Politiker auf die damals im Ruhrgebiet durchgeführte IBA Emscher Park, die von 1989 bis 1999 versuchte, einer alten Industrieregion neues Selbstbewusstsein und alten Industriebauten neues Leben zu geben. Inspiriert von den Projekten und Akteuren der IBA im »Ruhrpott« begannen die Lausitzer IBA-Macher der ersten Stunde, ihre Vorstellungen von einer Internationalen Bauausstellung im Lausitzer Revier zu konkretisieren und um Unterstützung im Land zu werben.

--

ORIGIN AND STRUCTURE

The Internationale Bauausstellung (IBA) Fürst-Pückler-Land is a temporary GmbH. The IBA's shareholders are the four south Brandenburg districts of Oberspreewald-Lusatia, Spree-Neisse, Elbe-Elster, and Dahme-Spreewald and the independent city of Cottbus. These shareholders founded the IBA in 1998, initially as a preparation company. A year later, Brandenburg's regional government decided to authorise the IBA plan and to support it financially. Since its beginning in 2000, the IBA has worked on numerous landscape and structural transformation projects.

The »parents«or initiators of the IBA are architects, city planners, landscape planners, and local politicians from the Senftenberg/Grossräschen area. The LMBV has also supported the concept since 1994. In the 1990s, the initiators were concerned about the moonscapes left behind when work stopped in the open-cast lignite mines, where renewal was overdue even before the GDR fell. The demolition of old power stations, briquette factories, and coking plants, on the other hand, was proceeding apace, leaving gaping holes in the cities and landscapes. The unemployment was alarming. Local planners and politicians looked to the IBA Emscher Park, held from 1989 to 1999 in the Ruhrgebiet, which had endeavoured to give an old industrial region new confidence and breathe new life into old industrial buildings. Inspired by the »Ruhrpott«IBA's projects and protagonists, the Lusatia's first IBA members began to come up with definite ideas for an international architecture exhibition in Lusatia and to look for support within their own region.

Diese Besonderheit macht die IBA Fürst-Pückler-Land zu einer »IBA von unten« und prägt ihre gesamte Arbeit bis zum Finale-Jahr 2010. Sie hatte von Anfang an schlanke Strukturen, einen kleinen Mitarbeiterstab und lediglich einen jährlichen Grundetat von 1,4 Millionen Euro für die Geschäftsstelle, der überwiegend vom Land Brandenburg und zum kleineren Teil von den Gesellschaftern der IBA GmbH bereitgestellt wird. Alle weiteren Mittel für die eigentliche Projektarbeit müssen von den IBA-Mitarbeitern organisiert werden. Häufig waren dies Mittel der Europäischen Union aus dem Fonds für regionale Entwicklung (EFRE) oder Gelder aus dem sogenannten Verwaltungsabkommen von Bund und Ländern zur Braunkohlesanierung. In der Geschäftsstelle, die 2000 in einem ehemaligen Wohnhaus einer Bergbaugesellschaft in Großräschen bezogen wurde, arbeiten seither rund ein Dutzend festangestellte und ein weiteres Dutzend geförderte Mitarbeiter und Praktikanten in den Bereichen Kooperation/Finanzierung, Projekte und Kommunikation – darunter Architekten, Landschaftsplaner, PR-Spezialisten und Ökonomen.

Zur fachlichen Unterstützung der Projektarbeit und der Kommunikation gibt es einen zweimal jährlich zusammenkommenden Fachbeirat aus regionalen, nationalen und internationalen Fachleuten und jedes Jahr ein offenes IBA-Forum von und für die regionalen Akteure. Forum und Fachbeiratstreffen dienen dem fachlichen Austausch auch unabhängig von konkreten Einzelprojekten. Sie tragen zur Sicherung qualitativer Standards bei und dienen der Rückkoppelung der Projektarbeit mit der Fachwelt. Auf der Projektebene gibt es zudem die unterschiedlichsten Arbeitskreise, die bedarfsweise gegründet werden. Die IBA arbeitet problemlösungsorientiert und setzt Arbeitsgruppen dort ein, wo sie etwa bei der Suche nach Projektträgern oder Finanzierungsmöglichkeiten nötig sind. In zweimal jährlich stattfindenden Gesellschafterversammlungen legt die IBA ihren Gesellschaftern, also den vier Landräten und dem Oberbürgermeister, Rechenschaft ab. Gleiches gilt für den »Projektbeirat«, in dem Vertreter

--

This particular feature made the IBA Fürst-Pückler-Land a »grass roots IBA,«and was reflected in all its dealings right up until its conclusion in 2010. Right from the beginning, it had simple structures, a small staff and an annual budget of just 1.4 million euros for the IBA offices, provided primarily by Brandenburg, with a smaller proportion provided by the IBA GmbH shareholders. Any additional financing for the actual project work had to be provided by those working in the IBA: often from the European Fund for Regional Development (EFRE) or from the so-called »administrative agreement«between Germany's federal government and regions on lignite restoration. The IBA's offices were set up in 2000 in a residential building in Grossräschen formerly belonging to a mining company; since then, it has been staffed by about a dozen permanent employees and a further dozen seconded members of staff and interns, including architects, landscape planners, PR specialists, and economists, handling cooperation and financing, projects and communication.

A specialist advisory board of regional, national, and international experts convened twice yearly to provide specialist support for project work and for communication – helped by the IBA open forum, held once a year by and for the regional bodies. The forum and the special advisory board meetings permitted informed debate, both in general and relating to specific individual projects – acting as a quality control and giving the projects a line to specialist circles. On the project level, there were also the various working groups – started from scratch where necessary. The IBA's work focused on projects and, where necessary, it instituted new working groups – to find sponsors or means of financing projects, for instance. At

G E S E L L S C H A F T E R V E R S A M M L U N G -- G E N E R A L A S S E M B L Y

Stadt The City of	**Landkreis** District of	**Landkreis** District of	**Landkreis** District of	**Landkreis** District of	**Vorsitz** Chair
Cottbus **vertreten durch** represented by **Oberbürgermeister**	**Oberspreewald-Lausitz** **vertreten durch** represented by **Landrat** District authority	**Dahme Spreewald** **vertreten durch** represented by **Landrat** District authority	**Spree-Neiße** **vertreten durch** represented by **Landrat** District authority	**Elbe-Elster** **vertreten durch** represented by **Landrat** District authority	**Landrat** District authority **Elbe-Elster**

der Landesregierung, des Steuerungs- und Budgetausschusses (StuBa), der LMBV und der Regionalen Planungsgemeinschaft sitzen. Diese Abstimmung mit dem Projektbeirat ist wichtig, weil ein Großteil der Finanzmittel für die Projektarbeit und auch für den laufenden Betrieb der IBA GmbH aus dem sogenannten Verwaltungsabkommen für Braunkohlesanierung stammt. Es sind also Mittel der öffentlichen Hand, die für bestimmte Zeiträume (»Förderperioden«) bewilligt werden und deren Verwendung kontrolliert wird.

Gesellschafterversammlung
Gremium der IBA-»Eigentümer«. Tritt zweimal jährlich zusammen. Entscheidet über organisatorische Fragen und Budget der IBA GmbH. (vgl. Anhang S. 296)

--

the twice-yearly shareholders' meeting, the IBA accounted for its dealings to its shareholders – the four regional authorities and Cottbus Oberbürgermeister. The same applied to the »Projektbeirat« or project advisory board, staffed by members of the regional government, the planning and budget committee (or StuBa), the LMBV, and the Regionale Planungsgemeinschaft or regional planning group. Their contact with the project advisory board was important, because most of the financing for the project work and the running of the IBA GmbH comes from the so-called administrative agreement on lignite restoration – making it public money granted for a certain amount of time (a »sponsorship period«) with controls on its usage.

General assembly
Committee of the IBA's »owners.« Meets twice yearly. Decides how matters will be organised and sets the budget for the IBA GmbH. (see appendix p. 296)

P R O J E T B E I R A T -- P R O J E C T A D V I S O R Y B O A R D

MIR - Ministerium für Infrastruktur und Raumordnung des Landes Brandenburg
vertreten durch den Leiter des Referates Braunkohlesanierung
der Gemeinsamen Landesplanungsabteilung der Länder Berlin und Brandenburg
-- Ministry for Infrastructure an Regional Planning
represented by the director of the department for lignite mine rehabilitation at the
Gemeinsame Landesplanungsabteilung (joint land planning body) of the states of Berlin and Brandenburg

MW - Ministerium für Wirtschaft
vertreten durch den Leiter der Abteilung Bergbau
-- Economic Ministry of the region of Brandenburg
represented by the director of the Abteilung Bergbau (department for mining)

StuBA - Steuerung- und Budgetausschuss
vertreten durch den Leiter der Bund-Länder-Geschäftsstelle für die Braunkohlesanierung
-- Planning and budget committee
represented by the director of the Bund-Länder-Geschäftsstelle für die Braunkohlesanierung
(the joint governmental agency for coal mine rehabilitation)

Regionale Planungsgemeinschaft Lausitz-Spreewald
vertreten durch den Vorsitzenden
-- Regional Planning Group Lusatia-Spreewald
represented by the director

LMBV - Lausitzer und Mitteldeutsche Bergbau-Verwaltungsgesellschaft
vertreten durch den Leiter des Sanierungsbereichs Lausitz
-- The Lusatia and Central German Mining Corporation
administration company); represented by the director for restoration in Lusatia

Vorsitz -- Chair:
MIR

Projektbeirat
Gremium von Vertretern der Landesregierung und des bundeseigenen Bergbausanierers. Tritt einmal jährlich zusammen. Steuert und kontrolliert die Mittelverwendung. (vgl. Anhang S. 296)

--

Project advisory board
Committee of regional authority representatives and the federally-owned mine restoration company. Meets once yearly. Controls and checks the allocation of funds. (see appendix p. 296)

Fachbeirat
Höchstes beratendes Gremium der IBA. Kommt zweimal jährlich zusammen. Besteht aus 26 Wissenschaftlern, Politikern und Experten aus Deutschland und Europa als Sach- und Fachmitglieder. (vgl. Anhang S. 296)

IBA-Forum
Jährliches Treffen der regionalen Fachöffentlichkeit. Diskutiert offen IBA-relevante Themen. 20 bis 50 Teilnehmer.

--

Specialist advisory board
The IBA highest advisory committee. Meets twice yearly. Consists of twenty-six official appointees and specialists – scientists, politicians and experts from Germany and elsewhere. (see appendix p. 296)

IBA-Forum
Annual meeting held in regional specialist circles. An open discussion of IBA-related themes with twenty to fifty participants.

VON LANDSCHAFTSINSELN UND SCHWERPUNKTTHEMEN

Seit ihrer Gründung im Jahr 2000 arbeitet die IBA an vielen Einzelprojekten zum Struktur- und Landschaftswandel in der Lausitz. Im Laufe der Jahre stieg die Zahl der Projekte von 20 auf 30. Sie verteilen sich auf neun Teilräume innerhalb der Region, die sogenannten »Landschaftsinseln«. Das sind gedachte Gebiete mit ganz bestimmen Gegebenheiten und Problemen. Jede Landschaftsinsel hat ein eigenes Thema, das sich jeweils direkt aus der Situation vor Ort ergibt: Die Landschaftsinsel 5 »Wasserwelt Lausitzer Seenland« zum Beispiel ist geprägt von vielen, dicht beieinander liegenden Bergbaufolgeseen – dem Herzstück des entstehenden Lausitzer Seenlandes. In dieser Landschaftsinsel liegen unter anderem der schon über 30 Jahre touristisch etablierte Senftenberger See sowie der Geierswalder See und der Partwitzer See, die sich im Rahmen der IBA zu Standorten schwimmender Häuser entwickelt haben, dem neuen Markenzeichen des Seenlandes.

--

ABOUT LANDSCAPE ISLANDS AND KEY TOPICS

Since its founding in 2000, the IBA has been active in several individual landscape and structural transformation projects in Lusatia. Over the years, the number of projects rose from twenty to thirty. They are distributed between nine areas within the region known as the »landscape islands«: conceptual areas with specific circumstances and problems. Each landscape island has its own theme, drawn from the local situation. Landscape island 5 Lusatian Lake Land Water World, for instance, has several lakes close together, in craters left behind by mining. It is at the heart of the Lusatian Lake Land – the landscape of lakes that has been created in Lusatia. Among other features, this landscape island includes the Lake Senftenberg (which has been a tourist destination for over thirty years) the Lake Geierswalde, and the Lake Partwitz. The IBA has turned these into locations for floating houses – a new trademark for the Lake Land.

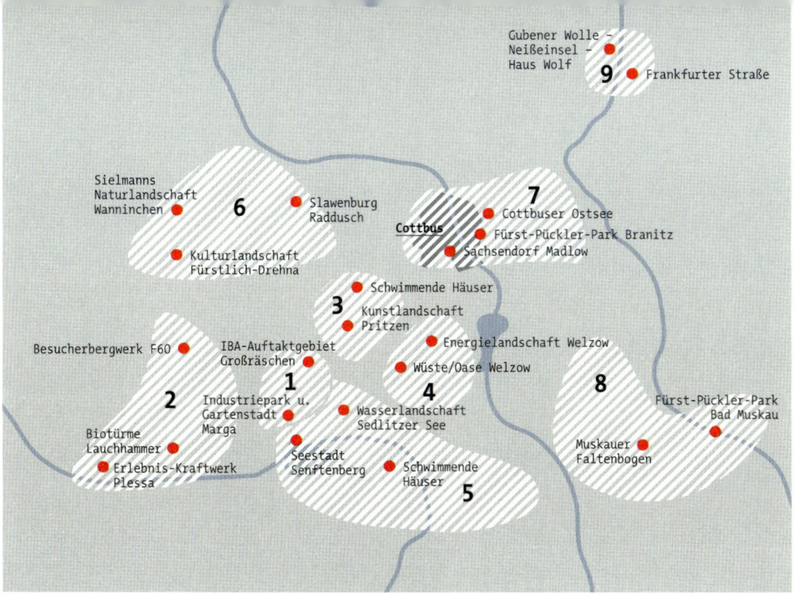

Landschaftsinseln
1 -- IBA-Zentrum
2 -- Lauchhammer-Klettwitz: Industriekultur
3 -- Gräbendorf/Greifenhain: Landschaftskunst
4 -- Welzow: Landschaft im Wandel
5 -- Wasserwelt Lausitzer Seenland
6 -- Seese-Schlabendorf: Vorindustrielle Kultur - Nachindustrielle Natur
7 -- Cottbus: Seestadt - Stadtsee
8 -- Bad Muskau-Nochten: Fürst-Pückler-Kulturlandschaft
9 -- Europainsel Guben-Gubin

Charakteristisch für die Landschaftsinsel 2 »Lauchhammer-Klettwitz: Industriekultur« sind dagegen die zahlreichen früheren Standorte der Montanindustrie wie Kokereien und Kraftwerke. Hier liegt auch das Startprojekt der IBA, das Besucherbergwerk F60 bei Finsterwalde. Andere Landschaftsinseln widmen sich dem Stadtumbau, der Landschaftskunst oder der deutsch-polnischen Zusammenarbeit.

Das Konzept der Landschaftsinseln entstand in der Anfangsphase der IBA. Danach sind nicht nur weitere Projekte dazu gekommen, sondern es hat sich in der praktischen Arbeit gezeigt, dass viele Projekte auch über die unverbindlichen »Grenzen« der gedachten Landschaftsinseln hinweg viele Gemeinsamkeiten haben und sich die Landschaftsinseln zum Teil thematisch überlagern. Andere Projekte sind übergreifende Querschnittsprojekte wie der Fürst-Pückler-Weg: Er verknüpft Standorte in verschiedenen Landschaftsinseln – und auch außerhalb von Landschaftsinseln – zu einer touristischen Route.

--

Landscape island 2 »Lauchhammer-Klettwitz: Industrial Heritage« is characterised by numerous former mining facilities, such as coking plants and power stations. The IBA's first project – F60 at Finsterwalde – is also here. Other landscape islands are dedicated to urban conversions, landscape art and German-Polish collaboration.

The »landscape island« concept was arrived at during the first days of the IBA. As more projects were added, the practical work showed that many projects had affinities that extended beyond the unofficial »boundaries« of the landscape islands and that the different landscape islands overlapped thematically to a certain extent. For this reason, there are also overarching projects like the Fürst Pückler Path, which connects locations in different landscape islands – and beyond the landscape islands – to create a trail for tourists.

Im Mittelpunkt der praktischen Arbeit standen deshalb auch die konkreten Projekte – ganz unabhängig von der räumlichen Lage. Dabei gliedern sich die 30 Projekte in sieben Schwerpunktthemen:

Industriekultur -- Nach dem Motto »Zukunft braucht Herkunft« sollen besonders beeindruckende Zeugnisse der Industriegeschichte der Region erhalten und umgenutzt werden. Die Industriekultur kann als identitätstiftendes Element dazu beitragen, die industrielle Vergangenheit in die Zukunft zu überführen und so die Entwicklung der Region zu unterstützen und ihr ein neues touristisches Profil zu geben. Beispiele sind das Besucherbergwerk F60, das Erlebnis-Kraftwerk Plessa und die ENERGIE-Route Lausitzer Industriekultur.

--

The practical work, however, centred on specific projects – independent of the spatial situation. The thirty projects are grouped under thirty key topic headings:

Industrial heritage -- On the principle that »there can be no future without a heritage,« particularly impressive examples of the region's industrial history were preserved and reused. The industrial past can be brought forward into the future so that it can assist the region's development, giving it an identity and a distinctive »travel destination« image. Examples include the F60 Visitors' Mine, the Event Power Plant Plessa and the ENERGIE Heritage Route of Lusatian Industrial Culture.

Wasserlandschaften -- Nach dem Tagebau entsteht eine neue Seenlandschaft, die in ihrer Dimension das Gesicht der Region fundamental verändert und ganz neue Möglichkeiten bietet. Die IBA hat Konzepte für das Lausitzer Seenland entwickelt, die neue touristische Nutzungsmöglichkeiten und wirtschaftliche Chancen aufzeigen. Unter anderem wurde die Idee der schiffbaren Verbindungen weiterentwickelt und die Schwimmende Architektur als ein Alleinstellungsmerkmal konzipiert. Beispielgebende Bauten wie die IBA-Terrassen oder die Landmarke Lausitzer Seenland verdeutlichen den Qualitätsanspruch, den neue Architektur im neuen Seenland haben soll.

Energielandschaften -- Im Mix der Energieträger spielen erneuerbare Energien eine immer größere Rolle. Die Lausitz als dünnbesiedelte Region hat die Flächen für die Nutzung erneuerbarer Energieträger wie Wind, Sonne und nachwachsende Rohstoffe. Die IBA hat beispielhafte Konzepte zur Kombination der verschiedenen Energieträger entwickelt und Flächenpotenziale in der Lausitz identifiziert. In einem Pilotprojekt mit dem Bergbauunternehmen Vattenfall und der BTU Cottbus werden schnell wachsende »Energiepflanzen« in der Energielandschaft Welzow angebaut, also Biomasse produziert.

--

Waterscapes -- The end of open-cast mining has created a new landscape of lakes, fundamentally changing the face of the region and creating new opportunities. The IBA has come up with concepts for using the Lusatia lake area for tourism and economic development. Ideas included creating channels for shipping and creating floating architecture as a unique feature. Structures like the IBA Terraces and the Lusatian Lake Land landmark set the bar for new architecture in the new lake landscape.

Energy landscapes -- Renewable energy is now playing a larger role in the energy source mix. As a sparsely populated region, Lusatia has space for renewable energy sources – wind, sun and renewable materials. The IBA has developed model concepts for combining different energy sources and identified suitable spaces in Lusatia. A pilot project with the Vattenfall mining company and the BTU Cottbus involves cultivating fast-growing »energy plants« in the Welzow Energy Landscape to produce biomass.

Neuland -- Der Tagebau bietet die Möglichkeit, Landschaft von Grund auf neu zu gestalten – von der Bodenzusammensetzung, über das Relief und die Vegetation bis hin zu Wegen und markanten Orten. Die Potenziale des »Neulandes« hat die IBA am Beispiel des Tagebaus Welzow-Süd untersucht und verschiedene Konzepte geprüft. Für das Ufer des Altdöberner Sees wurde das Konzept eines geschütteten Landschaftskunstwerks erarbeitet. Bei diesen Projekten geht es um die Verbindung von technisch Machbarem mit dem wirtschaftlich Notwendigen und dem künstlerischen Anspruch.

Grenzlandschaften -- Neben dem Bergbau hat die Lausitz eine besondere Herausforderung für die regionale Entwicklung – die Grenzlage zu Polen. Und das in doppelter Hinsicht, zerschneidet doch die Grenze seit dem Zweiten Weltkrieg einen vormals zusammengehörigen Kulturraum. Mit dem EU-Beitritt Polens 2004 und der Öffnung der Grenzen 2007 haben sich die Bedingungen für gemeinsame Projekte verbessert, und die Konzepte für die grenzüberschreitenden deutsch-polnischen Projekte werden Schritt für Schritt umgesetzt – zum Beispiel grenzübergreifende Tourismuskonzepte für den Muskauer Faltenbogen.

Stadtlandschaften -- Mit der industriellen Entwicklung der Lausitz ging auch der Bau von Werkssiedlungen einher, die bis heute das Bild vieler Lausitzer Städte und Dörfer prägen. Mit dem Niedergang der Industrie und dem Wegfall der Arbeitsplätze hat in der Region ein Schrumpfungsprozess eingesetzt: Die Menschen verlassen die Region, Wohnungen werden überflüssig und müssen »rückgebaut« werden. Dieser vom Förderprogramm »Stadtumbau Ost« begleitete Vorgang wird in der Lausitz modellhaft mit dem IBA-Stadtpfad in der Großsiedlung Sachsendorf-Madlow und weiteren Projekten begleitet, die den Rück- und Umbauprozess veranschaulichen.

--

New territory -- Open-cast mining creates an opportunity to fundamentally redesign landscapes – their soil composition, relief, vegetation, paths, and landmarks. The IBA used the Welzow-Süd open-cast mine to investigate the potential of this »new land« and to test out various concepts. A »heap« landscape art object was developed for the bank of the Lake Altdöbern; this project was all about bringing together technological possibilities, economic necessities, and artistic ambitions.

Border landscapes -- Quite apart from mining, Lusatia's border with Poland poses a particular regional development challenge – for more reasons than one. Since the Second World War, this border has cut what was once a unified cultural region in two. Poland's entry into the EU in 2004 and the opening up of borders in 2007 improved prospects for shared projects, allowing concepts for cross-border German-Polish projects – cross-border tourist initiatives for the Muskau Coal Crescent, for instance.

Urban landscapes -- Lusatia's industrial development was coupled with the construction of housing for workers – which explains the appearance of many of Lusatia's cities and smaller towns. Industrial decline and loss of jobs caused the region's towns to shrink; as people left the region, homes became surplus to requirements and were dismantled. In Lusatia, this process comes under the aegis of the »Stadtumbau Ost« support program. The IBA City Path highlights disassembly and conversion processes in the large-scale Sachsendorf-Madlow development and other projects.

Zwischenlandschaften -- Veränderungen beginnen in den Köpfen der Menschen. Deshalb soll die Wahrnehmung der Menschen, ihre Sichtweise auf die Lausitz geändert werden, um so die neuen Möglichkeiten und Chancen aufzuzeigen. Der Landschaftswandel in der Lausitz dauert noch Jahrzehnte – die Philosophie der IBA ist es aber, nicht auf die Zukunft zu warten, sondern sie zu gestalten. Deshalb sind Zwischennutzungen ein wichtiges Element für die regionale Entwicklung. Die »wilden« Landschaften in der Zeit zwischen aktivem Tagebau und späterer Rekultivierung sind üblicherweise nicht zugänglich und verändern sich ständig – durch Wind, Wasser und menschliche Eingriffe. Diese »verbotenen Zonen« werden durch die IBA in Touren und Veranstaltungen sicht- und erlebbar gemacht. Darüber hinaus hat die IBA auch Zwischennutzungen auf den noch nicht fertig gefluteten Tagebauseen angestoßen. Die Arbeit der IBA innerhalb des Themenfelds »Zwischenlandschaften« bezieht sich somit vor allem auf den Bereich der Öffentlichkeitsarbeit – also des Tourenangebots und der Inszenierung.

--

Transitional landscapes -- Changes begin in people's minds. People's perceptions – their way of seeing Lusatia – must be changed so that they can see new possibilities and opportunities. The transformation of the Lusatian landscape will take decades – but the IBA's philosophy is to *create* the future rather than simply waiting for it. Interim uses are an important factor in regional development. The »wild« landscapes we see after open-cast mining and subsequent recultivation are generally closed to the public and in constant flux – changed by wind, water, and human hand. The IBA's tours and events allow people to see and experience these »forbidden zones,« and the IBA has also created interim uses for the open-cast lakes in the process of being flooded. The IBA's »intermediary landscapes« work has mainly consisted of outreach to the public – organising tours and presentations.

IBA INTERNATIONAL

Ein Blick auf das IBA-Projektgebiet genügt: Die IBA heißt nicht nur Internationale Bauausstellung, sie ist auch international. Mehrere Projekte sind grenzübergreifend an der deutsch-polnischen Grenze – darunter der zweigeteilte Pückler-Park in Bad Muskau und Łęknica. Wo einst Fürst Pückler die Neiße als landschaftliches Element gestalterisch in seinen Park einbezogen hatte, verläuft heute die Landesgrenze und wurde im Zeitraum der IBA eine Brücke geschaffen, die den Park für Deutsche und Polen wieder als Gesamtkunstwerk erlebbar macht.

Auch an anderer Stelle baut die IBA Brücken über Landesgrenzen und Zuständigkeiten hinweg: Sie lädt Fachleute und Studenten aus der ganzen Welt zu Konferenzen, Exkursionen, Workshops und Architekturwettbewerben in die Lausitz ein und holt so internationales Fachwissen und Ideen in die Region. Ein Beispiel ist die Konferenz zu den Chancen von Bergbaufolgelandschaften, an der 2009 über 200 Fachleute aus 25 Ländern und fünf Kontinenten teilgenommen hatten. International renommierte Planer wie Charles Jencks aus Großbritannien oder Andreas Kipar aus Italien bringen ihre Projektideen ein und unterstreichen den internationalen Anspruch. Durch internationale Architekturwettbewerbe kam es zu herausragenden Ergebnissen wie den IBA-Terrassen in Großräschen, der Landmarke Lausitzer Seenland und für den Stadthafen Senftenberg.

So bringt die IBA mit ihrer Arbeit international beispielhafte und relevante Lösungen hervor und wird deshalb regelmäßig zu Tagungen eingeladen, nach Polen und Frankreich ebenso wie nach Japan und China. Dazu kommen Ausstellungen in den Niederlanden und der Schweiz oder in den USA und Brasilien. Auf diese Weise wird der Landschaftswandel in der Lausitz auf internationaler Ebene bekannt und diskutiert.

--

IBA INTERNATIONAL

One look at the IBA's project work shows that it really is an international architecture exhibition. Several projects straddle the Germany/Poland border – including the Pückler-Park, divided between Bad Muskau and Łęknica. The national border runs where Fürst Pückler once diverted the Neisse, incorporating it into his park design as a landscape element. During the IBA period, a bridge was created to allow Germans and Poles to experience this parkland artwork in its entirety.

This is not the only place where the IBA has built bridges across national borders. It also invited specialists and students to its conferences, excursions, workshops, and architecture competitions in Lusatia, bringing international know-how and ideas into the region. One example was the conference on opportunities in post-mining landscapes in 2009, attended by 200 experts from twenty-five countries and five continents. Internationally famous planners like Charles Jencks from Britain and Andreas Kipar from Italy brought their own ideas, emphasising the initiative's international character. International architecture competitions produced outstanding results – such as the IBA Terraces in Grossräschen, the Lusatian Lake Land landmark and the Stadthafen Senftenberg (the City Harbour Senftenberg).

In this way, the IBA's work creates outstanding, relevant, and international solutions – resulting in several invitations to conferences in Poland, France, Japan, and China and exhibitions in the Netherlands, Switzerland, the USA, and Brazil. As a consequence, Lusatia's landscape transformation has been widely recognised and discussed on an international level.

Immer wieder hat die IBA zudem als sogenannter »Lead Partner« länderübergreifende Projekte der EU koordiniert oder als einer von mehreren Partnern an EU-Projekten mitgewirkt. Gemeinsam ist diesen Projekten der internationale Erfahrungsaustausch und die Bildung von Netzwerken. Von diesem Austausch profitierten auch andere Akteure der Region. So konnten etwa die Brandenburgische Technische Universität (BTU) Cottbus, Kreis- und Stadtverwaltungen sowie viele Unternehmen ihre ohnehin international ausgerichtete Arbeit weiter intensivieren. Nicht zu vergessen: Durch ihre fachliche Unterstützung hilft die IBA bei der Erschließung von EU-Fördermitteln und macht die regionalen Entscheidungsträger »fit für Europa«. An folgenden EU-Projekten hat die IBA mitgearbeitet:

ReSOURCE (2009–2012)
ReSOURCE ist eine Initiative klein- und mittelständisch geprägter Regionen Mitteleuropas, in denen der Bergbau zu Ende geht oder bereits zu Ende gegangen ist. Das Projekt will dazu beitragen, dass die Hinterlassenschaften des Bergbaus als Potenziale verstanden und nutzbar gemacht werden. Es soll ein Handbuch über innovative Methoden zur Regionalentwicklung nach dem Bergbau sowie ein Strategiepapier zu Entwicklungsperspektiven für nationale und europäische Entscheidungsträger entstehen.

--

The IBA has also coordinated transnational projects within the EU as a so-called lead partner, and worked on other EU projects on an equal partnership basis. What these projects have in common is an international exchange of personal experience and the creation of networks. Other regional bodies also profited from this exchange – for instance, it enabled the Brandenburgische Technische Universität (BTU) Cottbus, the district and regional authorities, and several companies to intensify their existing international activities. And we should not forget that the IBA's expert support also helps in accessing EU funds, making the regional decision-makers »fit for Europe.« The IBA was involved in the following IBA projects:

ReSOURCE (2009–2012)
ReSOURCE is an initiative for small to medium-sized regions in central Europe where mining is being wound down or has already stopped. The aim of the project is to highlight the potential opportunities created by mining's legacy. There are plans to create a handbook on innovative post-mining regional development methods and a strategy paper on development perspectives for national and trans-European decision-makers.

RenERg EuReg (2008–2010)
Dabei handelt es sich um ein binationales Projekt zu innovativen Energiestrategien. RenERg EuReg steht für »Renewable Energy Resources – a Solution for the Sustainable Development of Two European Regions«. Beteiligt sind verschiedene Partner in der Lausitz und der rumänischen Region Centru. Schwerpunkt der Arbeit ist die Organisation eines Wissens- und Technologietransfers mit Wissenschaftlern und Unternehmern beider Regionen.

RW (2006–2007)
Das von der EU geförderte Projekt RW (für »Robinwood«) zur nachhaltigen Forstwirtschaft führte die IBA mit Partnern in Italien, Großbritannien, Spanien und der Slowakei durch. In der Lausitz wurde anhand einer Pflanzung schnell wachsender Bäume auf einer rekultivierten Tagebaufläche (»Energielandschaft Welzow«) das Potenzial für Biomasseproduktion untersucht.

IdeQua (2004–2006)
Identität und Qualität (IdeQua) standen im Mittelpunkt dieses EU-Projekts zur Tourismusförderung. Die IBA arbeitete hier entlang einer touristischen Achse vom Baltikum bis zur Ägäis mit Partnern aus sechs europäischen Ländern zusammen. Zentrales Anliegen war dabei die Schaffung gemeinsamer Qualitätsstandards für mittelständische Touristikbetriebe.

--

RenERg EuReg (2008–2010)
This is a bi-national project for innovative energy strategies. RenERg EuReg stands for »Renewable Energy Resources – a Solution for the Sustainable Development of Two European Regions.« The partners are various bodies in Lusatia and Romania's Region Centru. The focus is on organising a knowledge and technology transfer between scientists and businesses in the two regions.

RW (2006–2007)
The EU-sponsored sustainable forestry management project RW (Robinwood) was conducted by the IBA with partners in Italy, Britain, Spain, and Slovakia. In Lusatia, a plantation of fast-growing trees on a recultivated mining site was used to demonstrate biomass production potential (»Welzow Energy Landscape »).

IdeQua (2004–2006)
The focus of this EU project to promote tourism is on identity and quality (IdeQua). The IBA is working on this project together with six European countries on a tourism axis between the Baltic and the Aegean. Its main concern was to create a quality standard for middle-sized tourism businesses.

REKULA (2003 – 2006)
In diesem von der EU geförderten Projekt zur Restrukturierung von Kulturlandschaften (REKULA) entwickelte die IBA mit verschiedenen Partnern in Polen und Italien Strategien zum Umgang mit gestörten, industriell geprägten Kulturlandschaften. Die Projekterfahrungen wurden im Handbuch *Landschaften verwandeln* dokumentiert und auf Konferenzen in Cottbus, Gliwice und Treviso präsentiert.

VIKTOUR (2002 – 2005)
Ein weiteres EU-Projekt zur Tourismusförderung hieß VIKTOUR (Virtueller Industrie-Tourismus). Im Rahmen des Projekts wurden unter anderem ein touristischer Leitfaden durch die Lausitzer Industriekulturlandschaft entwickelt und Gästeführer geschult.

--

REKULA (2003 – 2006)
This was an EU-sponsored cultural landscape restructuring project (REKULA) run by the IBA and various partners in Poland and Italy to find strategies to deal with disrupted industrial culture landscapes. The project's results were documented in the handbook *Landschaften verwandeln* and presented at conferences in Cottbus, Gliwice, and Treviso.

VIKTOUR (2002 – 2005)
VIKTOUR (Virtueller Industrie-Tourismus) was another EU tourism promotion project. The project involved, among other things, creating tourist guidance for the Lusatia industrial cultural landscape and training tour guides.

KOMMUNIZIEREN

--

Alle IBA-Projekte wirken – idealerweise – auf verschiedenen Ebenen: »Physisch« vor Ort am Standort, in den Köpfen der regional beteiligten Akteure und überregional auf Ebene der Fachleute und Touristen. Die IBA brachte und bringt in den laufenden Sanierungsprozess ihre Ideen mit ein und achtet darauf, dass ein hoher gestalterischer Anspruch erreicht wird. Beharrlich arbeitet sie an einem schrittweisen Bewusstseinswandel in der Region, in der jahrzehntelang das Primat der Braunkohlegewinnung galt.

Bestes Beispiel: das IBA-Projekt Besucherbergwerk F60. Schon bevor die IBA 2000 offiziell startete, hatten regionale Akteure die Idee, wenigstens die ausrangierte Förderbrücke zu erhalten, nachdem doch bereits so viele Spuren der industriellen Vergangenheit der Region verschwunden waren. Noch als Vorbereitungsgesellschaft erklärte die IBA die F60 zu ihrem Pilotprojekt – und half so, die notwendige Unterstützung für die Erhaltung zu organisieren. Und die IBA brachte einen »Mehrwert« in die gemeinsame Planung für die Nachnutzung ein: Um die F60 noch attraktiver zu machen, holte die IBA den renommierten Lichtkünstler Hans Peter Kuhn in die Lausitz. Nach seinen Plänen verwandelt sich die F60 nun abends zu einem spektakulären Licht-Klang-Kunstwerk und sorgt für eine neue Sicht auf das industrielle Erbe. Höhepunkt für die Gestaltung des angrenzenden Sees ist aber das Vorhaben »Die Sonne – ein schwimmendes Erlebniszentrum« in Form einer aufgehenden Sonne, das die IBA initiiert hat und das erst nach dem IBA-Finale in Angriff genommen werden soll. Lichterfeld und sein Bergheider See mit der F60 sind damit ein Sinnbild für die Idee der IBA vom landschaftlichen, wirtschaftlichen, kulturellen und ökologischen Wandel der Niederlausitz.

--

COMMUNICATING

Ideally, all IBA projects should work on multiple levels: »physically« on site, in the minds of regional agencies and experts, and for tourists beyond the region. The IBA brought its ideas into the ongoing renovation process and helped to maintain a high standard of design. It worked tirelessly to achieve a gradual transformation of consciousness in a region dominated by lignite mining for decades.

The best example of this is the IBA project for the F60 Visitors' Mine. Even before the IBA officially began in 2000, regional agents faced with the disappearance of the region's industrial past had the idea of preserving at least the disused conveyor bridges. When it was still a preparation society, the IBA project declared the F60 mine its pilot project – helping to secure support for its preservation. The IBA also contributed »added value« to the collaborative plan for the mine's future use: to make F60 more attractive, the IBA brought the famous light artist Hans Peter Kuhn to Lusatia. In the evenings, the F60 was transformed into a spectacular light-and-sound artwork based on his plans, creating a new perspective on the industrial past. The pinnacle of the design plan for the neighbouring lake, however, was the »The Sun – a floating discovery centre« in the shape of a rising sun which was developed by the IBA and should be tackled after the IBA's finale. Lichterfeld, the Lake Bergheide, and the F60 have become symbolic for the IBA's vision of landscape, economic, cultural, and ecological transformation of lower Lusatia.

F60 und »Sonne« sind nur zwei von 30 Projekten, die in zehn Jahren IBA realisiert oder auf den Weg gebracht wurden. Nicht alle Projekte konnten in diesem Zeitraum fertiggestellt werden. Umso wichtiger ist es, dass die begonnenen Projekte durch regionale Akteure weitergetragen werden. Und wichtig ist auch, dass alle Projekte nachwirken: Sie stellen Leuchttürme dar, die auf die Umgebung ausstrahlen sollen. Projekte wie die Landmarke Lausitzer Seenland, die von Architekten, Einheimischen und Touristen gleichermaßen positiv angenommen werden, sind daher wie Ausrufezeichen in der Kommunikation. Ideen müssen kommuniziert werden, um wirken zu können. Bereits die Planungsprozesse mit ihren Arbeitskreissitzungen, internationalen Architekturwettbewerben und studentischen Workshops waren daher immer auch Formen der Kommunikation und der Öffentlichkeitsarbeit innerhalb der Verwaltung und Politik.

Um aber auch Bürger, auswärtige Besucher, Fachleute und Investoren zu erreichen, war eine sehr viel breiter angelegte Öffentlichkeitsarbeit wichtig – sie ist das »Leuchtfeuer«, ohne den der Leuchtturm nur ein fotogenes Bauwerk wäre. Von Anfang an hat die IBA daher ihre Projektarbeit durch begleitende Öffentlichkeitsarbeit bekannt gemacht: durch Pressearbeit, eigene Broschüren und Bücher, Ausstellungen, Veranstaltungen, Touren, Internetauftritt, Newsletter und Merchandising – eingebettet in ein auf zehn Jahre angelegtes Kommunikationskonzept.

--

F60 and the »Sun« are just two of thirty projects realised or set in motion by the IBA. Not all of the projects could be completed within this time period. This made it all the more important to find regional agents to carry on the projects once they were started. It is also important that all projects continue to have an effect in the future: they are »lighthouses,« intended to illuminate their surrounding environment. Projects like the Lusatian Lake Land Landmark, which was well-received by architects, locals, and tourists alike, emphasise communication: ideas have to be communicated in order to be effective. The planning process and its working group meetings, international architecture competitions, and student workshops were also communication media and public relations exercises, conducted within the context of administration and local politics.

But much broader public relations exercises are needed to reach citizens, foreign visitors, specialists, and investors – this is the »beacon« that makes the lighthouse more than just a photogenic structure. From the start, the IBA has accompanied its projects with public relations work: working with the press and producing its own brochures and books, exhibitions, events, tours, internet information, newsletters, and merchandising – all integrated into a ten-year communication project.

ZEHN JAHRE IBA – ZEHN MEILENSTEINE

In den zehn Jahren von 2000 bis 2010 gab es eine Reihe wichtiger Zwischenetappen: umgesetzte oder auf den Weg gebrachte Projekte, erfolgreiche Kampagnen und Kooperationen, planerische und politische Beschlüsse. Viele dieser für die IBA wichtigen Meilensteine sind sichtbar – andere wirken im Hintergrund (vgl. Anhang S. 285 ff.):

2000 -- Internationale Bauausstellung (IBA) Fürst-Pückler-Land 2000–2010

Konzeptentwicklung mit Landschaftsinseln und Projekten

Die Strategische Kommission legt ihren Bericht vor. In ihr haben die profilierten Experten Karl Ganser, Wolfgang Christ, Friedrich von Bismarck, Dieter Hütte und Helmut Rippl ihre programmatischen Empfehlungen zusammengetragen. Sie empfehlen eine Konzentration auf den Landschaftswandel und – in enger Abstimmung mit der LMBV – die Entwicklung von Visionen mit dem Ziel einer »Veränderung« in »der Tagebausanierung«. Das Konzept der thematischen Landschaftsinseln entsteht. Im gleichen Jahr nimmt die IBA ihre Arbeit auf und bezieht mit zunächst 15 Mitarbeitern ihre Geschäftsstelle in Großräschen – dem sanierten früheren Beamtenwohnheim der »Ilse Bergbau Actiengesellschaft« (I.B.A.). Damit wird ein erstes Gebäude aus der für die Stadt wichtigen Bergbauvergangenheit vor dem Verfall gerettet und umgenutzt.

--

TEN YEARS OF IBA – TEN MILESTONES

A series of vital preliminary steps took place during the ten years between 2000 and 2010: projects implemented and set in motion, successful campaigns and cooperation, planning and political decisions. Many of these crucial IBA milestones were visible – while others were felt in the background (see appendix p. 285 ff.):

2000 -- Internationale Bauausstellung (IBA) Fürst-Pückler-Land 2000–2010

Concept development of landscape islands and projects

The Strategic Commission submitted its report, containing policy recommendations by the prominent experts Karl Ganser, Wolfgang Christ, Friedrich von Bismarck, Dieter Hütte, and Helmut Rippl. They recommend that the initiative should concentrate on landscape transformation and – working closely with the LMBV – develop visions with the aim of »metamorphosis« in »open-cast mining restoration.« The concept of thematic landscape islands was born. In the same year, the IBA began work, and moved about fifteen employees into an office in Grossräschen – the former residential building for officials of the Ilse Bergbau Actiengesellschaft (I.B.A.), now renovated. This was the first building dating from the city's mining past to be saved from decay and given a new use.

Bundespräsident Johannes Rau eröffnet das Licht-Klang-Kunstwerk an der F60, 2003

2001 -- Werkstatt für neue Landschaften

Internationaler Workshop mit Entwürfen, Visionen und Bildern

In einem internationalen Workshop mit dem Titel »Werkstatt für neue Landschaften« entwickeln 100 Studenten, Professoren und Assistenten aus 18 Ländern Vorschläge für die neun Landschaftsinseln. Hier werden die thematischen Konzepte weiterentwickelt und konkrete Bilder entworfen – die Landschaftsinseln bekommen ein Gesicht. Die Ergebnisse des Workshops touren im Anschluss als Wanderausstellung in der Region sowie nach Potsdam und Sachsen, um über die Ideen zu informieren.

2002 -- Einweihung Besucherbergwerk F60

IBA wird (be)greifbar

Das erste IBA-Projekt wird eingeweiht: das Besucherbergwerk F60 in Lichterfeld bei Finsterwalde. Bereits zur Sprengung freigegeben, schien die ausrangierte Förderbrücke nicht mehr zu retten. Der Beweis des Gegenteils war ein auch symbolisch wichtiger erster Erfolg für die IBA – den sie mithilfe der Gemeinde und des Amtes erreicht hat. Die Eröffnung der F60 und (nur ein Jahr später) der Licht-Klang-Installation des international renommierten Künstlers Hans Peter Kuhn sorgt für große Aufmerksamkeit. Auch außerhalb der Fachwelt ist nun der »liegende Eiffelturm der Lausitz« ein Symbol für den Strukturwandel der Region. Anfangs von Bergleuten und Bewohnern skeptisch beäugt, verhilft der Durchbruch mit der F60 der IBA zu Respekt bei den Akteuren in der Region. In allen vier Landkreisen und der kreisfreien Stadt Cottbus können als Zeichen an die Politik und Bürger ebenfalls erste (Teil-)Eröffnungen gefeiert werden – darunter der »IBA-Stadtpfad« in Cottbus Sachsendorf-Madlow.

--

2001 -- Workshop for new landscapes

International design workshop: visions and images

In an international workshop entitled »Workshop for new landscapes,« 100 students, professors, and assistants from eighteen countries developed suggestions for the nine landscape islands. This was where the thematic concepts were developed further and turned into definite images – the landscape islands were given a face. The results of the workshop were subsequently included in a touring exhibition within the region and in Potsdam and Saxony, to help inform people about the ideas.

2002 -- The opening of the F60 Visitors' Mine project

The IBA becomes a reality

The first IBA project was inaugurated: the F60 Visitors' Mine in Lichterfeld at Finsterwalde. Initially there seemed to be no hope for the old conveyor bridge, which was already marked for demolition, but in a symbolically important first success, the IBA overturned this decision with the help of the community and the authorities. F60's opening and the light and sound installation by renowned international artist Hans Peter Kuhn only a year later created a lot of publicity. This »Lying Eiffel Tower« in Lusatia was a symbol for the region's structural transformation – and not just in specialist circles. The success of the F60 project – originally viewed with suspicion by mineworkers and local residents – helped the IBA to gain the respect of regional bodies. Successes or partial successes in all four districts and in the independent city of Cottbus – including the »IBA City Path« in Cottbus Sachsendorf-Madlow – also sent a message to politicians and citizens.

2003 -- Einweihung Slawenburg Raddusch

Mehr als nur Industriekultur

Nur ein Jahr nach der F60 konnte mit der Slawenburg in Raddusch ein zweites großes IBA-Projekt eingeweiht werden – der äußerlich originalgetreue Nachbau einer slawischen Fluchtburg aus dem 9. Jahrhundert, deren Reste bei archäologischen Grabungen im Vorfeld eines Tagebaus gefunden wurden. Mit der Eröffnung ist klar: Die IBA ist keine Eintagsfliege und lässt sich nicht auf ein einzelnes Leuchtturmprojekt reduzieren. Das Projekt veranschaulicht zudem, dass sich das Erbe der Lausitz nicht nur auf Industriekultur reduzieren lässt.

2004 -- Einweihung IBA-Terrassen

IBA erhält zentrales Informations- und Ausstellungszentrum

Im Süden von Großräschen werden am Grubenrand des erst 1999 stillgelegten Tagebaus Meuro die IBA-Terrassen eröffnet – das aus einem internationalen Architekturwettbewerb hervorgegangene Besucherzentrum der IBA. Sie sind sofort der zentrale Anlaufpunkt für Fachbesucher, Touristen und Einheimische und der wichtigste Baustein im IBA-Auftaktgebiet Großräschen-Süd, zu dem bereits die IBA-Geschäftsstelle und später auch die Seebrücke, das Seehotel und der Aussichtspunkt Viktoriahöhe gehören. Der (Struktur-)Wandel der ehemaligen Bergbaustadt zur Seestadt Großräschen – und damit ein wesentlicher Teil der IBA-Strategie – wird hier an einem Bauwerk deutlich. Eingeweiht werden die IBA-Terrassen mit der Ausstellung »Zeitmaschine Lausitz« zur Industrie- und Siedlungsgeschichte der Lausitz, die durch eine gleichnamige Buchreihe in zehn Bänden ergänzt wird.

--

2003 -- The opening of the Raddusch Slavic Fort project

More than just industrial culture

A second major IBA project – the Raddusch Slavic Fort – was inaugurated just one year after the F60. This was a reproduction of a ninth century Slavic fort whose remains were found in an archaeological dig that preceded an open-cast mine project – an exact exterior replica. This opening made it clear that the IBA was not just a flash in the pan and went beyond a single »lighthouse« project. The project also showed that Lusatia had a heritage beyond its industrial past.

2004 -- The opening of the IBA Terraces project

The IBA gets a central information centre and exhibition centre

The IBA Terraces – a visitor centre for the IBA created in an international architecture competition – were opened in south Grossräschen on the edge of a Meuro open-cast mine trench, which stopped production in 1999. They quickly become a destination for professionally interested visitors, tourists, and local people and vital to the IBA's activities in south Grossräschen – its first foothold area, which already included the IBA offices and later the Seebrücke, the Seehotel, and the Viktoriahöhe viewing platform. This construction illustrates the former mining town's (structural) transformation into Seestadt Grossräschen or Grossräschen Lake Town – an important part of the IBA's strategy. The inauguration of the IBA Terraces was marked by an exhibition »Zeitmaschine Lausitz,« which dealt with Lusatia's industrial and settlement history and was accompanied by a series of ten books under the same name.

2005 -- IBA-Werkschau Bewegtes Land

Halbzeitjahr mit Präsentationen, Eröffnungen und Feiern

Die IBA feiert Halbzeit und zieht Zwischenbilanz. In einer großen Werkschau mit dem Titel »Bewegtes Land« präsentiert die IBA, was in der ersten Hälfte erreicht wurde und gibt einen Ausblick auf das, was in der zweiten Halbzeit noch erreicht werden soll. Bestandteil der Werkschau ist die Ausstellung »Von der Eiszeit zur Freizeit« auf den IBA-Terrassen, die den Bogen von der geologischen Entstehung der Braunkohle über deren industrielle Ausbeutung bis zur Nachfolgenutzung der »Restlöcher« als Freizeitseen schlägt. In der Theaterinszenierung *Alles verloren – alles gewonnen?* geben Bürger des abgebaggerten Großräschen-Süd ihre Geschichte(n) weiter, andere stiften alte Spaten und erzählen ihre persönliche Geschichte des Strukturwandels. Die Spaten werden in der Ausstellung Teil einer Installation und damit von etwas Neuem. Dort werden auch erstmals alle (damals) 24 Projekte öffentlich vorgestellt. An zehn dieser Projektstandorte wird zusätzlich direkt vor Ort der Zwischenstand präsentiert und gefeiert. Der 500 Kilometer lange Fürst-Pückler-Radweg wird eröffnet und verbindet fast alle IBA-Projekte.

--

2005 -- The IBA work show Bewegtes Land

Marking the halfway point with presentations, opening and celebration

The IBA celebrated reaching the halfway point and produced an interim report. In a large-scale display of work entitled »Bewegtes Land« (Changing Land), the IBA displayed everything produced during the first half of its existence and gave a preview of what would be achieved in the remaining time. This display included the exhibition »Von der Eiszeit zur Freizeit« on the IBA Terraces, which covered a timespan from the geological creation of the lignite, to its industrial exploitation, to the subsequent use of the residual cavities as pleasure lakes. In the theatre production *Alles verloren – alles gewonnen?*, some citizens recount stories about the bulldozered south of Grossräschen, while others donated old spades and told their personal stories about structural change. The spades became part of something new – an installation in the exhibition. This was the first time all the (then) twenty-four projects were exhibited publicly. Ten of these projects were also presented on site and celebrated in their incomplete state. The Fürst Pückler cycle path, 500 kilometres long, was opened, connecting almost all the IBA projects.

2006 -- Europa in der Lausitz

Europäische Zusammenarbeit beim Landschaftswandel

Nach dem IBA-Halbzeitjahr 2005 bekommt in der zweiten Halbzeit jedes weitere Jahr einen eigenen thematischen Schwerpunkt, der die unterschiedlichen Themen der IBA in den Mittelpunkt rückt. So erhält die zweite Halbzeit einen eigenen Spannungsbogen. Den Auftakt macht im Jahr 2006 das »Europajahr«: Unter dem Titel »7 Länder – 7 Feste« wird von April bis Oktober zu sieben Länderfesten auf die IBA-Terrassen geladen. Gefeiert wird mit internationalen Gästen aus jenen sieben Ländern, mit denen die IBA im Rahmen ihrer EU-Projekte IdeQua und REKULA zusammenarbeitet, die beide 2006 zu Ende gehen und ihre Ergebnisse präsentieren. Besonders in der »Europainsel Guben-Gubin« finden zahlreiche Veranstaltungen statt – unter anderem wird am historischen Originalstandort eine mobile Ausstellung zum kriegszerstörten »Haus Wolf«, dem ersten modernen Hausprojekt von Mies van der Rohe, eröffnet – die »Mies-Memory-Box«.

--

2006 -- Europe in Lusatia

Europe-wide collaboration in landscape transformation

After the IBA reached its half-way point in 2005, every year of the second half of its life was given its own theme, highlighting the variety of themes included in the IBA. This gave the second half of the IBA's life its own narrative. It began in 2006 with the »Europajahr«: from April to October, people were invited to seven regional festivals at the IBA Terraces entitled »7 Länder – 7 Feste.« The celebrations included an international group of guests from the seven countries the IBA had worked with in the context of the EU projects IdeQua and REKULA, which both finished and presented their results in 2006. Several events took place elsewhere, especially in the »Europainsel Guben-Gubin«. Among other things, the mobile exhibition, »Mies-Memory-Box« – about »Haus Wolf«, the first house project by Mies van der Rohe – was held on Haus Wolf's original site.

2007 -- The Lusatia energy landscape

Old and new energy potentials in the region

The second themed year focused on the structural transformation of the region's energy economy, showing that Lusatia will continue to be an important energy-producing region in the future – but in a different way. Lignite, once the sole energy source, is increasingly being supplanted by a mix of

2007 -- Energieland Lausitz

Alte und neue Energiekompetenzen in der Region

Das zweite Themenjahr rückt den energiewirtschaftlichen Strukturwandel der Region in den Mittelpunkt und zeigt: Die Lausitz war und bleibt eine wichtige Energieregion – unter veränderten Vorzeichen. Zu dem früher alleinigen Energieträger Braunkohle tritt mehr und mehr ein alternativer Energiemix aus Biomasse, Wind- und Solarenergie. Die IBA dokumentiert in einer Ausstellung unter dem Titel »Energieland Lausitz« die Potenziale des Energiestandorts. Ein kleiner Satellit der Ausstellung tourt als »eBox« durch Deutschland und zeigt die von der IBA mitentwickelten Projekte zur Energieholzgewinnung auf alten Braunkohlekippen. Im Rahmen der einjährigen Kampagne präsentieren regionale Partner ihre Projekte – von der neuen Schulsporthalle mit Solardach in Vetschau bis zum künstlerisch inszenierten Windrad des Windanlagenherstellers Vestas aus Lauchhammer.

2008 -- Seensucht Lausitz

Zukunftsperspektiven im entstehenden Lausitzer Seenland

Das Lausitzer Seenland bietet die einmalige Chance, von Menschenhand eine Seenlandschaft von hohem Wert für den Tourismus, für die regionale Lebensqualität, aber auch für die Natur zu schaffen. In der Qualifizierung dieses Prozesses, den federführend andere Partner – allen voran die LMBV – verantworten, liegt einer der Arbeitsschwerpunkte der IBA. So wurden aus technischen »Überleitern« schiffbare und damit touristisch nutzbare Kanäle, mit den schwimmenden Häusern entstand ein neues Wahrzeichen für die Lausitz und eine pünktlich zum Wasserjahr 2008 eingeweihte Landmarke Lausitzer Seenland gibt dem Kern des Lausitzer Seenlandes ein Symbol. Eine sogenannte »Schau(Bau)Stelle« weist seit 2008 publikumswirksam auf den Baufortschritt des technisch spektakulärsten Kanals zwischen dem Senftenberger und dem Geierswalder See hin.

--

alternative energy sources – biomass, wind, and solar energy. In an exhibition entitled »Energieland Lausitz« (Energy Land Lusatia), the IBA documented the energy potential of the location. »eBox,« a smaller satellite of the exhibition, toured Germany, displaying the projects co-developed by IBA for growing trees for energy on old lignite waste tips. In a year-long campaign, regional partners presented their projects – from a new sports hall with a solar unit on the roof in Vetschau to a wind turbine come artwork by the wind power system company Vestas in Lauchhammer.

2008 -- Lusatian yearnings

Perspectives on the future of the emerging Lusatian Lake Land

The Lusatian Lake Land is a unique opportunity to create a special artificial lake landscape for tourism, to improve quality of life in the region and to help preserve nature. Helping to improve this process, which is the responsibility of some of its partners – primarily LMBV – was one of IBA's central concerns. Technical »water conduits« have been turned into navigable canals, with floating homes becoming a new feature of Lusatia. The Lusatian Lake Land landmark – a new symbol for the heart of Lusatia – was inaugurated in time for 2008, the International Year of Sanitation. Since 2008, a so-called show building site has existed to inform the public about construction progress on the most technically spectacular canal – which runs between the Lake Senftenberg and the Lake Geierswalde.

2009 -- Neuland Lausitz

Gemeinsam Neuland betreten

Bei diesem Themenjahr steht der internationale und wissenschaftliche Austausch im Mittelpunkt. Die internationale Konferenz »Chance: Bergbau-Folge-Landschaft« auf den IBA-Terrassen befasst sich mit den besonderen Potenzialen und Problemen im Umgang mit Bergbaufolgelandschaften. Hier werden die Erfahrungen der IBA in zehn Thesen präsentiert und mit internationalen Erfahrungen gespiegelt (vgl. Anhang S. 278 ff.). Daneben bietet ein neuer Sandstrand auf den IBA-Terrassen einen Vorgeschmack auf den zukünftigen Ilse-See. Während der Besuchertage Lausitzer Seenland wird das Landschaftsgroßprojekt »Die Hand« von Charles Jencks und Andreas Kipar für das Ufer des Altdöberner Sees vorgestellt.

--

2009 -- New territory in Lusatia

Entering new territory together

This themed year focused on international and scientific exchange. The international conference »Chance: Bergbau-Folge-Landschaft« (Opportunity: Post-Mining Landscapes), held at the IBA Terraces, was concerned with the problems and potential specific to post-mining landscapes. The knowledge gained from the IBA's work was presented in ten theses, in a context of international research (see appendix p. 278 ff.). The new sandy beach on the IBA Terraces is a foretaste of what is to come – the future Lake Ilse. During the Lusatian Lake Land visitors' days, the large-scale landscape project »Die Hand« (The Hand) by Charles Jencks and Andreas Kipar was created for the banks of the Lake Altdöbern.

2010 -- The Lusatia landscape

IBA finale: concluding presentation, art project and tours

The IBA's thirty projects and its ten years of work on landscape and structural transformation in Lusatia were concisely presented in the catalogue and by the central exhibition on the IBA Terraces – »Die Neueroberung einer Land-

2010 -- Landschaft Lausitz

IBA-Finale mit Abschlusspräsentation, Kunstprojekt und Touren

Die zentrale Ausstellung »Die Neueroberung einer Landschaft« auf den IBA-Terrassen präsentiert zusammen mit diesem Katalog in konzentrierter Form die 30 Projekte der IBA und ihre zehnjährige Arbeit am Landschafts- und Strukturwandel der Lausitz. Dieser Wandel ist 2010 noch nicht abgeschlossen: Auch wenn die IBA GmbH als Institution aufgelöst wird, entwickeln sich die fertiggestellten Projekte weiter, begonnene Projekte werden von lokalen Akteuren zu Ende geführt und auch der Geist der IBA soll in der Energieregion Lausitz-Spreewald GmbH weiterleben. Die Botschaft im Finaljahr lautet deshalb: Nur durch eigenes Handeln ist Zukunft machbar. Im Mittelpunkt des Präsentationsjahres steht daher mit dem Kunstprojekt »Paradies 2« eine dezentrale Veranstaltungsreihe mit sieben Aufführungen, bei der rund 10.000 Lausitzer Bürger zu Künstlern und Chronisten werden – vom Seeufer in Sedlitz über die Großwohnsiedlung Sachsendorf-Madlow in Cottbus bis hin zur Hauptkirche im polnischen Gubin. Außerdem präsentieren Lausitzer im Rahmen von IBA-Touren als Gästeführer das »Gestern, Heute und Morgen« ihrer Heimat.

In einer feierlichen Zeremonie übergibt Rolf Kuhn, der 1999 den Staffelstab von der Vorgänger-IBA Emscher Park übernommen hatte, seinerseits den Staffelstab an seinen Nachfolger bei der IBA Basel 2020. Dort, im Dreiländereck von Deutschland, der Schweiz und Frankreich, werden einige der Ideen der länderübergreifenden Projektarbeit fortgeführt, die in der Lausitz links und rechts der Neiße auf deutscher und polnischer Seite erprobt wurden. Ebenfalls 2010 findet auf den IBA-Terrassen ein Fachkongress des Netzwerks »IBA meets IBA« statt, in dem die vergangenen, aktuellen und zukünftigen IBA zusammengeschlossen sind – so wird sichergestellt, dass die Projektideen über den Zeitraum einer einzelnen IBA weiterleben.

--

schaft« (reconquering a landscape). This transformation will continue beyond 2010. Although the IBA GmbH will no longer exist as an institution, the completed projects will develop further, while as yet unfinished projects will be completed by local bodies – and the spirit of the IBA will live on in Lusatia's Energieregion Lausitz-Spreewald GmbH. So the message for the final year was: our own actions make the future. The centrepiece of the presentation year was the art project »Paradise 2,« a decentralised series of events including seven performances in which Lusatia's approximately 10,000 citizens become artists and chroniclers – from the Seeufer in Sedlitz, to the large-scale residential development in Sachsendorf-Madlow in Cottbus, to the major church in Gubin in Poland. Lusatian locals also acted as IBA tour guides, presenting the »yesterday, today, and tomorrow« of their home region.

In a solemn ceremony, Rolf Kuhn, who had received the baton from the preceding IBA Emscher Park in 1999, passed it on in turn to his successor in charge of the IBA Basel 2020. There, in the »Dreiländereck« of Germany, Switzerland, and France, some of the ideas for transnational projects that were tested on both banks of the Neisse in Lusatia – in Germany and Poland – will be taken further. Also in 2010, a specialist congress of the »IBA meets IBA« network will take place at the IBA Terraces, combining past, present and future IBA – to ensure that project ideas continue beyond individual IBA.

IBA-TOURISMUS

Die IBA versteht sich als Instrument für den Struktur- und Landschaftswandel und sie arbeitet auf der »größten Landschaftsbaustelle Europas«. Zu den sichtbaren Maßnahmen gehören der Erhalt und die Umnutzung stillgelegter Industrieanlagen, die Schaffung einer touristischen Infrastruktur an den neuen Seen sowie die Öffnung von Braunkohlegruben für Besucher. Viele dieser Maßnahmen haben gleich mehrere Effekte auf einmal: Einerseits bleibt so die Erinnerung an das industrielle Erbe erhalten und wird damit als ein wichtiger Bestandteil regionaler Identität gesichert. Andererseits wird durch die Förderung weicher Standortfaktoren – die Schaffung touristischer und kultureller Angebote – die Lebensqualität der Menschen in der Lausitz erhöht und das Image der Lausitz nach außen verbessert.

--

IBA TOURISM

The IBA sees itself as an instrument of structural and landscape change, active in the »biggest landscape building site in Europe.« Visible measures included the preservation and reuse of disused industrial facilities, creation of tourist infrastructure for the new lakes, and the opening of lignite trenches for visitors. Many of these measures work in several ways at once: they preserve the region's industrial heritage, safeguarding an important part of the region's identity while promoting soft location factors – cultural and tourist attractions – to improve quality of life in Lusatia, and improve Lusatia's image further afield.

War die Außenwahrnehmung lange von zerstörter Umwelt und einem Mangel an Freizeitmöglichkeiten geprägt, trägt die touristisch-kulturelle Aufwertung dazu bei, dieses Image in Richtung Einzigartigkeit, Erlebniswert und Innovationskraft zu verschieben. Nach innen und außen wird so die Idee der Umgestaltung und die Arbeit der IBA deutlich. »Strukturwandel« bedeutet natürlich nicht zuletzt, dass durch den Tourismus neue Arbeitsplätze im Dienstleistungsbereich entstehen. Gelingt dies, stellt das auch eine Art »Gradmesser« für einen allgemeinen Zugewinn an Attraktivität der Landschaft und Infrastruktur dar, der sich positiv auf die allgemeine wirtschaftliche Entwicklung auswirken kann. Zusammengefasst hat der IBA-Tourismus vier Bedeutungen:

· Bewahrung und Umnutzung des industriekulturellen Erbes
· Veranschaulichung der IBA-Arbeit und der Idee vom Strukturwandel
· Impulsgebung für die Wirtschaft durch Tourismus und Dienstleistung
· Imagewandel für die Lausitz als ein wesentlicher weicher Standortfaktor

Die IBA hat auf diese Weise Entwicklungen angestoßen. Ziel war nicht primär der kommerzielle Erfolg als Veranstalter, sondern es ging und geht darum, Besucher in die Region zu holen und ihnen ein neues Bild von der Lausitz zu vermitteln. Zudem sollten Lausitzer Unternehmen und Bürger für ein Engagement im Tourismus aktiviert werden, um so die regionalen Potenziale und Ressourcen zu nutzen.

--

Lusatia's image elsewhere is of a destroyed environment with no leisure facilities. Improvement of its cultural and tourist opportunities should transform this image into one of a unique place to be discovered and a good place for innovation. The regional redesign concept and the work of the IBA will have a high profile within the region and beyond. Of course, one important effect of »structural change« is that tourism will create new jobs in the service sector. This is also a significant »measure« of the region's increased attractiveness and improved infrastructure, which will have a positive effect on overall economic development. The IBA tourism plan's four aims can be summarised thus:

· preserving and using the region's industrial heritage
· demonstrating the IBA work and the idea of structural change
· using tourism and services to stimulate the economy
· a new image for Lusatia – an important soft location factor

This was a way for the IBA to initiate new development. Its primary aim was not commercial success, but (then as now) to bring visitors into the region and to show them a new Lusatia. It was also important to get Lusatia's businesses and citizens involved in tourism, to optimize the region's resources and potential.

IBA-TOURENPROGRAMM

Geführte Touren durch die Tagebaue nehmen Einheimische und Gäste mit »Von der Wüste aufs Wasser« oder auf eine »Reise zum Mars« (so die Titel zweier Touren) und ermöglichen so neue Sichtweisen auf die Lausitz im Wandel. Auf diese Art werden scheinbare Schwächen zu Stärken, zu touristischen Potenzialen.

Einige der Attraktionen gibt es in wenigen Jahren nicht mehr – wenn die Tagebaue geflutet und zur größten künstlichen Seenlandschaft Europas geworden sind. Bis dahin jedoch bleiben die temporären »Zwischenlandschaften« mit ihren Veränderungen in Flora und Fauna unmittelbar erlebbar. Statt darauf zu warten, dass alle Seen fertig geflutet und touristisch perfekt erschlossen sind, wird bereits der Wandlungsprozess inszeniert und die Region als außergewöhnliches Reiseziel etabliert.

Seit dem Start erster touristischer Angebote im Jahr 2002 werden diese ständig ergänzt, an die Veränderungen der Landschaft und der IBA-Projekte und an die stets wachsende Nachfrage angepasst – teilweise durch die IBA selbst, teilweise durch Partner. So wird anschaulich über die Neubauten oder Projektfortschritte der Internationalen Bauausstellung informiert. Mit dem Anstieg des Wasserspiegels auf vielen der Seen wuchs natürlich auch die Bedeutung der Angebote auf dem Wasser. Es kamen Floßfahrten dazu und immer mehr Fahrrad-, Bus- oder Jeeptouren zu verschiedenen Themen – etwa zu den Industriemonumenten, durch die Tagebaugruben, durch das entstehende Lausitzer Seenland oder auf dem Fürst-Pückler-Weg. So schafft die IBA völlig neuartige touristische Produkte. Dafür schulte sie auch touristische Gästeführer und unterstützte touristisch attraktive Projekte wie das Besucherbergwerk F60, die Slawenburg Raddusch oder die Pückler-Parks in Branitz und Bad Muskau.

--

THE IBA TOUR PROGRAMME

Guided tours of the open-cast mines take locals and visitors »from the desert to the water« and »on a journey to Mars« (the titles of two of the tours) giving them new perspectives on Lusatia in its current state of transition. This is a way of turning the region's apparent defects into assets for tourism.

In a few years, some of these »attractions« will no longer exist – once the open-cast mines have been flooded and turned into the biggest artificial lake landscape in Europe. But until this happens, the »transitional landscapes« and their flora and fauna can be freely enjoyed. Instead of waiting for all the lakes to be filled and given ideal tourist access structures, the project puts the transition process on display – a transition with the potential to turn the region into an exceptional travel destination.

The first services for tourists began in 2002. Since then they have been continually expanded and adapted to the changes in the landscape, the new IBA projects, and the steadily growing demand – partly by the IBA itself and partly by its partners. Tourism was also a simple, accessible way of telling people about the new buildings and projects by the Internationale Bauausstellung. As the water level in some of the lakes rose, the »water« aspect naturally increased in importance; raft voyages were added, along with various themed tours – by cycle, bus, or jeep – which took visitors to industrial monuments, through the open-cast trenches, through the nascent Lusatia Lake Land, or along the Fürst Pückler Path. These are all completely new tourist packages created by the IBA, which also trained tourist guides and supported projects intended to appeal to tourists like the F60 Visitors' Mine, the Raddusch Slavic Fort, and the Pückler Park in Branitz and Bad Muskau.

IBA-TERRASSEN

Viele der Touren starten von den IBA-Terrassen, dem zentralen Anlaufpunkt für Besucher. Hier finden auch zahlreiche Veranstaltungen statt: von der internationalen IBA-Fachkonferenz für Landschaftsplaner bis zur Kochshow, von der Ausstellung der Ergebnisse eines Architekturwettbewerbs bis zum Jazz-Konzert, von der Theateraufführung bis zur Diskussionsveranstaltung. Nicht nur die IBA nutzt die IBA-Terrassen als Veranstaltungsort, sondern auch viele Partner, regionale Akteure, Vereine und Privatleute. Hier feiert beispielsweise die Handwerkskammer ihren Verbandstag, das Cottbuser Filmfestival seine Open-Air-Filmnächte, die Stadt Großräschen ihr Seefest und Einheimische nutzen sie für Familienfeiern. Die IBA-Terrassen haben sich seit ihrer Eröffnung 2004 sehr schnell als Ort der Begegnung etabliert. Von hier wurde 2007 der Startschuss für die Flutung der Grube Meuro und damit die Entstehung des Ilse-Sees gegeben und von hier lässt sich seither der stetige Anstieg des Wasserspiegels beobachten.

Es war eine bewusste Entscheidung der IBA, direkt am Rand des früheren Tagebaus Meuro, dort, wo die Straße abrupt an einem riesigen Krater abbricht, eine zentrale Anlaufstelle für Besucher zu schaffen. Die IBA-Terrassen sind ein Statement: Auch wenn die Hälfte der Stadt abgebaggert wurde und sie heute hier an den IBA-Terrassen endet, und auch, wenn mit der Stilllegung des Tagebaus das Kapitel Bergbau in Großräschen abgeschlossen war, dann ist das nicht das Ende für Großräschen und das Lausitzer Revier – sondern der Anfang von etwas Neuem. Nirgendwo wird der Wandel der Lausitz vom Braunkohlerevier zum Seenland, »vom Bergmann zum Seemann«, so deutlich wie auf den IBA-Terrassen. Ausgezeichnet mit dem Gütesiegel für Servicequalität Deutschland empfangen sie als künftiges »Tor zum Lausitzer Seenland« bereits heute ihre Besucher auf hohem Niveau.

--

THE IBA TERRACES

Many of the tours start at the IBA Terraces, the central convergence place for visitors. Many events are also held here: from the international IBA specialist conference for landscape planners to a cookery show, from an exhibition of work from an architecture competition to a jazz concert, from theatre performances to discussions. Besides the IBA itself, several of its partners – regional bodies, associations, and private individuals – also use the IBA Terraces as an event venue. For instance, the local Handwerkskammer or chamber of trades holds its general meetings here, the Cottbus film festival hosts open-air film nights, the Stadt Grossräschen holds its Seefest (lake festival), and locals use the Terraces for family celebrations. Since being opened in 2004, the IBA Terraces have rapidly become established as a meeting place. In 2007, the start of the flooding of the Meuron trench – the beginning of the Lake Ilse – was marked here, and the Terraces are a good place to observe the steady rise of the water level.

It was no accident that the IBA erected its central visitor hub on the edge of the former Meuro open-cast mine – where the road ends abruptly on the lip of a huge crater. The IBA Terraces are a statement. Even if half of the town was bulldozered so that it now ends here at the IBA Terraces; even if mining in Grossräschen came to an end forever with the closing of the open-cast mine, it wasn't the end of the line for Grossräschen or for Lusatia – only the beginning of something new. Nowhere is the transformation of Lausitz from a lignite-producing region to a lake region, »from a miner to a lakeman« so striking as at the IBA Terraces. Awarded Germany's seal of approval for excellent service, this future »gateway to the Lusatian Lake Land« already provides a first-class welcome to visitors.

Bundespräsident Horst Köhler
zu Besuch bei der IBA, 2005

IBA-ÖFFENTLICHKEITSARBEIT

Die IBA-Touren, die touristischen Aktivitäten der IBA und die Errichtung der IBA-Terrassen als Veranstaltungs- und Besucherzentrum sind Maßnahmen der Öffentlichkeitsarbeit. Sie dienen dazu, den Landschafts- und Strukturwandel bekannt zu machen, die im Wandel liegenden Chancen aufzuzeigen und den einstigen DDR-»Energiebezirk Cottbus« auch als Reiseziel zu etablieren. Es geht darum, den bekannten Bildern und bekannten Klischees neue Bilder und überraschende Einsichten entgegenzusetzen. Wenn die IBA der Region ein neues Gesicht gibt, dann soll der Tourismus dieses Gesicht bekannt machen. Dazu dienen auch die anderen Instrumente der Öffentlichkeitsarbeit.

--

THE IBA'S PUBLIC RELATIONS WORK

The IBA's tours, its range of services for tourists, and the creation of the IBA Terraces as an event and visitor centre are all examples of public relations work. They help to attract attention to the cause of landscape and structural transformation, to highlight the opportunities it creates, and to turn what was once the GDR's »Cottbus energy district« into a travel destination. The idea is to replace old images and old clichés with a new image and surprising insights. If the IBA's job is to give the region a new face, then tourism's job is to spread the word about this new face. The same is true of the other elements of the public relations strategy.

IBA-VERANSTALTUNGEN

Seit der Eröffnung der IBA-Terrassen als zentralem Veranstaltungsort im Jahr 2004 findet ein Großteil der IBA-Veranstaltungen in Großräschen statt. Mit zahlreichen Kooperationspartnern hat die IBA vor allem in den Sommermonaten die Terrassen »bespielt«. Neben themenbezogenen fachlichen Veranstaltungen sind das verschiedenartige kulturelle, beispielsweise »Kulinarische Reisen«, »Jazz im Liegestuhl«, »Seefest am Ilse-See« oder »Filmnächte am Ilse-See«. Aber wie auch in den Jahren davor gibt es weiterhin viele dezentrale Veranstaltungen überall an den Projektstandorten – und weit darüber hinaus.

So unterstützte die IBA den »Tag des Geotops« im Muskauer Faltenbogen ebenso wie das mit der LMBV und den Zweckverbänden entwickelte Konzept der »Besuchertage Lausitzer Seenland«, die jedes Jahr an einem anderen Bergbaufolgesee stattfinden. Zu den Veranstaltungen als Teil der Öffentlichkeitsarbeit zählten öffentliche Diskussionsveranstaltungen oder die Ausstellung von architektonischen Wettbewerbsergebnissen ebenso wie die Teilnahme an Volksfesten in der Region mit Informationsständen.

Bei allen Veranstaltungen, an denen die IBA teilnimmt oder die sie durchführt, geht es darum, die IBA als Akteur bekannt zu machen, auf ihre Projekte aufmerksam zu machen und mit den Menschen ins Gespräch zu kommen. Mit den Veranstaltungen zeigt die IBA in der Region und der Fachwelt Präsenz.

--

IBA EVENTS

Since the IBA Terraces were opened as a central event venue in 2004, most of the IBA events have taken place in Grossräschen. The events held by the IBA and its numerous partners at the Terraces were particularly frequent in the summer months. Aside from themed specialist events, there were various cultural events – including, among others, »Kulinarische Reisen,« »Jazz im Liegestuhl,« »Seefest am Ilse-See,« and »Filmnächte am Ilse-See.« Decentralised events, however, continued to be held on other project sites, as they had been in the previous years – and in other places too.

The IBA, for instance, supported the Muskau Coal Crescent »Tag des Geotops« (geotope day) in the Muskauer Coal Crescent and the »Besuchertage Lausitzer Seenland« (Lusatian Lake Land visitor days), a concept developed by the LMBV and by special purpose associations, which takes place at a different lake in an old mine every year. Public relation events included public discussion events, exhibitions of architectonic competition results, and information stands at local events in the region.

All the events run by or involving the IBA were calculated to make the IBA better known, to draw attention to their projects and to start dialogues with people. The events were a way for the IBA to maintain a presence in the region and in specialist circles.

IBA-AUSSTELLUNGEN

Wichtiger Baustein der Öffentlichkeitsarbeit waren die zahlreichen Ausstellungen. Zwischen 2000 und 2010 hat die IBA über 50 kleine und große Ausstellungen organisiert oder sich an ihnen beteiligt. Dazu gehören die zentralen Ausstellungen auf den IBA-Terrassen, die unter Titeln wie »Zeitmaschine Lausitz«, »Bewegtes Land«, »Energieland Lausitz« und »Die Neueroberung einer Landschaft« vertiefend die Gesamtarbeit der IBA und den Kontext des Landschafts- und Strukturwandels darstellen. Andere Ausstellungen, teils als Wanderausstellung, teils für einen bestimmten Standort und Zeitpunkt konzipiert, beleuchteten Einzelaspekte – etwa des EU-Projekts REKULA, der Schwimmenden Architektur, der Industriekultur oder eines einzelnen Projekts. Blieben einige Ausstellungen in den Rathäusern, Bürgerämtern und Hochschulgebäuden der Region, waren andere auch in Ministerien und Museen in Dresden, Potsdam und Berlin oder auch international zu sehen, zum Beispiel auf den Architekturbiennalen in Venedig und São Paulo. (vgl. Anhang S. 280 ff.)

--

IBA EXHIBITIONS

The numerous exhibitions were important building blocks in the public relations strategy. Between 2000 and 2010, the IBA organised or was involved in fifty exhibitions, large and small. This included the central exhibitions on the IBA Terraces, with titles like »Zeitmaschine Lausitz« (Lusatia time machine), »Bewegtes Land« (changing land), »Energieland Lausitz« (Lusatia as an energy land) and »Die Neueroberung einer Landschaft« (The Reconquering of a Landscape) and. These exhibitions provided detail on the IBA's overall task and gave the background for the landscape and structural transformation. Other exhibitions – some on tour and some held in a specific time and place – illuminated specific aspects, such as the REKULA EU project, the floating architecture, industrial culture, and the individual projects. Some exhibitions were fixtures in the region's town halls, citizen registration offices, and university buildings, while others could be seen in museums and ministries in Dresden, Potsdam, and Berlin, or internationally – at the architecture biennales in Venice and São Paulo, for instance. (see appendix p. 280 ff.)

IBA-PUBLIKATIONEN UND INTERNET

Eine Möglichkeit, unterschiedliche Zielgruppen gezielt anzusprechen, stellen Eigenpublikationen dar. Hierauf hat die IBA von Anfang an Wert gelegt. So gab es mehrfach aktualisierte Projektübersichten, dazu eine Vielzahl touristisch nutzwertiger Veranstaltungskalender und Programmflyer und das halbjährlich erscheinende *IBA-Magazin,* das die Fachöffentlichkeit und alle Interessenten über Projektentwicklungen, Personalien und Termine informierte. Hinzu kamen eine Reihe von Ausstellungskatalogen, Wettbewerbsdokumentationen und Fachbüchern. Außerdem unterstützte die IBA ihre Projektträger und Kooperationspartner bei der Erstellung projektbezogener Broschüren und initiierte zwei Reiseführer für den sehr populären Fürst-Pückler-Radweg.

Analog zu den Publikationen entwickelte sich auch das Internetangebot immer weiter. Neben Hintergrundinformationen zu allen Projekten und zur Organisation der IBA gab es hier immer mehr aktuelle Veranstaltungshinweise, ein immer größer werdendes Angebot an buchbaren Touren, Möglichkeiten zur Vorabbeteiligung an Fachveranstaltungen und zahlreiche Links zu Projektpartnern, wissenschaftlichen Hintergrundpapieren – und natürlich zu einer Webcam auf den steigenden Ilse-See.

--

IBA PUBLICATIONS AND THE IBA ONLINE

Independent publication are one way of specifically addressing various target groups – a priority for the IBA from the start. Its publications included updated project overviews, several event calendars for tourists, programme flyers, and the biannual *IBA-Magazin,* which kept specialists and other interested parties informed about project developments, particulars, and dates. There were also a series of exhibition catalogues, competition documentation, and specialist books. The IBA also supported project sponsors and collaborating partners in creating project brochures and started two guidebooks for the popular Fürst Pückler cycle path.

The amount of information available on the Internet expanded along with the publications. As well as background information on all projects and the IBA's organisation, there was a continuous stream of news about the latest events, a constantly expanded range of tours that visitors could reserve a place on, ways of getting involved in the specialist events, numerous links to project partners, and papers on scientific background – and, of course, a webcam on the rising Lake Ilse.

IBA-PRESSEARBEIT

»Nur was in den Medien stattfindet, findet auch wirklich statt« lautete das Credo der Pressearbeit. Denn wie sonst sollen die Lausitzer von Veranstaltungen in ihrer Region erfahren oder vom Sinn bestimmter Baumaßnahmen? Ohne die Bilder und Berichte in den Reisemedien wüssten die auswärtigen Gäste nichts vom Lausitzer Seenland und der Industriekultur und nur die wenigsten Fachleute wüssten, dass in der Lausitz aufsehenerregende und preisgekrönte Architektur zu besichtigen ist. Um diese regionale, bundesweite und internationale Berichterstattung anzuregen, organisiert die IBA eine umfangreiche Pressearbeit.

IBA-CORPORATE-DESIGN

Auch das markante »see«-Logo der IBA war Ergebnis eines internationalen Wettbewerbs im Jahr 1999/2000. Es soll mit seiner blauen Farbe und dem Wort »See« das Lausitzer Seenland als den bekanntesten Teil des IBA-Projektgebiets symbolisieren – und zugleich in der englischen Bedeutung des Wortes »see« dazu ermuntern, die IBA und den Landschaftswandel als Prozess zu betrachten und die Lausitz mit neuen Augen zu sehen. Das Logo ist auf allen Publikationen, Plakaten und Merchandising-Produkten der IBA zu sehen und transportiert damit das neue Image der Lausitz.

--

THE IBA'S PRESS WORK

The credo of press work is that »nothing really happens unless it happens in the media.« How else can Lusatians find out about events in their region, or learn the reasons behind specific building projects? Without pictures and reports in the travel press, foreign guests would have no way of knowing about Lusatia's lakes or industrial culture – and hardly any specialists would be aware of the striking and award-winning architecture in Lusatia. The IBA organised an extensive press program to ensure press coverage at regional and federal level and internationally.

IBA-CORPORATE-DESIGN

The IBA's striking »see« logo was chosen in an international competition in 1999/2000. Its blue colour and the word »see« are intended to symbolise Lusatia's lake areas, the best-known element of the IBA project area – while at the same time punning on the English word »see« by urging people to look at the IBA and the landscape transformation as processes, and to see Lusatia with new eyes. The logo can be seen on all IBA publications, posters, and merchandise, where it helps to convey Lusatia's new image.

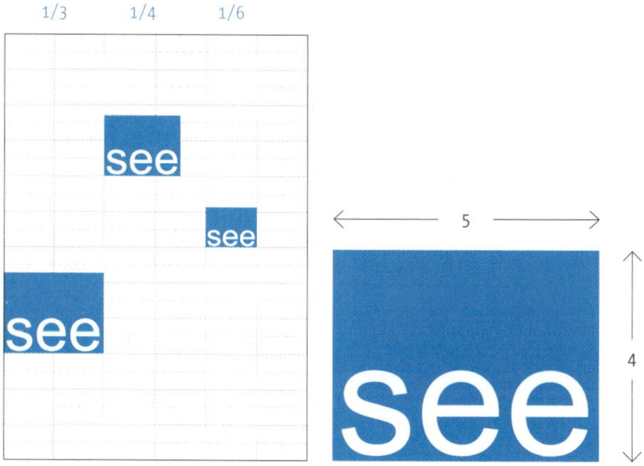

Das »see«-Logo ist das Kernstück des Corporate Design, das seit 2006 in Zusammenarbeit mit dem Fachbereich Design an der Fachhochschule Potsdam behutsam weiterentwickelt wird. So wird ein hoher Wiedererkennungswert für eine großen Bandbreite von Medien und Produkten ermöglicht. Durch die Arbeit mit den Professoren und Studenten der Hochschule ist eine Kreativwerkstatt entstanden, in der auch der Internetauftritt betreut wird. Regelmäßig entstehen hier auch Entwürfe für räumliche Interventionen der IBA im Lausitzer Seenland – etwa für die Ausstellung »Energieland Lausitz«, einen kleinen Strand auf den IBA-Terrassen oder eine Floßanlegestelle am Sedlitzer See.

Entwickelt vom Atelier Le Balto markieren die unübersehbaren blauen Würfel mit dem »see«-Logo die 30 IBA-Projekte und machen durch ihre Präsenz sowie durch erläuternde Texte und eine Karte des gesamten Projektgebiets einen inneren Zusammenhang der Projekte sichtbar. Dabei dienen die »see«-Würfel nicht nur dem »Branding« der Projekte, sondern stellen gleichzeitig eine Auszeichnung nach innen und ein Qualitätsversprechen nach außen dar.

--

The »see« logo is the centrepiece of a corporate design that has been carefully and continually developed since 2006 in collaboration with the department of design at the Fachhochschule Potsdam, giving it a high recognition value in a wide range of media and products. The professors and students of the university contributed to a creative workshop, which also provided the initiative with an Internet presence. This workshop also regularly produced outstanding designs for IBA spatial interventions in Lusatia's lake area – for instance, the design of the exhibition »Energy Land Lusatia«, the design for a small beach on the IBA Terraces or a landing stage for rafts on the Sedlitzer See.

The unmissable blue cubes with the lake logo developed by the Le Balto studio mark the 30 IBA projects and demonstrate the projects' inner coherence by their presence and through explanatory texts and a map of the entire project area. The »see« cube is not just part of the project's branding – it is a vote of confidence in the region, and a promise of high quality to anyone coming from outside the region.

Teil 2

30 IBA-PROJEKTE

Werkstatt für Neue Landschaften

--

Part 2

30 IBA-PROJECTS

Workshop for New Landscapes

1

IBA-AUFTAKTGEBIET GROSSRÄSCHEN-SÜD

Wohl kaum eine andere Stadt in der Niederlausitz hat sich in den letzten 20 Jahren so stark verändert wie die ehemalige Bergbaustadt Großräschen. Ihre südliche Stadthälfte verschwand fast vollständig im Tagebau. Ausgerechnet dort liegt heute ihre Zukunft als Stadt am See. Nirgendwo sonst in der Region lässt sich der Strukturwandel »vom Bergmann zum Seemann« so gut nachvollziehen, wie im »IBA-Auftaktgebiet Großräschen-Süd« mit den IBA-Terrassen, der Seebrücke und dem Seehotel am Ufer des entstehenden Ilse-Sees.

--

IBA START SITE GROSSRÄSCHEN-SOUTH

Hardly any other city in Lower Lusatia has changed as much in the past twenty years as the former mining town of Grossräschen. The south of the town was almost completely destroyed by opencast mining – ironically paving the way for Grossräschen's future as a lakeside town. The IBA Terraces, the Seebrücke, and the Seehotel on the banks of the nascent Lake Ilse make the »IBA start site Grossräschen-Süd« the foremost example of the region's structural transformation – »from a miner to a lakeman.«

AUSGANGSSITUATION

Bis 1999 war Großräschen Bergbaustadt. Im Süden der Stadt lag der Tagebau Meuro und trennte Großräschen von seiner früheren Nachbarstadt Senftenberg. Nicht nur die frühere Straße nach Senftenberg, auch die südlichen Stadtteile waren abgebaggert worden, darunter das früher eigenständige Dorf Bückgen. Rund 4000 Einwohner wurden kurz vor der Wende 1989/90 umgesiedelt, viele davon ins neu errichtete Plattenbaugebiet Großräschen-Nord. Nur wenige Gebäude in Großräschen-Süd blieben erhalten und künden noch heute von der Bergbaugeschichte der Stadt.

Begonnen hatte diese 1888 mit der Gründung der »Ilse-Bergbau-Actiengesellschaft«, kurz I.B.A. in Bückgen. Die I.B.A. legte die erste Grube Ilse an, baute daneben auch eine Brikettfabrik (»Victoria«), eine Ziegelei sowie mehrere Firmengebäude und Wohnhäuser für ihre Arbeiter und Angestellten. Doch 100 Jahre später mussten auch die Häuser, die dem Bergbau ihre Existenz verdankten, der Braunkohle weichen. Erhalten blieben lediglich das sogenannte Ledigenwohnheim und das Beamtenwohnhaus an der Ernst-Thälmann-Straße. Beide Gebäude waren – ebenso wie eine Handvoll Nachbargebäude – bereits leer gezogen und sollten abgerissen werden. 1993 wurde schließlich die ursprünglich geplante Abbaugrenze verschoben, sodass diese letzten Gebäude stehen blieben und unter Denkmalschutz gestellt wurden. In Erwartung der Abbaggerung hatten ihnen aber Verwahrlosung, Vandalismusschäden und Brände stark zugesetzt. Die ganze Straße bis zum vernachlässigten historischen Stadtzentrum war von Tristesse und Hoffnungslosigkeit geprägt. 1999 schließlich wurde der Tagebau endgültig stillgelegt.

--

INITIAL SITUATION

Grossräschen was a mining town until 1999. The Meuro open-cast mine was in the south part of the town, separating Grossräschen from the neighbouring town of Senftenberg. The one-time road to Senftenberg was bulldozered, together with the southern part of the town – including the separate village community of Bückgen. Shortly before reunification in 1989/90, around 4,000 of the town's inhabitants were relocated – many of them to the new panel construction development Grossräschen-Nord. Today, very few of south Grossräschen's buildings remain to tell of the town's mining history.

It all began in 1888 with the founding of the »Ilse Bergbau-Actiengesellschaft« (I.B.A.) in Bückgen. The I.B.A. started the first diggings at Ilse and built the Victoria briquette factory, a brickworks, several company buildings, and housing for its workers and employees. But 100 years later, the buildings created by mining were themselves sacrificed to lignite, leaving the so-called Ledigenwohnheim (accommodation block for single workers) and the accommodation block for officials at the Ernst-Thälmann-Strasse. Both buildings were scheduled for demolition – together with a handful of neighbouring buildings – and were evacuated. But in 1993, however, the original mining claim boundaries were redrawn, saving the (now listed) buildings. They had been left to fall derelict, been damaged by vandals and suffered several fires. The whole town – including its decayed historic town centre – had become bleak and dreary. In 1999, open-cast mining in the region finally stopped.

PROJEKTVERLAUF

Die Ernst-Thälmann-Straße heißt mittlerweile Seestraße und verbindet das revitalisierte Stadtzentrum mit einer neuen Uferpromenade am entstehenden Ilse-See. Ein Spaziergang entlang der Seestraße mit den sanierten und neu genutzten historischen Gebäuden aus der »Ilse-Zeit« bis zur einstigen Tagebaukante, über die IBA-Terrassen am künftigen Seeufer hoch zum Aussichtspunkt Viktoriahöhe und zurück entlang der »Allee der Steine« macht den enormen Wandel der Stadt deutlich. Hier am Sitz der einstigen I.B.A. ist durch das Engagement von Planern und Politikern aus der Region nicht nur die Idee zur Durchführung einer Internationalen Bauausstellung (IBA) entstanden, sondern hier befindet sich heute auch der Sitz der IBA-Geschäftsstelle.

--

THE PROJECT'S PROGRESS

The Ernst-Thälmann-Strasse is now the Seestrasse, which connects the revitalised city centre with a new bankside promenade on the nascent Lake Ilse. To see how much the city has changed, you have to take a walk along the Seestrasse (with its historic »Ilse period« buildings renovated and back in use), along the one-time open-cast mine edge and over the IBA Terraces on the (future) lakeshore, up to the Viktoriahöhe viewing platform and back via the »Avenue of Stones.« Here, in the former headquarters of the now defunct I.B.A., is where planners and regional politicians came together to create ideas for an Internationale Bauausstellung (IBA) – and, today, this is where the IBA has its offices.

Als erstes sichtbares Zeichen für die Wiederbelebung des fast untergegangenen Stadtteils bezog die IBA in ihrem Gründungsjahr 2000 das frisch sanierte frühere Beamtenwohnhaus. Schon ein Jahr zuvor, 1999, rief die IBA-Vorbereitungsgesellschaft gemeinsam mit der Stadt Großräschen zu einem internationalen Architekturwettbewerb für ein Informationszentrum am künftigen Ilse-See auf. Aus 74 Entwürfen ging die Idee des Architekten Ferdinand Heide aus Frankfurt/Main als siegreich hervor. Sein Plan sah eine Promenade mit drei Einzelgebäuden vor – die 270 Meter langen IBA-Terrassen. Für diese mussten ein Bauherr gefunden, eine Finanzierungsstrategie und ein Betreiberkonzept entwickelt werden. Gemeinsam mit der Stadt und der Wirtschaftsentwicklungs- und Qualifizierungsgesellschaft mbH (WEQUA) in Lauchhammer wurde die Bau- und Betreibergesellschaft IBA-Terrassen mbH gegründet, die für die Errichtung und bis 2007 auch für den Betrieb der Terrassen zuständig war, bevor die IBA selbst diese Aufgabe übernahm. Innerhalb von nur einem Jahr wurde der Bau schließlich für 3,9 Millionen Euro realisiert, von denen drei Viertel aus dem Europäischen Fonds für regionale Entwicklung (EFRE) stammen und ein Viertel aus Mitteln des sogenannten Verwaltungsabkommens von Bund und Ländern zur Braunkohlesanierung.

--

The first visible sign of revival in this almost forgotten precinct was when the IBA moved into the newly renovated former officials' accommodation block in 2000 – the IBA's founding year. A year before, in 1999, the IBA preparation company and the city of Grossräschen had held an international architecture competition to design an information centre near the future Lake Ilse. Out of seventy-four different designs, the Frankfurt/Main architect Ferdinand Heide's plan for three individual buildings along a promenade – the IBA Terraces, which would be 270 metres long – was chosen. Next, a contractor, a financing strategy, and an operating concept were needed, so the city and the Wirtschaftsentwicklungs- und Qualifizierungsgesellschaft mbH (WEQUA) in Lauchhammer founded the construction and operating company IBA-Terraces mbH, responsible for constructing – and, up until 2007, for running – the Terraces; from 2007 onwards, they were run by the IBA itself. The Terraces took only a year to build, and cost 3.9 million euros, three-quarters of which came from the European Fund for Regional Development (EFRE) and the rest from the so-called federal-regional administrative agreement on lignite restoration.

Nach ihrer Eröffnung 2004 erhielten die IBA-Terrassen den Brandenburgischen Architekturpreis und viel Aufmerksamkeit in der Fachwelt und Bevölkerung gleichermaßen. Die großen Architekturzeitschriften berichteten über das kühne Bauwerk an der Tagebaukante und die Tageszeitung *Die Welt* nannte sie »ungewöhnlichste Zivilisationskante der Welt«. Sehr schnell etablierten sich die IBA-Terrassen nicht nur als Besucher- und Informationszentrum der IBA, sondern auch als Veranstaltungsort für Lausitzer Vereine, Firmen, Verbände und Familien. Hier finden internationale Fachkongresse und Tagungen von Bundes- und Landesbehörden ebenso statt wie zahlreiche Kulturveranstaltungen und private Feiern. Zudem starten von hier die touristischen Touren der IBA. Ein Jahr nach Eröffnung der IBA-Terrassen wurde dort die Seebrücke eingeweiht: Auf Initiative des Großräschener Bürgermeisters Thomas Zenker wurde für diese Seebrücke der letzte Absetzer (ein Bergbaugerät) aus der Grube Meuro umgenutzt und ragt nun noch einige Jahre in die trockene Grube, bis der See geflutet ist. Solange stellt die Seebrücke ein starkes Symbol für den Strukturwandel dar – eine Brücke in die Zukunft.

--

Opened in 2004, the IBA Terraces were awarded the Brandenburgischer Architekturpreis, and received a lot of attention both in specialist circles and from the wider public. All the major architecture magazines reported on this radical structure on the edge of an open-cast mine, and *Die Welt* described it as »the most striking ›edge of civilisation‹ in the world.« The IBA's visitor and information centre soon became popular as a venue where Lusatian associations, companies, clubs and families could hold events. International specialist conventions and conferences of federal and state ministries also take place here – as do numerous cultural events and private celebrations. It is also the starting point for the tours of the region organised by the IBA. The Seebrücke was inaugurated a year after the IBA Terraces opened. At the suggestion of Grossräschen's Bürgermeister, the Meuro trench's last spreader – a piece of mining equipment – was reused for the Seebrücke. It will project from the dry trench for a few more years until the lake floods fully. Until then, the Seebrücke will be a powerful symbol of structural change – a bridge to the future.

Auf den IBA-Terrassen wurde 2007 unter reger Anteilnahme der Bevölkerung mit einem symbolischen Öffnen der Ventile die Flutung der Grube Meuro gestartet. Innerhalb von nur zehn Jahren entsteht hier der Ilse-See – benannt nach der historischen »Ilse«. Pünktlich zum Beginn der Flutung wurde auf den IBA-Terrassen das Besucherzentrum Lausitzer Seenland eröffnet – und in unmittelbarer Nähe das neue Seehotel: In nur einjähriger Sanierungsarbeit verwandelte ein Großräschener Geschäftsmann das schlossartige Ledigenwohnheim in ein Vier-Sterne-Hotel mit 77 Betten. Es war die erste Privatinvestition am künftigen Ilse-See.

--

The flooding of the Meuro trench began in 2007, when the vents were symbolically opened at the IBA Terraces – with enthusiastic local participation. In just ten years, the Lake Ilse – named after the historic »Ilse« – will be full. The IBA Terraces' Lusatian Lake Land visitor centre, directly next to the new Seehotel was opened to coincide with the start of the flooding. It took a Grossräschen businessman – the first private investor in the future Lake Ilse – just a year to renovate the fortress-like Ledigenwohnheim and turn it into a 4-star hotel with 77 beds.

Abgerundet wird das »IBA-Auftaktgebiet Großräschen-Süd« durch die »Allee der Steine«, eine von Bäumen und Findlingen aus der Grube Meuro gefasste Wegachse nach Plänen des Cottbuser Landschaftsarchitekten Helmut Rippl. Auf 500 Metern Länge führt der Weg hinter der IBA-Geschäftsstelle und dem Seehotel direkt auf die Viktoriahöhe, an deren Stelle sich früher die Brikettfabrik Viktoria befand. Gekrönt wird der kleine Hügel durch eine neue, stählerne Aussichtsplattform nach einem Entwurf des Büros Joswig aus Senftenberg.

--

The »IBA start site Grossräschen-Süd« is rounded off by the »Avenue of Stones,« a walking route lined with trees and with items from the Meuro trench planned by Cottbus landscape architect Helmut Rippl. The route is 500 metres long, and leads behind the IBA offices and the Seehotel directly to the Viktoriahöhe – a former briquette factory site. The new steel viewing platform on the summit of the little hill was designed by Senftenberg firm Joswig.

AUSBLICK

Mit der Flutung der Grube Meuro hat die Zukunft Großräschens als Seestadt bereits begonnen und seit 2007 nennt sie sich auch so: Seestadt Großräschen. Die Grundsteine dafür wurden vor und während der IBA-Laufzeit gelegt. Hierauf können die Stadt und Investoren aufbauen. Bis voraussichtlich 2015 wird der Ilse-See als Teil des Lausitzer Seenlandes geflutet sein. Die LMBV hat schon 1997 im damals noch aktiven Tagebaubetrieb den zukünftigen Stadthafen modelliert. An dessen Eingang befindet sich heute die bereits fertiggestellte Seebrücke, von der in wenigen Jahren Ausflugsboote an- und ablegen werden. Großräschen wird dann auch zum Heimathafen des bereits 2003 mit Unterstützung der IBA aus der Taufe gehobenen Ilse-Seeportvereins, der derzeit noch den benachbarten Sedlitzer See als Ausweichquartier nutzt. Ein Masterplan, den das Büro Joswig im Auftrag der Stadt 2008 erstellt hat, sieht am Hafen zusätzlich eine Seesporthalle und gastronomische Angebote vor.

Am gegenüberliegenden Ufer stellt der bis 2015 zu bauende »Ilse-Kanal« eine direkte wasserseitige Verbindung zum Sedlitzer See dar. Großräschen wird dann mit dem Ilse-See, dem Hafen und den IBA-Terrassen das Tor zum Lausitzer Seenland sein – auch dank seiner direkten Anbindung an die Autobahn Berlin – Dresden.

Darüber hinaus will die Stadt Großräschen-Süd verstärkt als attraktiven Wohnstandort zwischen See und Kernstadt entwickeln. Hier soll in den nächsten Jahren ein lebendiges Quartier mit den Funktionen Wohnen, Sport, Hotellerie und Gastronomie entstehen.

--

FUTURE PROSPECTS

The Meuro trench flooding was the start of Grossräschen's future as a lake town: since 2007, it has been officially known as Seestadt Grossräschen. The foundations laid during the IBA's lifespan have given the town and the investors something to build on. The Lake Ilse, part of the Lusatia Lake Land, is expected to be fully flooded by 2015. Back in 1997, the LMBV carved out a future harbour for the town in its then-active open-cast mine operation. Today, the Seebrücke, already completed, stands at the harbour's entrance – where, in a few years, pleasure boats will set out and return. Grossräschen will become the home harbour of the Ilse Seesportverein (Lake Ilse sports club), which was founded in 2003 with the IBA's support and has been temporarily using the neighbouring Lake Sedlitz. The master plan commissioned by the city from the Joswig firm in 2008 also includes plans for a lake sports hall and restaurants.

On the opposite bank, the »Ilse-Kanal« will create a direct connection with the Lake Sedlitz (once it is completed in 2015). The Lake Ilse, the harbour, and the IBA Terraces will make Grossräschen the gateway to the Lusatian Lake Land – helped by its direct connection with the Berlin – Dresden motorway.

Grossräschen-Süd will also be developed as an attractive residential site between the lake and the inner city. In a few years, it will be a lively district with homes, sports, hotels, and restaurants.

Zukunftsvision für Großräschen-Süd 2020, Architekturbüro Joswig

Internet
www.iba-see.de
www.grossraeschen.de (mit webcam »Viktoriahöhe«)
www.seehotel-grossraeschen.de

Adresse -- Address
Besucherzentrum IBA-Terrassen
Seestraße 100
01983 Großräschen
Fon (035753) 2610
E-Mail kontakt@iba-see.de

Architektur & Planung -- Architecture & Planning
IBA-Terrassen -- IBA Terraces: Ferdinand Heide Architekt BDA, Frankfurt/Main
Masterplan Großräschen-Süd, Seebrücke, Aussichtspunkt Viktoriahöhe -- Viktoriahöhe viewing platform, Umbau Seehotel -- conversion of the Seehotel, Umbau IBA-Geschäftsstelle -- conversion of the IBA Offices: Architekturbüro Joswig, Senftenberg
Allee der Steine -- Avenue of Stones: Helmut Rippl, Cottbus

Projektpartner -- Project partners
Landkreis Oberspreewald-Lausitz
Stadt Großräschen
Lausitzer und Mitteldeutsche Bergbau-Verwaltungsgesellschaft mbH (LMBV)
Bau- und Betreibergesellschaft IBA-Terrassen mbH
Seehotel Großräschen GmbH & Co. KG

2

BESUCHERBERGWERK F60

Mit einem halben Kilometer Länge ist sie das größte Bergbaugerät, das jemals gebaut wurde: die ausrangierte Abraumförderbrücke F60 in Lichterfeld bei Finsterwalde. Einige baugleiche Brücken werden heute noch in den aktiven Tagebauen der Lausitz eingesetzt. In Lichterfeld wurde sie zur Attraktion als »Besucherbergwerk F60« und zum Impulsgeber für die touristische Entwicklung der ganzen Region – aus Tradition wurde Innovation.

--

F60 VISITORS' MINE

Half a kilometre long, the disused F60 spoil conveyor bridge in Lichterfeld near Finsterwalde is the biggest mining construction ever built. A few similar bridges are still used for open-cast mining in Lusatia today. The Lichterfeld bridge has been turned into the »F60 Visitors' Mine,« an engine for tourism in the region – tradition become innovation.

AUSGANGSSITUATION

Schon 1870 begann zwischen Finsterwalde und Lauchhammer das Zeitalter der Industrialisierung und des Bergbaus. Zu DDR-Zeiten wurde dann im Tagebau Klettwitz mit dem Braunkohleabbau im ganz großen Stil begonnen. Aus allen Teilen der jungen DDR zogen Menschen in die Region. Rund 10.000 Menschen fanden durch die Braunkohle rund um Klettwitz Arbeit und Tausende fanden hier eine neue Heimat – aber gleichzeitig verloren über 4000 Menschen ihre Heimat durch »Ortsinanspruchnahme«, wie das Abbaggern von Dörfern genannt wurde. Noch kurz vor der Wende 1989/90 verlor Lichterfeld einen Großteil seines Gemeindegebiets, der Ortsteil Bergheide existiert heute nicht mehr.

Immer größer wurden die Bagger und Abraumförderbrücken, die im Laufe der Jahrzehnte im Tagebau Klettwitz und dem später begonnenen Klettwitz-Nord eingesetzt wurden. Am Ende kam eine gigantische, über 500 Meter lange Förderbrücke vom Typ F60 in Richtung Lichterfeld zum Einsatz, die bis zu 60 Meter Abraum über der Kohle verkippte – daher der Name F60. Entwickelt und gebaut wurde sie vom damaligen VEB TAKRAF Lauchhammer und war die letzte Brücke, die in der DDR gebaut wurde. Obwohl schon im Zuge der politischen Wende 1990 der Beschluss für das Ende des Tagebaus gefallen war, nahm die F60 1991 noch übergangsweise den Betrieb auf – und wurde bereits 13 Monate später wieder stillgelegt. Da lag Lichterfeld schon unmittelbar am Rand des Tagebaus.

Den Tagebau übernahm 1994, wie auch die meisten anderen Tagebaue der Region, der bundeseigene Bergbausanierer LMBV. »Sanierung« bedeutete nicht zuletzt: Beseitigung der Bergbaugeräte. Auch die F60 sollte gesprengt werden.

--

INITIAL SITUATION

Industrialisation and mining in the Finsterwalde-Lauchhammer region began in 1870. Then, during the GDR period, really large-scale lignite mining began at the Klettwiz open-cast mine. People from all over the new GDR moved into the region. The lignite fields around Klettwitz provided jobs for about 10,000 people, and homes for thousands of people – but at the same time, land appropriation and the demolition of communities cost 4,000 people their homes. Shortly before the reunification in 1989/90, Lichterfeld lost the greater part of its municipal area – nothing remains of the Bergheide district today.

The bulldozers and spoil conveyor bridges used at Klettwitz, and later in Klettwitz-Nord, grew larger and larger over the decades, until finally a gigantic F60-type conveyor bridge 500 metres long was put into service at Lichterfeld. The last bridge to be built in the GDR and developed and built by the then VEB TAKRAF Lauchhammer, it could remove spoil down to sixty metres above the coal seam, hence the designation F60. Although a decision had been made to end open-cast mining in 1990, the F60 was operated briefly in 1991, shutting down again thirteen months later. Lichterfeld was left standing right on the edge of the open-cast mine.

Like most of the region's open-cast mines, this mine was taken over in 1994 by the federally-owned mine restoration company LMBV. »Restoration« largely meant the removal of mining equipment, and the F60 was scheduled to be blown up.

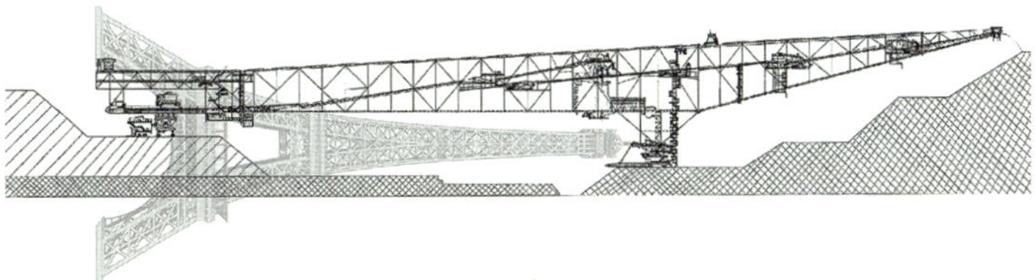

↑ Aufbau der Förderbrücke F60, 1996
↗ Größenvergleich mit dem Pariser Eiffelturm

PROJEKTVERLAUF

Ab 1995 diskutierten Kommunalpolitiker die Idee der Senftenberger Planerin Elke Löwe, die F60 zu erhalten. Doch wer sollte den Umbau des Stahlriesen zu einem für Besucher begehbaren Ausflugsziel bezahlen? Wer sollte die F60 touristisch betreiben? Wie sollte die notwendige Unterstützung übergeordneter Behörden organisiert werden? Es gab dazu keine kaufmännischen Aussagen und zu wenig Erfahrung, wie man die Idee konkret umsetzen sollte. Das Projekt hatte zunächst mehr Gegner als Befürworter. 1998 beantwortete ein Gutachten des Deutschen Instituts für Touristische Forschung, Berlin die wichtigsten Fragen und führte in seinen Ergebnissen zu einer weitgehenden Entscheidungssicherheit für den Bürgermeister der Gemeinde Lichterfeld-Schacksdorf sowie den Amtsdirektor des Amtes Kleine Elster. Die wichtigste Voraussetzung für den Kauf der Förderbrücke war damit gegeben, auch wenn es immer noch Zweifler gab.

--

THE PROJECT'S PROGRESS

In 1995, local politicians began to debate Senftenberg planner Elke Löwe's idea for preserving the F60. But who was going to finance the conversion of this giant steel construction into an attraction that visitors could walk around in? Who was going to run the F60 as a tourist concern, and how would the necessary support from authorities be organised? There was no relevant business data available, and not much experience of how the idea should be implemented in detail – meaning that initially the project had more opponents than supporters. In 1998, an expert assessment by the Deutsches Institut für Touristische Forschung Berlin answered the most important questions, thereby allowing the Bürgermeister of Lichterfeld-Schacksdorf and the Kleine Elster municipal federation to make a decision with confidence. Although there were still doubts, the most important condition for the purchase of the conveyor bridge had been met.

Aus heutiger Sicht war es außerdem ein glücklicher Zufall, dass genau zu dieser Zeit die Landesregierung beschlossen hatte, eine Internationale Bauausstellung in der Lausitz zu unterstützen. So gab es einen gewissen Druck, möglichst schnell vorzeigbare Erfolge präsentieren zu können. Unterstützt von der IBA und von vielen engagierten Akteuren aus der Region wurde somit die Förderbrücke vor der Sprengung bewahrt. Mit Gründung des Fördervereins F60 im Frühjahr 2001 bekam die erforderliche Betreiberstruktur schnell Konturen. Zahlreiche Umbauten und Sicherungsmaßnahmen seitens der LMBV ermöglichten, dass die Brücke schließlich im Mai 2002 ihrer neuen Bestimmung als Besucherbergwerk übergeben und von der Gemeinde Lichterfeld-Schacksdorf in eigener Regie übernommen werden konnte. Der Förderverein und die F60 Concept GmbH kümmern sich seither um Betreibung und Vermarktung.

Die IBA unterstützt die beiden Betreiber insbesondere bei der Vermarktung des Besucherbergwerks und schafft Öffentlichkeit. Eher zufällig war auch das heute geflügelte Wort vom »Liegenden Eiffelturm der Lausitz« entstanden: IBA-Geschäftsführer Prof. Rolf Kuhn verglich 1998 in einem Zeitungsinterview die F60 mit dem Pariser Wahrzeichen, das ursprünglich nur für die Dauer der Weltausstellung 1889 errichtet worden war, dann aber stehen blieb und zur Touristenattraktion wurde; so könne auch die F60 Wahrzeichen und Besuchermagnet der Lausitz werden.

Und tatsächlich: Gleich im ersten Jahr besuchen über 70.000 Gäste die F60 und zeigten: Das Konzept geht auf! Doch dies war erst der Anfang. Um die F60 noch attraktiver zu machen, zog die IBA den Lichtkünstler Hans Peter Kuhn hinzu, der die F60 als einzigartiges Licht-Klang-Kunstwerk für die dunklen Abendstunden inszenierte. Der damalige Bundespräsident Johannes Rau weihte die Installation ein und die beleuchtete F60 ging durch die Medien – und wurde so etwas wie das Symbolbild für die IBA und den Strukturwandel.

--

Looking back today, it was a fortunate coincidence that the state parliament decided to support an Internationale Bauausstellung in Lusatia around this time – creating a certain amount of pressure to produce tangible results as quickly as possible. With the help of the IBA and several committed regional players, the conveyor bridge was saved from demolition. The founding of the Förderverein F60 (F60 support association) in the spring of 2001 quickly clarified how the concern was to be run, and the LMBV's numerous conversions and safety measures allowed the bridge to begin its new life as a visitors' mine and be taken over by the Lichterfeld-Schacksdorf community in May 2002. Since then, the Förderverein and the F60 Concept GmbH have run and marketed the F60.

The IBA supports both operators – particularly in marketing – and helps with public relations work. However, its marketing strategy did not create the now well-known phrase »Lying Eiffel Tower of Lusatia«: this distinction goes to the IBA's executive director, Prof. Rolf Kuhn. In a newspaper interview in 1998, he compared the F60 with the famous Paris landmark because the Tower was originally erected solely for the duration of the World Exhibition 1889 but was eventually left standing and became a tourist attraction. It was hoped that the F60 would be a similar visitor magnet for Lusatia.

And that was how it turned out. In its first year, 70,000 people visited the F60 – thereby proving that the project worked! But that was just the beginning. To add to the F60's attractiveness, the IBA enlisted the light artist Hans Peter Kuhn, to turn the F60 into a unique dusk light-and-sound artwork. The then Bundespräsident Johannes Rau opened the installation, and the illuminated F60 appeared in the media, becoming a symbol of the IBA and the region's structural transformation.

Um diesen verständlich zu machen und die regionale Bergbaugeschichte in ihrer Gesamtheit zu vermitteln, zog in einem modernisierten Werkstattwagen neben der F60 ein Besucher- und Informationszentrum mit Gastronomie ein. Das gleiche Ziel verfolgt auch die Vernetzung der F60 mit anderen Standorten der Industriekultur wie dem Erlebnis-Kraftwerk Plessa, den Biotürmen oder der Brikettfabrik LOUISE zum IBA-Projekt »ENERGIE-Route Lausitzer Industriekultur«.

Nach und nach wird auch das unmittelbare Umfeld der F60 weiter gestaltet: Parkplätze und ein Eingangsgebäude sind entstanden. Ein studentischer Workshop von BTU Cottbus und IBA ergab innovative Ideen für die weitere Gestaltung des Umfeldes. Das Planungsbüro von Elke Löwe hat diese Ideen in die Konzeption mit einbezogen. So entstand auch eine terrassenartige Freiluftbühne am Fuß der F60. Im Sommer finden vor der beeindruckenden Kulisse vielfältige Kulturveranstaltungen statt vom Rockfestival über das Techno-Spektakel bis zur Opernaufführung. Bis 2010 haben bereits weit über ein halbe Millionen Menschen die F60 besucht – ein Erfolg über den sich alle Beteiligten gemeinsam freuen dürfen.

In kurzer Zeit wurden rund 20 Arbeitsplätze und zwei Ausbildungsplätze geschaffen. Junge Lausitzer werden nun am alten Bergbaugerät zu Freizeit- und Tourismuskaufleuten ausgebildet.

--

A visitor and information centre plus restaurant was set up in a modernized breakdown wagon next to the F60 to help people to understand this regional transformation and to give a full picture of the region's mining history. With the same aim in mind, the F60 was networked with the Bio-Towers and the LOUISE briquette factory via the IBA project »ENERGIE Heritage Route of Lusatian Industrial Culture.«

The F60's immediate surroundings are also being gradually reshaped. It now has a car park and an entrance building. A student workshop by BTU Cottbus and the IBA provided new innovative ideas for further developing the site, with Elke Löwe's planning firm incorporating these ideas into the overall concept. These included a terraced open-air stage at the foot of the F60 – which, in summer, makes an impressive setting for a variety of cultural events, from rock festivals to techno spectaculars and opera performances. As of 2010, well over half a million people have visited the F60 – a success that all those involved have every reason to be proud of.

Within a short space of time, about twenty jobs and two training posts have been created. Now, young people from Lusatia are being trained in leisure and tourism industry skills at the old mining conveyor bridge.

AUSBLICK

Der Bebauungsplan von 2009 bezieht auch den 330 Hektar großen Bergheider See mit ein, der seit Flutungsbeginn 2001 im früheren Tagebau entsteht und nach dem früheren Ort Bergheide benannt wurde. Der Plan sieht Badestrände, Bootsanleger, Ferienwohnungen und einen Campingplatz vor – und sogar ein schwimmendes Erlebnis- und Eventzentrum. Das Interesse von Projektentwicklern an dem attraktiven und bekannten Standort mit seinem Markenzeichen F60 ist groß. Steht das Besucherbergwerk F60 derzeit noch alleine inmitten einer unwirklichen Mondlandschaft, wird es in wenigen Jahren nur eine – wenn auch in jeder Hinsicht besonders große – Attraktion von mehreren sein, die Einwohner und Touristen am Bergheider See vorfinden. Die F60 wird dann die einzigartige Kulisse für einen lebhaften Urlaubsstandort bilden, zu dessen innovativen Besonderheiten auch seine energetische Autarkie gehören wird: Der Standort, der aus einer zerstörten Bergbaulandschaft entstanden ist, wird sich aus regenerativen Energiequellen überwiegend selbst versorgen.

--

FUTURE PROSPECTS

2009's development plan included the Lake Bergheide, 330 hectares wide and named after the former community of Bergheide. Its creation began in 2001, with the flooding of the former open-cast mine. Beaches for bathing, jetties for boats, holiday homes, and a camp site – and even a floating event and discovery centre – are planned. Thanks to the F60, project developers are very interested in this attractive and well-known location. The F60 Visitor's Mine presently stands in solitary splendour in a moonscape, but within a few years it will be just one of many attractions for locals and tourists at the Lake Bergheide – albeit the biggest of them. The F60 will become a unique backdrop for a lively holiday destination, with autonomous energy production as a unique feature. This ravaged mining landscape site will largely be able to supply its own energy from renewable resources.

Internet
www.f60.de
www.ERIH.net

Adresse -- Address
Besucherbergwerk F60
Bergheider Straße 4
03238 Lichterfeld-Schacksdorf
Fon (03531) 60800
E-Mail info@f60.de

Architektur & Planung -- Architecture & Planning
Licht-Klang-Kunstwerk: Hans Peter Kuhn, Berlin
Umfeldgestaltung: L.Ö.W.E. Landschaft Planen & Bauen, Senftenberg

Projektpartner -- Project partners
Amt Kleine Elster
Gemeinde Lichterfeld-Schacksdorf
Förderverein Besucherbergwerk F60 e.V.
F60 Concept GmbH
Lausitzer und Mitteldeutsche Bergbau-Verwaltungsgesellschaft mbH (LMBV)
MAN TAKRAF

3

SCHWIMMENDES ERLEBNISZENTRUM »SONNE« BERGHEIDER SEE

Was das Lausitzer Seenland von anderen Seengebieten in Deutschland unterscheidet, ist, dass es von Menschenhand geschaffen wird. Die künstlichen Seen sind Teil einer einzigartigen Kulturlandschaft mit beeindruckenden Zeugnissen der Industriegeschichte. Zum Markenzeichen der neuen Seen entwickeln sich schwimmende Häuser. Bei Lichterfeld sollen die einzigartigen Attraktionen des Lausitzer Seenlandes zusammenkommen: Mit dem Bergheider See ein familiengerechter Badesee, an dessen Ufer das Industriedenkmal F60 und im See ein schwimmendes Erlebnis- und Eventzentrum.

--

FLOATING DISCOVERY CENTRE »THE SUN« ON LAKE BERGHEIDE

What sets the Lusatian Lake Land apart from other German lake districts is that it is manmade. The artificial lakes are part of a unique cultural landscape – compelling witnesses to industrial history. Floating houses are becoming a distinctive feature of these new lakes. It is hoped that people will be able to experience all the Lusatian Lake Land's unique attractions at Lichterfeld: they will have Lake Bergheide as a bathing lake for families, the F60 industrial monument on its bank, and a floating event and discovery centre on the lake itself.

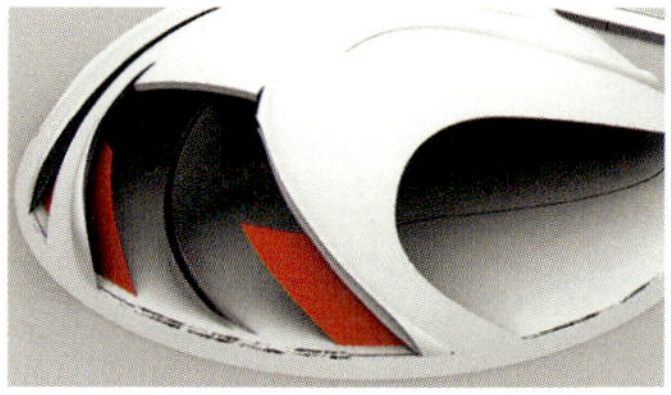

AUSGANGSSITUATION

Dort, wo bis 1987 die 500 Einwohner des Ortes Bergheide gelebt haben, glitzert heute das Wasser des Bergheider Sees. Bergheide verschwand in den 1980er Jahren ebenso wie andere Dörfer und große Teile von Klettwitz im Tagebau. 1992 wurde die Braunkohleförderung hier beendet, so wie in den Jahren davor schon in den zahlreichen anderen Tagebauen der unmittelbaren Umgebung. Die gesamte Gegend zwischen Lauchhammer, Annahütte und Lichterfeld-Schacksdorf glich einer gewaltigen und bizarren Mondlandschaft. Diese riesigen Flächen zu sanieren, die Schienentrassen und Bergbaugeräte zu beseitigen, die Landschaft mit ihren tiefen Kratern, wüstenartigen Flächen und staubigen Kippen wieder für Menschen nutzbar zu machen, war in den folgenden Jahren die Aufgabe der Lausitzer und Mitteldeutschen Bergbau-Verwaltungsgesellschaft (LMBV). Im Rahmen dieser Sanierung begann die LMBV 2001 mit der Flutung des sogenannten »Restlochs«, das der Tagebau hinterlassen hatte.

--

INITIAL SITUATION

Where the waters of the Lake Bergheide shine in the sun today, 500 inhabitants of the community of Bergheide used to live before 1987. Like many other villages – and large parts of Klettwitz – Bergheide disappeared into the open-cast mines. Lignite mining here ended in 1992; other open-cast mines in the surrounding area had closed down some years previously. The whole Lauchhammer, Annahütte and Lichterfeld-Schacksdorf area was a huge, bizarre moonscape. In the years that followed, the Lausitzer und Mitteldeutsche Bergbau-Verwaltungsgesellschaft (LMBV) had to reclaim these huge areas, remove the rails and mining equipment and make the landscape – with its deep craters, patches of desert, and dusty waste tips – fit for human habitation again. In 2001, as part of the restoration process, the LMBV began flooding the so-called residual cavity left behind by the open-cast mine.

PROJEKTVERLAUF

Noch dauert die Flutung an, aber schon 2012 soll der Bergheider See seinen endgültigen Wasserpegel erreicht haben. Mit einer Größe von 320 Hektar gehört er dann zwar zu den kleineren Seen im Lausitzer Seenland, aber er hat eine ganz besondere Attraktion: Seit 2002 steht an seinem Südufer das Besucherbergwerk F60 – einer der größten Besuchermagnete der Region.

Schon seit der Eröffnung des Besucherbergwerks planen die Gemeinde Lichterfeld-Schacksdorf und das Amt Kleine Elster, das Gelände um die F60 und den entstehenden Bergheider See komplementär zur F60 touristisch zu entwickeln. Dafür haben sie mit der IBA und den Partnern verschiedene Visionen und Konzepte entwickelt. Die IBA hat in den planerischen Prozess die Initialzündung für »Schwimmende Architektur« auf dem Bergheider See eingebracht. An diesem besonders exponierten Standort, am Fuße des alten Bergbaugerätes F60 als Symbol der wirtschaftlichen Vergangenheit sollte ein ähnlich starkes Symbol für den Aufbruch in die Zukunft der Lausitz entstehen. Ein Symbol, das die energiewirtschaftliche Wende und den Wandel zur Tourismusregion verkörpert. Auf dem Bergheider See soll das bereits auf anderen Seen realisierte IBA-Thema »Schwimmende Architektur« weiterentwickelt werden. Ziel ist ein zukunftsträchtiges schwimmendes Haus, das mobil ist und sich autark mit erneuerbarer Energie versorgt.

2007 präsentierte die IBA erstmals einen Entwurf des Architekturbüros LOMA aus Kassel für ein Erlebnis- und Veranstaltungszentrum in Form einer aufgehenden Sonne. Im Masterplan und dem 2009 daraus entwickelten Bebauungsplan ist eine Siedlung landseitiger und schwimmender Ferienhäusern vorgesehen. In diese schwimmende Siedlung gliedert sich die »Sonne« ein und bildet zugleich ihr spektakuläres Zentrum.

--

THE PROJECT'S PROGRESS

The flooding is still taking place; the Lake Bergheide is expected to reach its final level in 2012. It is 320 hectares wide, making it one of the Lusatian Lake Land's smaller lakes – but it has one very special feature. Since 2002, the F60 Visitors' Mine – one of the biggest visitor magnets in the region – has been standing on its banks.

The opening of the Visitors' Mine led to plans by the community of Lichterfeld-Schacksdorf and the municipal federation of Kleine Elster to develop the surrounding area and the future Lake Bergheide for tourism, to compliment the F60. Together with the IBA and its partners, they developed various visions and concepts. During the planning process, the IBA kicked off the idea of »floating architecture« on the Lake Bergheide – an equally strong symbol of Lusatia's future in a conspicuous location, at the foot of the old F60 mining machine (a symbol of the economic past). Floating homes would also be a symbol of the changing energy economy and of Lusatia's transformation into a tourist region. The IBA's »floating architecture« theme – already implemented for a few other lakes – was to be taken a step further at the Lake Bergheide by creating a sustainable and mobile floating house run on renewable energy.

The IBA first presented the LOMA Kassel architecture firm's design for an event and discovery centre in the shape of a rising sun in 2007. 2009's master plan and building plan show a combined development of land-based and floating holiday homes, with the »Sun« as the spectacular centre of the floating housing development.

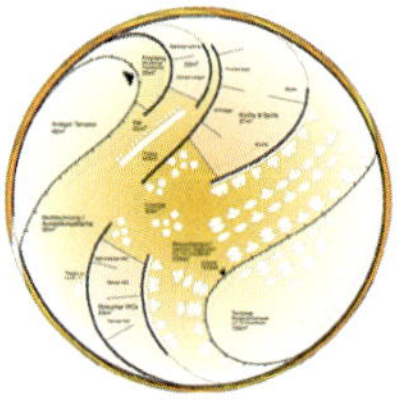

AUSBLICK

Bei Fertigstellung wird die »Sonne« über einen 250 Meter langen Steg erreichbar sein. Fest am Seegrund verankerte Gewichte und Ketten halten das Gebäude in seiner Position. Im Inneren der gut zehn Meter aus dem Wasser aufragenden Halbkugel ist auf zwei Etagen ein Restaurant mit Lounge, Terrasse sowie Veranstaltungs- und Ausstellungsfläche vorgesehen. Besondere Bedeutung kommt der Nutzung von erneuerbaren Energien zu: Ein System aus Wärmepumpen, Wärmetauschern, Fotovoltaikanlagen und natürlicher Lüftung soll gemeinsam mit der temperaturregulierenden Wirkung des umgebenden Wassers dazu beitragen, die Energiebilanz des Gebäudes stark zu reduzieren.

Als Initial soll die »Sonne« bei der Entwicklung des Standortes helfen, zu der Hotels, Gastronomie, Campingplatz, Hafen und verschiedene Sport- und Freizeitangebote gehören werden. Energietechnisch soll der gesamte Bereich weitgehend autark funktionieren und seinen Energiebedarf vor Ort aus regenerativen Quellen produzieren. Die »Sonne« dient dazu als Referenzprojekt und Aushängeschild für »Green Building«. So zeigt sich der Strukturwandel: Aus einer Kohlegrube, einer Produktionsstätte für fossile Energie wird ein Referenzstandort für erneuerbare Energien.

--

FUTURE PROSPECTS

When complete, the »Sun« will be accessible via a walkway 250 metres long. Weights and chains anchored to the lake bed hold the building in position. The hemisphere projects at least ten metres above the water level, enclosing a restaurant with a lounge and terraces and spaces for events and exhibitions, arranged on two levels. Renewable energy is a priority: a system of heat pumps, heat exchanges, photovoltaic systems, and natural ventilation (combined with the temperature-regulating properties of the surrounding water) should significantly reduce the building's energy needs.

The »Sun« is intended as a first step towards developing the location – to be followed by hotels, restaurants, camp sites, harbours, and various sports and leisure facilities. The whole area should be largely self-sufficient in energy terms, with the energy it needs produced locally from renewable sources. The »Sun« is also a reference project and showcase for »Green Building.« This is structural transformation in action: a coal trench that once produced fossil fuels, has been made into a showcase for renewable energy.

Internet
www.f60.de

Adresse -- Address
Besucherbergwerk F60
Bergheider Straße 4
03238 Lichterfeld-Schacksdorf
Fon (03531) 608014
E-Mail info@f60.de

Architektur & Planung -- Architecture & Planning
LOMA - Architektur, Landschaft, Städtebau, Kassel

Projektpartner -- Project partners
Amt Kleine Elster
Gemeinde Lichterfeld-Schacksdorf
Lausitzer und Mitteldeutsche Bergbau-Verwaltungsgesellschaft mbH (LMBV)

4

ERLEBNIS-KRAFTWERK PLESSA

In der flachen Landschaft der Niederlausitz geben die zwei über 100 Meter hohen Schornsteine des Kraftwerks Plessa schon von weitem Orientierung. Außerdem gilt die imposante, gut 80 Jahre alte Anlage als das älteste Braunkohlekraftwerk Europas, das in seiner ursprünglichen Bausubstanz erhalten geblieben ist. Inzwischen steht diese »Kathedrale der Arbeit« als Erlebnis-Kraftwerk Besuchern offen und soll schrittweise um künstlerische, gastronomische und gewerbliche Nutzungen ergänzt werden. Heute setzt das alte Kraftwerk ganz neue Energien frei.

--

EVENT POWER PLANT PLESSA

Due to the flat landscape of Lower Lusatia, the two chimneys of the Plessa power plant, both over 100 metres high, can be seen from a great distance. At least 80 years old, this imposing structure is one of the oldest original lignite-fired power plants in Europe. Now this »cathedral of labour« is an event power plant open to visitors – with art events, a restaurant, and commercial uses planned for its future. Today, the old power plant provides a very different source of energy.

AUSGANGSSITUATION

Vor der Entdeckung reicher Braunkohlevorräte war die Gemeinde Plessa ein 400-Seelen-Dorf von Bauern und Fischern. Mitte des 19. Jahrhunderts begann bei Plessa der Abbau der Braunkohle und 1924 setzte man in der Grube »Agnes« die erste fahrbare Abraumförderbrücke der Welt ein. Mit der Ausweitung des Tagebaus und des damals neuartigen Abbauverfahrens mit Förderbrücken begann 1926 der Bau des Kraftwerks Plessa durch die Siemens-Schuckert-Werke. Die Aufbruchstimmung der damaligen Zeit spiegelt sich in der an das »Neue Bauen« angelehnten Architektur und der exklusiven Ausstattung vieler Gebäudeteile wider. So ist der Eingang zum Verwaltungstrakt mit roten Terrakotta-Fliesen ausgelegt und selbst die Instrumententafeln und Schaltpulte des Leitstands sind ganz edel in Naturstein gefasst.

Bis 1942 wurde das Kraftwerk in drei Bauabschnitten bis auf seine heutige Größe erweitert und war außer einer kurzen kriegsbedingten Unterbrechung bis 1992 im Dauerbetrieb. Erst dann wurde das 54-Megawatt-Kraftwerk stillgelegt. Nach der Wiedervereinigung schlug der Versuch der Gemeinde fehl, das Kraftwerk als Heizkraftwerk weiter zu betreiben. Da es zu diesem Zeitpunkt keine Möglichkeit zur sinnvollen Weiternutzung zu geben schien, wurde bereits der Totalabriss diskutiert, obwohl das Kraftwerk bereits seit 1985 unter Denkmalschutz stand.

--

INITIAL SITUATION

Before its rich lignite reserves were discovered, the community of Plessa was a village of farmers and fishermen with a population of approximately 400. Lignite mining in Plessa began in the mid-nineteenth century and in 1924 the first mobile spoil conveyor bridge in the world was put into service at Plessa's »Agnes« trench. The Plessa power plant was built by the Siemens-Schuckert-Werke in 1926, during the expansion of open-cast mining and the introduction of the »new« spoil conveyor bridge system. The same spirit of innovation can be seen in the power plant's »Neues Bauen« architecture and its often impressive furnishings – the red terracotta tiles at the administrative tract entrance and the natural stone trimming of the instrument panels and switchboards in the control stations.

The power plant reached its present size in 1942 (it was constructed in three sections), and, apart from a brief interruption during wartime, was in continual operation until 1992, when this megawatt power facility was finally shut down. An effort by the community to reopen it as a combined heat and power station after the reunification failed. As there seemed to be no sensible way of reusing the building, its total demolition was discussed – despite the fact that it had been a listed building since 1985.

THE PROJECT'S PROGRESS

Inclusion in the IBA preparation company's project list in 1998 – and the new Förderverein Kraftwerk Plessa e.V. support association – saved the power plant from demolition. In 2001, the support association and the community of Plessa founded the Industrie-

PROJEKTVERLAUF

Mit der Aufnahme in die Projektliste der IBA-Vorbereitungsgesellschaft 1998 und der Gründung des Fördervereins Kraftwerk Plessa e.V. gelang es, den Abriss zu verhindern. Im Jahr 2001 wurde vom Förderverein und der Gemeinde Plessa die Industrie-Denkmal- & Industrie-Museum Kraftwerk Plessa gGmbH gegründet, die seither Eigentümerin des Kraftwerks ist.

Gemeinsam mit diesen Partnern entwickelte die IBA ein Konzept für die Zukunft des Kraftwerks: Wenigstens ein Drittel der historischen Bausubstanz sollte im Inneren und Äußeren originalgetreu erhalten bleiben und so authentisch vermitteln, wie aus Braunkohle elektrische Energie wurde. Die weiteren Gebäudeteile werden seither saniert und im Inneren für neue gewerbliche Nutzungen hergerichtet. Entstehen soll ein lebendiger Branchenmix, der mit Schauproduktionen und Gastronomie die Besucher zum Verweilen einlädt. Bis 2007 konnte mit der Sanierung der Schornsteine und des »Weges der Kohle« ein erster Meilenstein erreicht werden. Möglich wurde dies durch Mittel aus dem Europäischen Fonds für regionale Entwicklung (EFRE) und mit Geldern für die Braunkohlesanierung kofinanziert. Auf geführten Rundgängen können die Besucher nun das Kraftwerk erleben. In der ehemaligen Turbinenhalle finden unterschiedlichste Veranstaltungen statt – vom klassischen Konzert bis zur Techno-Nacht. Und jedes Jahr am 1. Mai wird zum »Tag der Arbeit« das traditionelle Kraftwerksfest gefeiert.

Um die technischen und wirtschaftlichen Zusammenhänge des Braunkohleabbaus, der Verstromung, Koks- und Brikettherstellung und der Schwerindustrie im Lausitzer Revier sichtbar zu machen, schloss sich das Erlebnis-Kraftwerk Plessa 2007 auf Anregung der IBA mit anderen Industriedenkmalen wie dem Besucherbergwerk F60, den Biotürmen in Lauchhammer oder der Brikettfabrik LOUISE in Domsdorf zu einem Netzwerk zusammen, das seither als IBA-Projekt »ENERGIE-Route Lausitzer Industriekultur« gemeinsam vermarktet wird.

--

Denkmal- & Industrie-Museum Kraftwerk Plessa gGmbH – the power plant's present owner.

These partners and the IBA developed a plan for the power plant's future that would ensure that at least a third of its historic interior and exterior would be preserved in their original state – preserving an authentic record of how lignite was turned into electrical energy here. Other parts of the building were to be renovated and equipped for new commercial uses. The idea was to create a lively sectoral mix that would encourage the visitors to linger and enjoy the displays of how the power station used to work and the restaurant services. The first milestone was reached in 2007, with the restoration of the chimneys and the »Weg der Kohle« or »coal trail« – made possible by money from the European Fund for Regional Development (EFRE) and co-financed by funds for lignite restoration. Visitors can now go on guided tours of the power plant. A wide variety of events take place in the former turbine hall – ranging from classical concerts to techno nights. On the May 1 of each year – Labour Day – the Power Plant Festival is held.

To show the technological and economic links between lignite mining, electricity production, coke and briquette manufacture, and heavy industry in the Lusatia area, the IBA encouraged the Event Power Plant Plessa to become part of a network with other industrial relics – the F60 Visitor's Mine, the Lauchhammer Bio-Tower, and the LOUISE briquette factory in Domsdorf, subsequently marketed as the »ENERGIE Heritage Route of Lusatian Industrial Culture.«

AUSBLICK

Durch den weiteren Ausbau der Nachnutzungen soll aus dem Industriedenkmal ein Symbol für den Strukturwandel werden. Die Planungen für die nächsten Jahre sehen vor, Gebäudeteile so umzubauen, dass erste gewerbliche Nutzer – darunter eine Obstbrennerei und regionaltypische, handwerkliche Manufakturbetriebe – Einzug halten können. Auch die Sanierung der weiteren Gebäudeteile und der Außenanlagen soll in Angriff genommen werden. Schrittweise wird zudem das touristische Angebot ausgebaut. Im Kraftwerk selbst ist Gastronomie vorgesehen und in der Vermarktung nach außen bietet das bestehende Netzwerk der »ENERGIE-Route Lausitzer Industriekultur« als Bestandteil der »Europäischen Route der Industriekultur (ERIH)« Anknüpfungspunkte für Kulturtourismus im größeren Maßstab.

--

FUTURE PROSPECTS

The idea was to make this industrial monument a symbol of structural change by expanding its present-day uses. Over the next few years, parts of buildings will be converted for new commercial users – including a fruit distillery and regional craft operations – while other parts of the building and the power plant's grounds will be restored. The services for tourists will be expanded step by step, including a restaurant inside the power plant. The »ENERGIE Heritage Route of Lusatian Industrial Culture« – part of the »European Route of Industrial Heritage« (ERIH) – will help the power plant beyond the region and provide starting points for cultural tourism on a large scale.

Internet
www.kraftwerk-plessa.de

Adresse -- Address
Erlebnis-Kraftwerk Plessa gGmbH
Am Kraftwerk 1
04928 Plessa
Fon (03533) 60720
E-Mail besucherdienst@kraftwerkplessa.de

Architektur & Planung -- Architecture & Planning
Sanierungsplanung: Wanta-Architekten, Cottbus

Projektpartner -- Project partners
Landkreis Elbe-Elster
Amt Plessa
Erlebnis-Kraftwerk Plessa gGmbH

5

BIOTÜRME LAUCHHAMMER

Lauchhammer hat eine ungewöhnliche Siedlungsstruktur: Wie Inseln liegen Stadtteile mit den Namen Lauchhammer-Nord, -Süd, -West, -Ost und -Mitte verteilt in einer Landschaft aus Wald, Wiesen, Bergbaukippen und Industriebrachen. Mit der Stilllegung und dem Abriss vieler Brikettfabriken, Kraftwerke und der Kokerei ist der Stadt so etwas wie der Kitt zwischen den Stadtteilen abhanden gekommen. So ist eine komplette Großkokerei nahezu völlig aus dem Stadtbild verschwunden. Als letztes Relikt ragen heute die Biotürme aus der grünen Industriebrache wie eine Burg im schottischen Hochland.

--

LAUCHHAMMER BIO-TOWERS

Lauchhammer has an unusual development structure, with districts named Lauchhammer Nord, Süd, West, Ost, and Mitte distributed like islands amid a landscape of trees, meadows, spoil heaps, and industrial wastelands. The closure and demolition of the many briquette factories, power plants, and coking plants has removed the fabric that »glued« the town's districts together. An entire large coking plant, for instance, has vanished from the cityscape. The Bio-Towers are the final relic, rising from a green industrial wasteland like a castle in the Scottish highlands.

AUSGANGSSITUATION

Die Biotürme stammen aus den Gründungsjahren der Stadt Lauchhammer. Diese liegen allerdings nicht sehr weit zurück: Erst in den 1950er Jahren wurde aus ehemals eigenständigen Dörfern wie Mückenberg und Bockwitz die Stadt Lauchhammer gebildet, als hier eine gewaltige Großkokerei aufgebaut wurde. In einem technisch aufwendigen Verfahren stellte man in der Kokerei weltweit zum ersten Mal hüttenfähigen Koks aus Braunkohle her und schuf damit die Grundlage für den Ausbau der DDR-Schwerindustrie. Rund 15.000 Arbeiter waren bis zur Stilllegung 1991 in der Kokerei beschäftigt, die mit 122 Hektar Fläche so groß war wie eine Kleinstadt. Bei der Koks-Produktion fielen auch große Mengen von phenolhaltigem Abwasser an. Dieses wurde in einer sogenannten Turmtropfkörperanlage mithilfe von Bakterien gereinigt: den Biotürmen.

--

INITIAL SITUATION

The Bio-Towers date from the city of Lauchhammer's founding years. This was not so long ago – in the nineteen-fifties, formerly independent villages like Mückenberg and Bockwitz came together to form the city of Lauchhammer, when a massive large-scale coking plant was built here. For the first time anywhere in the world, this coking plant produced coke suitable for smelting from lignite – in a technologically demanding procedure that provided the foundation for the GDR's heavy industry. In 1991, before it was shut down, around 15,000 workers were employed at the coking plant, which covered about 122 hectares – about the size of a small town. Coke production also produced large amounts of phenol-rich waste water. This was purified in the so-called tower dripper facility wastewater purification facilities with the help of bacteria: the Bio-Towers.

PROJEKTVERLAUF

Nach Überzeugung der IBA und der Denkmalschutzbehörde wäre der Abriss der Biotürme ein großer und unwiederbringlicher Verlust für die Identität der Stadt Lauchhammer und die Erinnerung an die erste Braunkohlenkokerei Deutschlands. Die IBA sah in dem Relikt ein großes Potenzial für eine kulturelle Umnutzung. Gemeinsam mit dem Denkmalschutz begann ein jahrelanger Kampf um den Erhalt dieses einmaligen Industriedenkmals, bei dem die IBA gezielt mit der Stadt, örtlichen Vereinen und Gruppen wie dem Traditionsverein Braunkohle, dem Heimatverein, der Lokale-Agenda-Gruppe und anderen Akteuren zusammenarbeitete.

In der Arbeitsgruppe Lauchhammer wurden Modelle und Konzepte entwickelt, wie die Türme erhalten und umgenutzt werden könnten. Zur Mobilisierung der Bevölkerung und um den kulturellen Wert zu zeigen, initiierte die IBA gemeinsam mit der Neuen Bühne Senftenberg eine einwöchige Beleuchtung des Denkmals. Trotzdem fand sich kein neuer Träger – aber immerhin verschob die LMBV den Abriss auf Ende 2003. Dieses Ultimatum eröffnete neuen Handlungsspielraum. Sehr beharrlich suchte die IBA nach Alternativen, sprach in mehreren Ministerien vor. Als große Hilfe erwies sich dabei der unübersehbare Erfolg des nahen Besucherbergwerks F60. Auf Anregung des Kulturministeriums trat schließlich die Stiftung Kunstgussmuseum Lauchhammer in Verhandlung mit der LMBV – und hatte am Ende Erfolg: 2005 übernahm eine eigens von der Stiftung gegründete »Biotürme Lauchhammer gGmbh« die Anlage und konnte als Bauherr umgehend mit der Sanierung beginnen.

--

THE PROJECT'S PROGRESS

The IBA and the monument preservation authorities believed that demolishing the Bio-Towers would represent a huge and irreplaceable loss to Lauchhammer's identity and to the memory of the first lignite coking plant in Germany. Feeling that this industrial relic had great potential for a new cultural use, the IBA banded together with the listed building authorities in a year-long fight to preserve this unique industrial monument, working strategically with city and local associations and groups like the Traditionsverein Braunkohle, the Heimatverein, the Lokale-Agenda-Gruppe and other bodies.

The Lauchhammer working group developed plans and concepts for preserving and finding a new use for the towers, and, to mobilise the population and advertise the project's cultural value, the IBA and the Neue Bühne Senftenberg illuminated the Bio-Towers for a week. No sponsor was found, but the LMBV did postpone demolition until the end of 2003. This new ultimatum provided new scope for action. The IBA searched tirelessly for alternatives, in discussion with several ministries, in a campaign helped by the undeniable success of the nearby F60 Visitors' Mine. At the instigation of the ministry for culture, the Kunstgussmuseum (Arts Casting Museum) Lauchhammer Foundation began negotiations with the LMBV – and was ultimately successful. In 2005, the »Biotürme Lauchhammer Gmbh,« specially created by the foundation itself, took over the complex, and, as contractor, began extensive renovation work.

The renovations and conversions took about two years. Based on a plan by the Cottbus firms Jähne & Göpfert and Zimmermann & Partner, one of the towers was also equipped with two glazed building turrets to

Rund zwei Jahre dauerten Sanierung und Umbau. Nach einem Entwurf der Cottbuser Büros Jähne & Göpfert sowie Zimmermann & Partner wurde einer der Türme zudem mit zwei gläsernen Aussichtskanzeln ausgestattet, die Besuchern einen besonderen Blick auf die Türme und das ehemalige Kokereigelände verschaffen. Im direkten Umfeld der Türme wird seither das geometrische Raster der Kokerei durch Kreuze aus Beton dargestellt. Sie deuten an, dass die Biotürme mal Teil einer viel größeren Anlage waren. Die finanziellen Mittel für den Umbau in Höhe von 1,4 Millionen Euro stammen überwiegend aus dem Europäischen Fonds für regionale Entwicklung (EFRE). Der nötige Eigenanteil konnte von der Stiftung Kunstgussmuseum aufgebracht werden, indem die LMBV die eingesparten Abrisskosten auf die Stiftung übertrug.

2008 konnten die Biotürme schließlich als begehbares Industriedenkmal und Veranstaltungsort eröffnet werden. Seither führt der »Traditionsverein Braunkohle Lauchhammer« interessierte Gäste über das Gelände und auf den Turm mit der Aussichtskanzel. Die sanierten Biotürme erhielten 2009 sowohl den Brandenburgischen Ingenieurspreis als auch den Denkmalspreis des Landes. Touristisch sind sie außerdem in die »ENERGIE-Route Lausitzer Industriekultur« als Bestandteil der »Europäischen Route der Industriekultur (ERIH)« eingebunden.

AUSBLICK

Die Biotürme bilden eine einzigartige Kulisse für verschiedene Veranstaltungen. Zwischen den Türmen können Theaterinszenierungen, Konzerte, Lesungen, Kunstinstallationen und ähnliches stattfinden. Über eine dauerhafte, interaktive Lichtinstallation wird nachgedacht. Vorstellbar ist auch eine Lichtskulptur zwischen den Türmen. Als weitere bauliche Ergänzung soll noch ein kleines Besucherzentrum mit gastronomischem Angebot und Ausstellungsraum entstehen, das auch über die Geschichte der Kokerei informiert.

--

give visitors a special view of the towers and of the former coking plant site. In the area directly around the towers, the coking plant's old geometrical grid structure has been re-created in concrete crosses to show visitors how the Bio-Towers were once part of a much larger facility. The 1.4 million euros needed to convert the towers came mainly from the European Fund for Regional Development (EFRE), and the Kunstgussmuseum (Arts Casting Museum) Lauchhammer Foundation contributed the money saved on demolition costs, which had been made available to the foundation by the LMBV.

The Bio-Towers industrial monument was finally opened for visitor tours and events in 2008. Since then, the Traditionsverein Braunkohle Lauchhammer has been showing interested guests around the site and the viewing turret tower. In 2009, the renovated towers were awarded both the Brandenburgischer Ingenieurspreis and the region's own prize for listed structures. They are also on the »ENERGIE Heritage Route of Lusatian Industrial Culture« – part of the »European Route of Industrial Heritage« (ERIH) tourism project.

FUTURE PROSPECTS

The Bio-Towers form a unique setting for a variety of events. Theatre performances, concerts, readings, art installations, and similar presentations can be held in the space between the towers, and there are plans for a permanent interactive light installation, or for a light sculpture arranged between the towers. There are also plans to add a small visitor's centre with a restaurant and an exhibition space, which will also inform people about the history of the coking plant.

Internet
www.biotuerme.de

Adresse -- Address
Biotürme
Finsterwalder Straße 57
01979 Lauchhammer

Architektur & Planung -- Architecture & Planning
Biotürme-Sanierung & Aussichtskanzeln: Arbeitsgemeinschaft Zimmermann + Partner Architekten BDA, Cottbus (Entwurf) sowie Jähne & Göpfert Ingenieurbüro, Cottbus (Ausführung)
Außenanlage: Hoch C Landschaftsarchitektur, Berlin

Projektpartner -- Project partners
Stadt Lauchhammer
Stiftung Kunstgussmuseum Lauchhammer
Lausitzer und Mitteldeutsche Bergbau-Verwaltungsgesellschaft mbH (LMBV)
Traditionsverein Lauchhammer e.V.
KooperationsAnstiftung e.V.

6

INDUSTRIEPARK UND GARTENSTADT MARGA

Lange Zeit fast vergessen, lag Deutschlands älteste Gartenstadtsiedlung »Marga« in einem Dornröschenschlaf. Nachdem sie in den letzten Jahren wachgeküsst wurde, erstrahlt sie wieder in altem Glanz. Auch der benachbarte Industriepark in Brieske bei Senftenberg entwickelt sich zu einem innovativen Produktionsstandort der Energiewirtschaft und knüpft zusammen mit der Gartenstadt an die ursprüngliche Idee an, Arbeiten und Wohnen zu verbinden.

--

MARGA INDUSTRIAL ESTATE AND GARDEN CITY

Marga, Germany's oldest garden city development, has for many years been a virtually forgotten »Sleeping Beauty.« After being kissed awake in the past few years, it has now been restored to its full glory, while the neighbouring industrial park in Brieske at Senftenberg has become an innovative production site for the new energy economy. Between them, the garden city and this site embody the original idea of uniting workplaces and housing.

AUSGANGSSITUATION

Ausgehend vom Dorf Bückgen entwickelte sich die Gegend zwischen Großräschen und Senftenberg zu einem Schwerpunkt der Industrialisierung in der Lausitz. Ab 1906 ließ die historische Ilse Bergbau-Actiengesellschaft (I.B.A.) in Brieske eine Wohnsiedlung für ihre Arbeiter der Grube Marga und die angeschlossenen Industrieanlagen errichten. Mit dem Bau wurde der Dresdner Architekt Georg Heinsius von Mayenburg beauftragt. 1914 war die »Kolonie Marga« mit ihrem ungewöhnlichen kreisförmigen Grundriss fertiggestellt. Um den großen Marktplatz gruppierten sich die repräsentativen öffentlichen Gebäude im Jugendstil. Die Infrastruktur war vorbildlich und umfasste neben hellen, individuellen Wohnhäusern mit eigenen Gärten auch eine Schule, ein Kaufhaus, verschiedene Geschäfte, den Gasthof »Kaiserkrone« und sogar eine eigene Kirche.

--

INITIAL SITUATION

The area between Grossräschen and Senftenberg became a focal point of industry in Lusatia – centred on the village of Bückgen. Starting in 1906, the historic Ilse Bergbau-Actiengesellschaft (I.B.A.) commissioned Dresden architect Georg Heinsius von Mayenburg to build a residential development in Brieske for its employees at the Marga trench and the nearby industrial complexes. The »Kolonie Marga«, with its unusual circular outline, was completed in 1914. Impressive art nouveau public buildings were grouped around the large, grand public marketplace. The infrastructure was excellent; besides sunny individual homes with their own gardens, it included a school, a department store, various businesses, the »Kaiserkrone« guesthouse, and even the community's own church.

Mit »Marga« begann das sozialreformerische Bauen in Deutschland als Antwort auf die schlechten Wohnbedingungen der Arbeiter in den schnell wachsenden Städten der damaligen Zeit. Die Wohnsiedlung wird deshalb als erste deutsche Gartenstadt bezeichnet, obwohl die Deutsche Gartenstadtgesellschaft damals nicht direkt am Objekt beteiligt war.

Die Werkssiedlung blieb zwar in ihrer baulichen Substanz stets erhalten, wurde aber jahrzehntelang vernachlässigt und war in den 1990er Jahren teilweise verfallen, ihre kulturhistorische und städtebauliche Bedeutung war in Vergessenheit geraten. Nach der Wende wurden große Teile des benachbarten Industriestandortes mit seinen historischen Industriebauten abgerissen und sollten einem modernen Gewerbegebiet weichen.

--

»Marga« was the beginning of the German social housing reform movement – a reaction to the poor living conditions endured by workers in the fast-growing cities of the time. Marga is therefore usually described as Germany's first garden city, even though the Deutsche Gartenstadtgesellschaft (or German Garden City Society) was not involved in its building.

This factory town's original buildings are still standing, but have suffered decades of neglect. Some fell derelict in the nineteen-nineties, and their cultural history and architectural and urban planning significance has been largely forgotten. After the reunification, the neighbouring industrial sites were largely cleared of their historical industrial buildings so they could one day be turned into a modern commercial area.

PROJEKTVERLAUF

Aufgrund seiner besonderen Bedeutung für die regionale Geschichte und Baukultur wurde das Projekt zu einem Startprojekt der IBA, die sich seither für den Erhalt und die Entwicklung der Wohnsiedlung und des Industrieparks einsetzte. Zwischen 1998 und 2000 ließ die Treuhand Liegenschaftsgesellschaft TLG als Eigentümerin die Siedlung mit finanzieller Unterstützung des Landes Brandenburg denkmalgerecht sanieren. 2000 konnte Marga als EXPO-Korrespondenzstandort präsentiert werden. Im Zuge der Sanierung wurde die Zahl der Wohneinheiten in den 72 Wohnhäusern von 500 auf 396 reduziert, um heutigen Anforderungen an größere Wohnungszuschnitte gerecht zu werden. Die Wohnungen sind alle vermietet. Die Geschäftsflächen am Marktplatz und rund um den ebenfalls sanierten, dörflich wirkenden »Margahof« stehen hingegen teilweise leer. Das Gast- und Kulturhaus »Kaiserkrone« gibt es bis heute. Auch der angrenzende, sogenannte »Konzertgarten« mit seinem Musikpavillon wurde saniert und der völlig verschwundene »Kaffeegarten« vor der »Kaiserkrone« rekonstruiert. In das ebenfalls sanierte, große Schulgebäude direkt am Markt konnten 2009 eine private Grundschule, ein Kindergarten und private Weiterbildungseinrichtungen einziehen. Anwohnern und Besuchern bietet sich heute eine von privaten und öffentlichen Grünflächen durchzogene Siedlung mit einer großen Vielfalt an Häusern und vielen liebevollen Details.

--

THE PROJECT'S PROGRESS

This industrial estate/garden city was central to the region's heritage, making it an ideal IBA launch project – and the IBA has since been active in preserving and developing the residential development and the industrial park. The Treuhand Liegenschaftsgesellschaft (TLG), the development's owner, restored it (while preserving its historic appearance) between 1998 and 2000 with the help of Brandenburg state funds. In 2000, Marga was part of the EXPO show. During the renovation, the number of living units inside the seventy-two apartment buildings was reduced from 500 to 396 to satisfy modern demands for more living space. All of the apartments are leased – but some of the business spaces on the marketplace and around the village green-like »Margahof« (which has also been renovated), are still unoccupied. The guest house and cultural venue »Kaiserkrone« still exists today. The neighbouring »Konzertgarten« and its music pavilion were also renovated, and the »Kaiserkrone's« lost coffee garden was reconstructed. The large school overlooking the marketplace was also renovated, and a private primary school, a kindergarten, and private further education services took up residence in 2009. Today, residents and visitors can enjoy a development with plenty of private and public green spaces, a variety of houses and lovingly created details.

Vom angrenzenden Industriestandort mit seiner Brikettfabrik blieben nur wenige Bauwerke übrig: Die Kraftzentrale und das Badehaus sowie kleinere Nebengebäude stehen unter Denkmalschutz und stellen heute symbolhafte Zeugen der Industriegeschichte des Standorts dar – müssen aber noch gesichert und saniert werden. Die restlichen Gebäude wurden abgerissen und das Gelände als moderner Industriepark erschlossen. Als Erfolg dieser Bemühungen der Senftenberger Wirtschaftsförderung, der LMBV und der IBA haben sich in dem 114 Hektar großen Industriepark bislang eine Solarzellenfabrik und eine große Biogasanlage angesiedelt. Der Biogashersteller bezieht seine nachwachsenden Rohstoffe von einheimischen Landwirten, die so zu Energiewirten werden, und erprobt die Nutzung von Nebenprodukten als Dünger zur Rekultivierung von Bergbaufolgelandschaften.

Die IBA betrachtet Gartenstadt und Industriepark als kulturhistorische Einheit. Modellhaft wird hier gezeigt, wie ein Stück Industriekultur als Arbeitsstätte und Wohnort erhalten und belebt werden kann.

--

Only a few of the buildings on the neighbouring industrial site with the briquette factory remain. The listed buildings – the power centre, the baths, plus a few small adjoining buildings – are compelling witnesses to the site's industrial history. These had to be renovated and made safe, while the rest of the buildings had to be demolished and the site had to be connected to the modern industrial park. The work of the Senftenberger Wirtschaftsförderung, the LMBV and the IBA was vindicated when a solar cell factory and a large biogas system were set up on the 114-hectare industrial park. The biogas manufacturer sources raw materials from local landowners, giving them a new role as energy producers and testing by-product fertilisers on the post-mining landscapes.

The IBA sees the garden city and the industrial park as a single cultural and historical unit. This is a perfect example of how to preserve and revive piece of industrial culture – as seen in homes and workplaces.

AUSBLICK

Die verfallende Gartenstadt konnte erhalten, saniert und zu einem großen Teil wiederbelebt werden. Der alte Ballsaal als Teil der »Kaiserkrone« steht hingegen seit Jahren leer. Private Initiativen verschiedener Kulturschaffender aus Senftenberg haben hier interessante Ansätze einer Nachnutzung aufgezeigt. Im Ergebnis soll der Saal nun als letzter unsanierter Bereich in Marga 2011 von der privatwirtschaftlichen Lausitzer Bildungsträger gGmbH saniert und anschließend unter anderem von einer Tanzschule genutzt werden. Auch eine Mitnutzung durch die gegenüberliegende Grundschule ist geplant.

Für den Margahof hinter dem Marktplatz und dem Kaufhaus gibt es eine Vision für die Ansiedlung von lausitztypischem Handwerk, Kunstgewerbe und kleinen gastronomischen Einrichtungen. Ein in Milieu und Erlebnis einmaliger Raum würde entstehen. Ein Ort, der Anziehungspunkt für Besucher wäre, die auf ihrer Reise durchs Lausitzer Seenland hier ein originelles Souvenir erwerben könnten, dessen Entstehung sie miterlebt haben.

Für einige Flächen und Gebäude des Industrieparks müssen ebenfalls noch tragfähige Nutzungen gefunden werden. So wird weiterhin an Konzepten für die Nachnutzung der historischen Waschkaue und der Kraftzentrale gearbeitet. Künstlerische Bespielung oder auch Diskoabende in der Kraftzentrale schufen in den vergangenen Jahren Aufmerksamkeit für das Anliegen und sind Ansätze für einen Neubeginn. Das Ziel, beide Gebäude als Wahrzeichen des Industrieparks und als zentral gelegene, gemeinschaftliche Orte zu entwickeln, ist bislang nicht erreicht worden. Weitere Optionen werden geprüft, damit die Gebäude mit neuem Leben gefüllt und erhalten werden können.

--

FUTURE PROSPECTS

The derelict garden city has been preserved, renovated and largely brought back to life – but the old ballroom (part of the »Kaiserkrone«) has been standing empty for years. As a result of various Senftenberg cultural activists suggesting interesting possibilities, the ballroom – the last non-renovated part of Marga – is to be restored in 2011 by Lausitzer Bildungsträger gGmbH (a private company). Its users will include a dancing school, and it may also be useful to the nearby primary school.

The plan is to bring typical Lusatian handcrafts, art products, and small restaurants to the Margahof (behind the marketplace and the department store) to create a unique atmosphere and experience. The site would attract visitors looking for original souvenirs of their journey through the Lusatia Lake Land – souvenirs that they had actually seen made.

Sustainable uses also had to be found for certain areas and buildings in the industrial park – the future of the historic mine baths and the power centre is still in development. Art events or disco evenings in the power central have raised the project's profile in recent years and offered a potential new start. The aim of developing both buildings as landmarks for the industrial park and as a hub for the community remains unrealised. Other options for preserving and repopulating the new buildings are being reviewed.

Internet
www.senftenberg.de
www.tlg.de (Eigentümer und Sanierungsträger)

Adresse -- Address
Gartenstadt
Briesker Straße/Platz des Friedens
01968 Senftenberg (Brieske)
Industriepark
Grubenstraße
01968 Senftenberg (Brieske)

Architektur & Planung -- Architecture & Planning
Sanierung Gartenstadt: gibbins european architects, Potsdam

Projektpartner -- Project partners
Stadt Senftenberg
TLG Immobilien
Lausitzer und Mitteldeutsche Bergbau-Verwaltungsgesellschaft mbH (LMBV)

GER
2004

7

SEESTADT SENFTENBERG

Seit fast 40 Jahren liegt Senftenberg an einem sehr populären Badesee – dem ersten der künstlich gefluteten Seen im entstehenden Lausitzer Seenland. Und doch hat die Stadt dem See, der früher eine staubige Braunkohlegrube war, stets den Rücken zugedreht. Das ändert sich jetzt: Mit einem ambitionierten Hafenneubau öffnet sich Senftenberg endlich seinem See und wird zur »See-Stadt«.

--

LAKE TOWN SENFTENBERG

The lake at Senftenberg has been a very popular bathing resort – the first artificially created lake in the emerging Lusatian Lake Land – for almost forty years. And yet the town continues to turn its back on the lake – once a dusty lignite trench. All that is set to change: thanks to an ambitious harbour conversion, Senftenberg is finally opening up to its lake and becoming a »Lake Town.«

AUSGANGSSITUATION

Schon seit 1973 gilt der Senftenberger See als »Badewanne Dresdens«, weil an den Sommerwochenenden so viele Badegäste aus dem nahen Sachsen an die Strände strömen. So wie sich der See heute präsentiert, mit perfekten Sandstränden, waldigen Ufern und Campingplätzen, Segelbooten und allem was zu einem richtigen Naherholungsgebiet gehört, ist es schwer vorstellbar, dass sich hier bis 1966 der Braunkohletagebau Niemtsch befand. 30 Jahre lang hatte Senftenberg mit der riesigen Kohlengrube vor seiner Tür bzw. in seinem Rücken gelebt – denn bewusst hatte sich Senftenberg städtebaulich vom staubigen Tagebau abgewandt.

Zum Ende des Bergbaus in Senftenberg entwickelte der Landschaftsplaner Otto Rindt eine Vision von einer Seenkette, die neben der Grube Niemtsch auch die benachbarten, damals noch aktiven Tagebaue Koschen, Skado, Sedlitz und Meuro umfassen sollte. Tatsächlich wurden aus diesen Gruben 40–50 Jahre später der Senftenberger, Geierswalder, Partwitzer, Sedlitzer und der Ilse-See. Otto Rindt gilt daher als der geistige Urheber des Senftenberger Sees und des Lausitzer Seenlandes. Nach seinen Planungen wurde Niemtsch saniert, rekultiviert und geflutet. Der See erhielt schon in den 1970er Jahren viele seiner heutigen Strände, Campingplätze und Wassersportmöglichkeiten. Bis heute ist das ehemalige Vorzeigeprojekt der DDR ein Freizeit- und Urlaubsparadies geblieben.

Die Stadt Senftenberg hatte es aber lange versäumt, sich zum See hin zu öffnen. Für Nicht-Ortskundige ist der See schwer zu finden. Straßen, öffentliche Plätze und die Bebauung blieben stets nach Innen orientiert. Im Stadtzentrum war der Zugang zum Ufer durch einen Riegel von Plattenbauten und den parallel verlaufenden Fluss Schwarze Elster versperrt.

--

INITIAL SITUATION

The Lake Senftenberger has been »Dresden's bathtub« since 1973, with visitors streaming to its beaches from nearby Saxony every weekend of the summer. The lake we know today has perfect sandy beaches, wooded banks and campsites, sailing boats – everything a local pleasure spot needs. It is hard to believe that until 1966 this was the Niemtsch open-cast lignite mine. For thirty years, Senftenberg had a huge coal trench on its front doorstep – or rather, since Senftenberg's town plan did its best to shut out the dusty open-cast mine – at its back.

When mining at Senftenberg ended, landscape planner Otto Rindt planned a chain of lakes which would include Niemtsch, along with open cast mines that were still active at the time – Koschen, Skado, Sedlitz and Meuro. Forty to fifty years later, the trenches had become the Lakes Senftenberg, Geierswalde, Partwitz, Sedlitz, and Ilse. Otto Rindt is therefore considered the godfather of the Lake Senftenberg and of the Lusatian Lake Land in general. The Niemtsch was cleaned up, recultivated and flooded based on his plans. Many of the lake's beaches, campsites and water sports facilities were created in the nineteen-seventies. Today, this former GDR flagship project is still a pleasure spot and an ideal holiday destination.

The city of Senftenberg, however, has long been reluctant to open itself up to the lake – making the lake is hard to find unless one knows the territory. Senftenberg's streets, public squares, and structures always point inward. In the town centre, access to the bank is blocked by a bank of slab-constructed buildings and by the Schwarze Elster river, which runs parallel to it.

PROJEKTVERLAUF

Ziel des IBA-Projekts ist es, die touristischen Potenziale des Senftenberger Sees stärker mit der städtebaulichen Entwicklung zu verknüpfen. Die Verbindung der restaurierten Altstadt mit dem See stellt hier einen besonderen Anspruch dar. 2003 erbrachte ein europaweiter Ideenwettbewerb für junge Architekten, EUROPAN 7, sehr unterschiedliche Ansätze, die im Anschluss von den Preisträgern gemeinsam mit der IBA, der Stadt und den Wohnungsunternehmen in ein Nutzungskonzept eingearbeitet wurden.

Um den Senftenbergern die Nähe des Sees bewusster zu machen, wurden 2005 die Bürger in einer gemeinsamen Aktion von Stadt und IBA eingeladen, über Betonblöcke die Schwarze Elster zu queren. Damit wurde eine symbolische neue Verbindung zwischen Stadt und See geschaffen. 2006 wurde im Rahmen des Stadtumbauprogramms ein elfgeschossiger Plattenbau, der als städtebauliche Barriere quer zwischen Innenstadt und See stand, abgerissen, womit sich die Barrierewirkung verringerte.

Nach der Entscheidung, den Senftenberger See über einen Kanal an den Geierswalder See und den ganzen Seenverbund anzuschließen, entstand die Idee eines Stadthafens für das künftige städtische Zentrum des Lausitzer Seenlandes. Dieser Hafen würde nicht nur der wachsenden Bedeutung Senftenbergs für Wassersportler gerecht, sondern die Stadt auch baulich und stadträumlich klar mit dem See verbinden. Diese Idee wurde mit den EUROPAN-Ansätzen zu einem städtebaulichen Leitbild verknüpft. Als baulichen Auftakt zum neuen Stadthafen errichtete der Wasserverband Lausitz (WAL) 2007 sein neues Kundenzentrum mit Gastronomie. Von der Terrasse blickt man nun direkt aufs Wasser und später auf den Stadthafen.

--

THE PROJECT'S PROGRESS

The goal of the IBA project is to unite the tourist potential of the Lake Senftenberg and the development of the town, with the emphasis on connecting the restored Senftenberg old town with the lake. In 2003, a Europe-wide conceptual competition called EUROPAN 7 produced a wide variety of ideas, which were turned into a use concept by the winners – together with the IBA, the city, and a homes company.

In 2005, a joint campaign by the city and IBA made the people of Senftenberg more aware of their lake by inviting them to cross the Schwarze Elster on concrete blocks – symbolically reconnecting the city and the lake. In 2006, an eleven-storey panel construction between the inner city and the lake was demolished in the course of the city transformation program, reducing the impression of separation.

The decision to connect the Lake Senftenberg to the Lake Geierswald and the whole lake network by means of a canal was followed by the idea that the city that will one day be at the heart of the Lusatian Lake Land should have its own harbour, to fit Senftenberg for its increasing water sports popularity, and to connect the city with the lake in architectural and urban planning terms. This idea was combined with the EUROPAN concepts to create an overall urban plan. In 2007, as the first architectural step towards the new city harbour, the Wasserverband Lausitz (WAL) built its new customer centre with restaurant. Its terrace provides a view of the water – and, one day soon, of the city harbour.

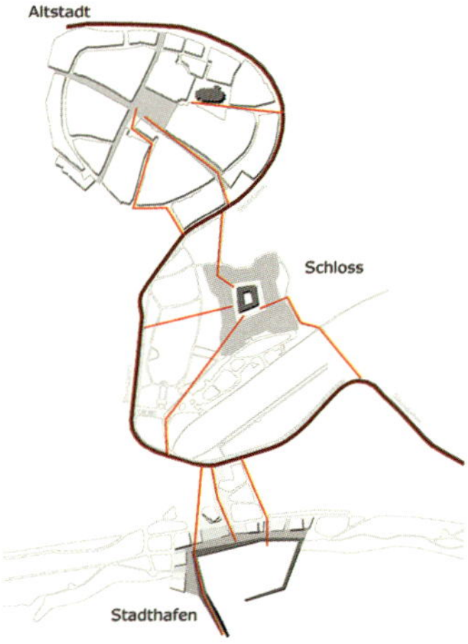

Auf Basis des erarbeiteten Leitbilds führten IBA und Stadt 2009 einen Architekturwettbewerb für den neuen Stadthafen durch, den eine Arbeitsgemeinschaft aus drei Büros gewann: die Berliner Landschaftsarchitekten bgmr, ASTOC Architects & Planners aus Köln und ECOSYSTEM SAXONIA aus Dresden. Markenzeichen ihres preisgekrönten Entwurfs ist eine schalenförmige Kaianlage mit einer filigranen Seebrücke.

AUSBLICK

Zum Präsentationsjahr der IBA 2010 soll der erste Spatenstich für den Stadthafen erfolgen. Die Eröffnung ist für 2012 geplant – gleichzeitig mit dem schiffbaren Kanal zum Geierswalder See. Mit dem Stadthafen bekommt Senftenberg nicht nur einen Zugang zum Lausitzer Seenland, sondern auch einen neuen städtischen Raum, der die historische Innenstadt ergänzt und die gesamte Attraktivität der Stadt für Einwohner und Touristen steigert. Senftenberg bekommt durch den Hafen ein neues Wahrzeichen, ein neues Image und neues Flair. Dazu wertet die Stadt Senftenberg parallel den angrenzenden Schlosspark und den Tierpark auf, die so eine schöne Verbindung zwischen der Innenstadt und dem Stadthafen bilden werden. Betrieben wird der Hafen dann vom Zweckverband Lausitzer Seenland Brandenburg.

Das neue WAL-Kundenzentrum mit Gastronomie

--

Based on the completed overall plan, the IBA and the city ran an architectural competition in 2009 to design a new city harbour. It was won by a working group of three firms: the Berlin landscape architects BGMR, ASTOC Architects & Planners from Cologne, and ECOSYSTEM SAXONIA from Dresden. Their prize-winning design focuses on a bowlshaped quay and a delicate bridge on the lake.

FUTURE PROSPECTS

Work on the harbour project will be officially begun in 2010 – the IBA's presentation year. Its opening – and that of the navigable canal to the Lake Geierswalde – is planned for 2012. As well as being Senftenberg's access to the Lusatian Lake Land, the harbour will be a new urban space for the historic inner city that will enhance the entire city's attractiveness for inhabitants and tourists. The harbour will give Senftenberg a new feature, a new image and a new flair. The Schlosspark and the Tiergarten will also improve the city of Senftenberg by creating a beautiful connection between the inner city and the city harbour. The harbour will be run by the Zweckverband Lausitzer Seenland Brandenburg.

Internet
www.lausitzerseenland.de
www.senftenberger-see.de

Geplanter Standort -- Planned location
Steindamm
01968 Senftenberg

Architektur & Planung -- Architecture & Planning
Stadthafen Senftenberg (Entwurf): Arbeitsgemeinschaft bgmr - Becker Giseke Mohren Richard Landschaftsarchitekten, Berlin; ASTOC Architects & Planners, Köln und ECOSYSTEM SAXONIA Gesellschaft für Umweltsysteme mbH, Dresden

Projektpartner -- Project partners
Stadt Senftenberg
Zweckverband Lausitzer Seenland Brandenburg
WAL

8

LANDMARKE LAUSITZER SEENLAND

Zwischen Dresden und Berlin entsteht die größte künstliche Seenlandschaft Europas: Das Lausitzer Braunkohlerevier wird zum Lausitzer Seenland. Wo früher riesige Bagger Braunkohle aus dem Boden geholt haben, blieben gewaltige Krater zurück, die jetzt geflutet werden. Die einstige Mondlandschaft verwandelt sich in eine einzigartige Wasserwelt mit 30 Seen, zehn davon durch schiffbare Kanäle miteinander verbunden. Genau im Zentrum setzt die »Landmarke Lausitzer Seenland« ein unübersehbares Zeichen für die Zukunft und bietet einen Rund- und Ausblick auf die Seenlandschaft im Entstehen.

--

LANDMARK LUSATIAN LAKE LAND

Between Dresden and Berlin, the largest artificial lake landscape in Europe is emerging. Lusatia's lignite fields are becoming the Lusatian Lake Land. The mighty craters left behind where huge diggers once lifted lignite out of the earth are now being flooded. A former moonscape is being transformed into a »water world« of thirty lakes, ten of which are connected by navigable canals. Right in the centre is the »Lusatian Lake Land Landmark«, an unmistakeable symbol of the future that provides a panoramic view of the lake landscape. its lake and becoming a »Lake Town«.

AUSGANGSSITUATION

Rund 150 Jahre lang hat der Bergbau die Lausitz geprägt. In den 1950er Jahren beschloss die DDR energieautark zu werden, also unabhängig von Kohle- und Gasimporten. Das ging nur über konsequente Ausbeutung der Braunkohlevorkommen, dem einzigen Energieträger, der in nennenswertem Umfang unter dem Boden der Republik lagerte. Über 100 Kleinstädte, Dörfer und Siedlungen mussten dem Bergbau weichen. Bis zu 30 Tagebaugruben waren gleichzeitig in Betrieb und verwandelten eine jahrhundertealte Kulturlandschaft in eine Mondlandschaft. Denn anders als Steinkohle liegt Braunkohle meist nur 40 bis 100 Meter unter der Erdoberfläche und kann daher relativ einfach im offenen Tagebau gewonnen werden.

Besonders ergiebig waren die Kohlevorkommen im Städtedreieck Großräschen, Senftenberg und Hoyerswerda. Daher wurden hier so viele Tagebaugruben »aufgeschlossen« (wie das in der Bergbausprache heißt), dass an vielen Stellen zwischen den einzelnen Gruben nur noch schmale Landstreifen übrig blieben. Einige der Gruben waren schon zu DDR-Zeiten »ausgekohlt«, alle anderen in diesem Revier wurden nach der Wiedervereinigung 1990 geschlossen. Sie werden saniert, rekultiviert und geflutet. Alleine im Städtedreieck entstehen durch die Flutung zehn Seen oder sind bereits entstanden – den Senftenberger See gibt es bereits seit den 1970er Jahren.

--

INITIAL SITUATION

Mining has shaped the Lusatian landscape for about 150 years. In the nineteen-fifties, the GDR decided on a self-sufficient energy policy to prevent dependence on coal and gas imports. The only way to achieve this was to systematically exploit lignite resources – the republic's only significant energy source. Over 100 small towns, villages and housing developments were sacrificed to mining. As many as thirty open-cast trenches were being worked simultaneously, turning a centuries-old cultural landscape into a moonscape. Unlike hard coal, lignite generally lies just forty to sixty metres below the surface, making it relatively easy to mine it using the open-cast method.

The triangle of land containing Grossräschen, Senftenberg, and Hoyerswerda was particularly rich in lignite; so many open-cast mines were opened up here and in many places only a thin strip of land separated the individual trenches. Some of the trenches were exhausted before the reunification in 1990, and all the mines in the region were shut down subsequent to it. They were cleaned up, recultivated, and flooded. Ten lakes are presently either flooding or already full in the »triangle« alone, while the Lake Senftenberg has existed since the nineteen-seventies.

PROJEKTVERLAUF

Neben dem Senftenberger See entstehen zwischen Großräschen, Senftenberg und Hoyerswerda derzeit neun weitere Seen, darunter der Ilse-See, der Sedlitzer See und der Geierswalder See. Diese zehn Seen liegen so nahe beieinander, dass sie als das Kerngebiet des Lausitzer Seenlandes ein besonderes Potenzial für die touristische Entwicklung haben. Hier werden die schmalen Landstreifen, die zwischen den alten Gruben verblieben sind, »durchstochen«, um Kanäle zwischen den neuen Seen zu schaffen. Kanu- oder Segelsportlern erschließt sich so in wenigen Jahren eine 7000 Hektar große Wasserfläche vom Senftenberger See im Westen bis zum Spreetaler See im Osten und dem Sedlitzer See im Zentrum. Außerhalb des schiffbaren Seenverbunds liegen rund ein Dutzend weiterer Seen, wie der Bärwalder See bei Boxberg oder der Bergheider See beim Besucherbergwerk F60. Insgesamt wird das Lausitzer Seenland nach beendeter Flutung eine Wasserfläche von ca. 14.000 Hektar haben.

--

THE PROJECT'S PROGRESS

Not counting the Lake Senftenberg, nine further lakes are presently being created in the Grossräschen-Senftenberg-Hoyerswerda region – including the Lake Ilse, the Lake Sedlitz, and the Lake Geierswalde. Because these ten lakes are so close together, they present a special opportunity for tourism – they are the heart of the Lusatian Lake Land. The narrow strips of land left between the old trenches have been »perforated« to create canals between the new lakes. In a few years, canoeists and sailors will have at their disposal an expanse of water 7,000 hectares wide, stretching from the Lake Senftenberg in the west to the Lake Spreetal in the east with the Lake Sedlitz in the middle. To this navigable lake network will be added around a dozen more lakes, from the Lake Bärwald at Boxberg to the Lake Bergheide near the F60 Visitors' Mine. Once the flooding has been completed, the Lusatian Lake Land will cover around 14,000 hectares.

So entsteht hier nicht nur die größte künstliche Seenlandschaft Europas, sondern eines der größten deutschen Seengebiete überhaupt, größer als die Müritz ist es allemal. Dennoch soll das Lausitzer Seenland nicht zu einer »zweitbesten« Mecklenburgischen Seenplatte werden. Die Seen sind von Menschenhand geschaffen, und das soll man ihnen auch ansehen – so jedenfalls die Vision der IBA. Was das Lausitzer Seenland und überhaupt die Region ausmacht, sind die Bruchstellen zwischen Industrie und Natur. Trotz 150 Jahren Bergbau, trotz massiver Industrialisierung, trotz Ansiedlung zehntausender Arbeiter ist die Region immer auch ein Stück weit ländlich geblieben. Hier trifft die historische Kulturlandschaft des Spreewalds auf monotone Kieferschonungen, alte Kulturlandschaften mit Streuobstwiesen auf die ausgedehnten Sandwüsten des Braunkohlebergbaus. Und wie zufällig in der weiten Landschaft stehen einzelne Kraftwerke und Fabriken als Industriemonumente.

--

It will be not only the biggest artificial lake district in Europe but the biggest lake district, artificial or otherwise, in Germany – and it is already bigger than the Müritz Lake District. But the Lusatian Lake Land will be more than a »second-rate Mecklenburg Lake District.« These lakes were created by human hand, and the IBA has no wish to pretend otherwise. What sets the Lusatian Lake Land – and the region as a whole – apart, is the tension between industrial and natural influences. Despite 150 years of mining, sweeping industrialisation and an influx of ten thousand workers, the region has always retained a certain rural identity. Here, the historic Spreewald cultural landscape collides with uniform conifer plantations, and old cultural landscapes combine with meadows and fruit trees on the sandy deserts left by lignite mining. Isolated power plants and factories – monuments to industry – are dotted, seemingly randomly, around the landscape.

Diesen spannungsvollen Widerspruch von Natur und Industrie sieht man auch dem Lausitzer Seenland an. Die IBA will diese Spannung nicht nivellieren, sondern inszenieren. Dazu suchte sie ein greifbares Symbol und schrieb deshalb 2005 mit der Stadt Senftenberg einen internationalen Architekturwettbewerb für eine »Landmarke Lausitzer Seenland« aus. Im Zentrum der Seenlandschaft, am Sornoer Kanal, zwischen dem Sedlitzer und dem Geierswalder See, zwischen Brandenburg und Sachsen, sollte ein Aussichtsturm entstehen, der auch eine Skulptur, ein Symbol für den Landschaftswandel darstellt. Als Sieger aus 145 Entwürfen ging die Bürogemeinschaft Stefan Giers aus München und Landschaftsarchitekturbüro Giers aus Wettenberg hervor. 2008 konnten die LMBV als Projektträger, die Stadt als Bauherr und die IBA als Initiator gemeinsam die Eröffnung feiern – passend zum Themenjahr »Seensucht Lausitz« der IBA. Bewusst erinnert die aus rostfarbenem Cortenstahl erbaute Landmarke an die industrielle (Entstehungs-)Geschichte des Seengebietes und an stählerne Bergbaugeräte – und gleichzeitig ist der skulpturale Treppenaufgang ein Zeichen für menschliches Schaffen, für die Zukunft. Aus 30 Metern Höhe sieht der Besucher nun drei Seen gleichzeitig und am Horizont die Kraftwerke Schwarze Pumpe, Boxberg und Jänschwalde.

Seit Eröffnung hat die Landmarke in der Fachwelt, in der Bevölkerung und bei Besuchern gleichermaßen viel Aufmerksamkeit erfahren: Architekturpreise und positive Berichte in Fachzeitschriften sind genauso eine Auszeichnung für das Projekt wie das hohe Besucheraufkommen. Die Landmarke wird als Ausflugsziel oder Zwischenstopp für Radfahrer und Inlineskater gerne angenommen. Umgangssprachlich hat sich bereits ein Spitzname eingebürgert: »Rostiger Nagel«. Dies griffen zwei Lausitzer Gastronomen auf und nannten ihren neuen Kiosk »Rostlaube«. Auch dieser wurde von den Architekten der Landmarke entworfen und steht seit 2009 direkt neben der Landmarke.

--

And this stark contrast between nature and industry is reflected in the Lusatian Lake Land. Rather than smoothing out this tension, the IBA wanted to highlight it. Needing a tangible symbol, they finally joined forces with the city of Senftenberg in 2005 to hold an architecture competition to design a »Lusatian Lake Land Landmark«: a viewing tower on the Sorno canal between the Lake Sedlitz and the Lake Geierswalde (and between Brandenburg and Saxony) in the heart of the Lake Land, which would also be a sculpture and a symbol for the transformation of the landscape. Out of 145 entries, the partnership Stefan Giers from Munich and the landscape architecture firm Giers from Wettenberg won. In 2008, the LMBV (the sponsor of the project), the city (contractor for the project), and the IBA (project initiator), celebrated its opening together – appropriately enough, in a year with the IBA theme »Seensucht Lausitz« (a play on »See« = »lake« and »Sehnsucht« = »longing«). Made from rust-coloured Corten steel, the Landmark is intentionally reminiscent of the industrial origins and history of the Lake Land and of steel mining machinery – while the sculptural staircase is a symbol of human achievement and of the future. From a height of thirty metres, its users can see three lakes and the Schwarze Pumpe, Boxberg and Jänschwalde power plants on the horizon.

Since its opening, the Landmark has received widespread attention in specialist circles, among the general population, and from visitors. The project has received architecture prizes and positive reviews in specialist magazines, as well as high visitor numbers. The Landmark has also become a popular destination or stopping-off point for cyclists and roller-skaters, and has been nicknamed the »Rostiger Nagel» or »rusty nail.«

Erweiterung Ausflugsgastronomie Landmarke.
Entwurf: Stefan Giers, München

AUSBLICK

Der Sornoer Kanal wird schiffbar, sobald der Sedlitzer See 2015 seinen vorgesehenen Wasserstand erreicht hat. Dann erfüllt der Kanal seinen Zweck, und Wasserwanderer und Fahrgastschiffe werden an dieser Stelle vom einen See in den anderen wechseln. Für Boote soll es deshalb an der Landmarke Anleger geben. Dann treffen hier Wassersportler, Radfahrer und Inlineskater aufeinander. Auch Parkplätze für Autos sollen entstehen, die im Lausitzer Seenland nur an wenigen Stellen wie hier ans Wasser kommen – denn ansonsten gehören die Uferwege Sportlern und Spaziergängern. Zudem ist ein schwimmender Steg für Fußgänger und Radfahrer von Sedlitz zur Landmarke geplant. Entsprechend erwartetem größerem Besucheraufkommen ist am Standort eine Erweiterung der Gastronomie geplant.

--

Two of Lusatia's restaurateurs picked up on this by naming their kiosk the »Rostlaube« or »Rust Heap.« This kiosk was designed by the same architects who built the Landmark, and has been standing next to the Landmark since 2009.

FUTURE PROSPECTS

The Sorno canal will be navigable as soon as the Lake Sedlitz has reached its planned water level, in 2015. Then the canal will be able to fulfil its purpose, allowing water traffic and passenger boats to pass from one lake to the other. For this reason, there is a plan to provide mooring for boats at the Landmark. Water sports enthusiasts, cyclists, and roller-skaters will come together here. There will also be a car park – there are few places in the Lusatian Lake Land where it is possible to drive right up to the water, and generally the bank side paths are left to sportspeople and walkers. A floating walkway for cyclists and pedestrians from Sedlitz to the Landmark is also planned. There are plans to increase restaurant facilities in the area, to cope with a greater influx of visitors.

Internet
www.lausitzerseenland.de

Adresse -- Address
Landmarke Lausitzer Seenland
Dorfstraße (am Sornoer Kanal)
01968 Senftenberg (Kleinkoschen)

Architektur & Planung -- Architecture & Planning
Landmarke Lausitzer Seenland: Stefan Giers Architektur & Landschaft, München
Umfeld: Landschaftsarchitekturbüro Giers, Wettenberg

Projektpartner -- Project partners
Stadt Senftenberg
Lausitzer und Mitteldeutsche Bergbau-Verwaltungsgesellschaft mbH (LMBV)
Zweckverband Lausitzer Seenland Brandenburg

9

SCHWIMMENDE HÄUSER GEIERSWALDER SEE

Im Lausitzer Seenland wird ein Traum wahr: wohnen auf dem Wasser. Auf dem Geierswalder See entsteht eine Marina für schwimmende Häuser und macht damit nicht nur innovatives Wohnen am und auf dem Wasser möglich, sondern stellt ein neues Markenzeichen für das Lausitzer Seenland dar.

--

FLOATING HOMES AT LAKE GEIERSWALDE

In the Lusatian Lake Land, the dream of living on water has become a reality thanks to the construction of a marina for floating houses on the Lake Geierswalde. As well as enabling an innovative form of living near and on the water, this also provides a distinctive feature for the Lusatian Lake Land.

Entwurf: eckedesign, Berlin

Entwurf: WilDesign/steeltec37

AUSGANGSSITUATION

Wo heute der Geierswalder See entsteht, wurde von 1955 bis 1972 im Tagebau Koschen Braunkohle gefördert. Der kleine Ort Geierswalde hatte Glück, er lag bei Beendigung des Tagebaubetriebs direkt am Rand der Grube, die Bagger hatten rechtzeitig gestoppt und zogen weiter. Der Nachbarort Skado mit über 200 Einwohnern hingegen war umgesiedelt und abgebaggert worden. Wegen des großen Sanierungsstaus der Gruben in der DDR blieb das »Restloch« lange liegen und lief allmählich durch ansteigendes Grundwasser voll, das zuvor, während des Bergbaus, künstlich abgesenkt worden war. Erst in den 1990er Jahren konnte der bundeseigene Bergbausanierer LMBV hier mit der Sanierung und 2004 mit der künstlichen Flutung beginnen. Der entstehende See bekam den Namen der Anrainergemeinde Geierswalde.

--

INITIAL SITUATION

Where the Lake Geierswalde is being created today, lignite was mined in the Koschen open-cast from 1955 to 1972. The little community of Geierswalde was lucky – when mining ended, it was right on the edge of the trench, and the diggers stopped just in time. The neighbouring community of Skado, with just 200 inhabitants, had been evacuated and bulldozered. Due to the backlog of mines needing to be restored in the GDR, the »residual cavity« was left to itself for a long time, gradually filling up with groundwater (which had been artificially kept to a low level while the site was being mined). The federally-owned mine restoration company LMBV finally began restoration here in the nineteen-nineties, commencing artificial flooding in 2004. The future lake has been christened the Anrainergemeinde Geierswalde (Geierswalde residents' community).

Lausitzer Seenland

PROJEKTVERLAUF

Zwar wird der Geierswalder See seine endgültige Größe von 620 Hektar erst 2012 erreichen, aber er wurde schon vorher zur Nutzung freigegeben. Besonders bei Surfern und Kitesurfern ist der See sehr beliebt, weil hier an einigen Stellen regelmäßig ein sehr böiger Wind vorherrscht.

Die IBA hatte einen windgeschützten Standort nahe des Ortes Geierswalde für ein anderes Vorhaben im Blick: schwimmende Häuser. Seit die IBA 2000 ihre Arbeit am Landschafts- und Strukturwandel der Lausitz begonnen hatte, warb sie für ihre Vision von schwimmenden Häusern auf den künstlichen Seen. 2003 konnten erste konkrete Entwürfe und Konzepte präsentiert werden: Für den Standort am Geierswalder See stellte die IBA einen designorientierten Haustyp in Metallbauweise nach einem Entwurf von eckedesign (Berlin) öffentlich vor und zur Diskussion. Schon ein Jahr später stellte eine regionale Metallbaufirma einen Prototyp des Hauses an Land vor.

In der Folgezeit gab es zwar Designpreise für den Entwurf und reges Interesse an einem Musterhaus auch auf dem Wasser – aber der Baustart musste immer wieder verschoben werden, da das Vorhaben, ein schwimmendes Haus auf einem Bergbaufolgesee zu bauen, die beteiligten Behörden, Investoren, Baufirmen und die IBA vor neuartige Herausforderungen stellte, für die es keine bekannten und bewährten Lösungen gab. Eine tragfähige Lösung fand sich schließlich in der Region: Ein weiterer Metallbauunternehmer baute sich zunächst ebenfalls zwei Prototypen an Land, vermietete diese an Urlauber und beschloss, nun auch selbst in das Projekt »Schwimmende Häuser« auf dem Geierswalder See zu investieren.

--

THE PROJECT'S PROGRESS

Although the Lake Geierswalde will not reach its planned size of 620 hectares until 2012, it is already in use. This lake is especially popular among surfers and kite surfers due to the frequent gusts of wind at certain places on its surface.

The IBA has chosen a site near the town of Geierswalde (and out of the wind) for a very different purpose: floating houses. The IBA has been advocating for its own style of floating houses on the artificial lakes since 2000, and the first concrete designs and concepts were presented in 2003, when the IBA publicly presented for discussion a design-oriented type of house with a metal construction for the Lake Geierswalde site based on a plan by eckedesign (Berlin). A year later, a regional metal construction firm created a prototype house locally.

The plan won prizes for design, and there was considerable interest in a model house actually built on the water – but construction was repeatedly delayed because the authorities, investors, building firms and the IBA itself had no tried and tested solutions to the challenges of planning floating houses for a post-mining lake. A viable solution was finally found within the region: another metal construction firm built two prototypes on land, rented them to holidaymakers and finally decided to become a new investor in the Lake Geierswalde floating house project.

Nachdem bereits 2006 die ersten schwimmenden Häuser auf dem Gräbendorfer und dem Partwitzer See eingeweiht und Erfahrungen für den Planungs- und Genehmigungsprozess genutzt werden konnten, gelang schließlich auch auf dem Geierswalder See der Durchbruch. 2009 wurde unter dem Namen »ar-che« eine Neuinterpretation des ursprünglichen Entwurfs eröffnet: Die »ar-che« ist ein Referenzhaus für den bis 2011 geplanten »Wohnhafen Scado« mit insgesamt 20 Häusern auf dem Wasser und neun Häusern an Land. Auch die von WilDesign aus Finsterwalde entworfene »ar-che« wurde mit dem brandenburgischen Designpreis ausgezeichnet.

AUSBLICK

Der geplante »Wohnhafen Scado« im Südwesten des Ortes Geierswalde, wird mit einem bestehenden Freizeithafen für den Vereinssport und Wassertourismus verknüpft. Bis 2015 wird der Geierswalder See über schiffbare Kanäle direkt mit dem Senftenberger, dem Sedlitzer und dem Partwitzer See verbunden sein. Als erster nutzbarer unter den neuen Seen erhält der Geierswalder See eine sportlich-aktive Orientierung. Deshalb soll neben dem Surfen und Segeln auch die Benutzung von Motorbooten erlaubt sein. Der See teilt sich in eine ruhige und eine aktive Hälfte. Aktivangebote werden auf einen großen Entwicklungsbereich um den Ort Geierswalde konzentriert. Im Nordosten des Ortes entsteht ein Erlebnisbereich am Strand mit einer Wasserskianlage als Hauptattraktion. Mit weiteren Attraktionen wie einem Kletterturm und schwimmenden Inseln entsteht hier ein Anziehungspunkt insbesondere für die Jugend. Am Ort selbst soll eine schwimmende Seebrücke den geplanten Bootsanleger mit einem schwimmenden Restaurant verknüpfen.

--

After the first floating houses at Gräbendorfer and Lake Partwitz were opened in 2006, and the partnership had more experience of the planning and authorisation process, the breakthrough came for the Lake Geierswalde. In 2009, a reinterpretation of the original design entitled »ar-che« was presented as the show home for the »Wohnhafen Scado,« a group of twenty houses on the water and nine houses on land planned to open in 2011. The »ar-che« designed by WilDesign from Finsterwalde was also awarded Brandenburg's prize for design.

FUTURE PROSPECTS

»Wohnhafen Scado« will be in the southwest of the community of Geierswalde, and the plan is to connect it to an existing pleasure harbour used by sports associations and water-based tourism. By 2015, navigable canals will connect the Lake Geierswalde with the lakes at Senftenberg, Sedlitz and Partwitz. The Lake Geierswalde – the first of the new lakes to become useable – has been given an active, sports-friendly character, with surfing, sailing and motorboats permitted. The lake is divided into a peaceful half and an active half. Active sports are concentrated in a large development area around the village of Geierswalde. The northeast of the area will be given a beach amusement park – with a waterskiing centre as the main attraction. Other attractions like a climbing tower and floating islands should make the park particularly attractive to young people. A floating lake bridge is planned within the village itself to connect the planned dock for boats with the floating restaurant.

Der geplante Wohnhafen Scado:
WilDesign/steeltec37

Internet
www.lausitzerseenland.de
www.steeltec37.com

Adresse -- Address
Wohnhafen Scado Nr. 11
02979 Geierswalde

Architektur & Planung -- Architecture & Planning
«ar-che«: WilDesign/steeltec37

Projektpartner -- Project partners
Landkreis Bautzen
Gemeinde Elsterheide
Wilde Metallbau GmbH, Massen bei Finsterwalde
steeltec37, Berlin

10

LAGUNENDORF
SEDLITZER SEE

Wegen seiner Größe und den vielen Buchten, seiner zentralen Lage und seiner guten Verkehrsanbindung ist der Sedlitzer See für eine besonders vielfältige Nutzung geeignet. Neben einer touristischen Entwicklung des entstehenden Sees sind Teilbereiche auch für Wohnzwecke prädestiniert. Mit dem Lagunendorf ist deshalb ein ebenso innovatives wie attraktives Wohnquartier direkt am Wasser geplant.

--

SEDLITZ LAGOON VILLAGE

Due to its size, multiple bays, central position, and good accessibility, the Lake Sedlitz is suitable for a wide variety of uses. As well as developing a tourist industry for the lake, parts of it are to be used for residential purposes. The planned Lagoon Village will be an innovative and attractive waterside neighbourhood.

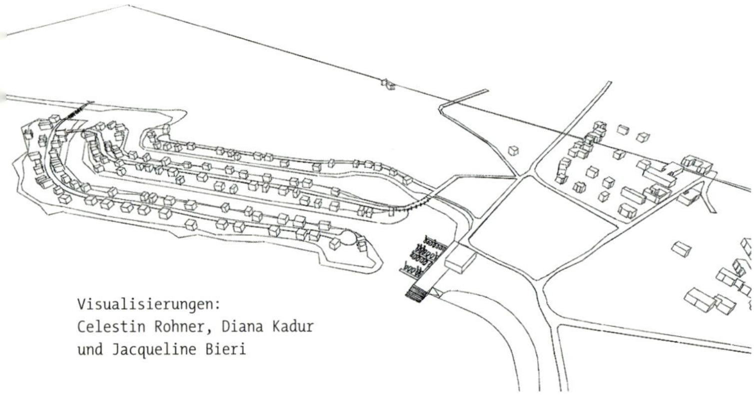

Visualisierungen:
Celestin Rohner, Diana Kadur
und Jacqueline Bieri

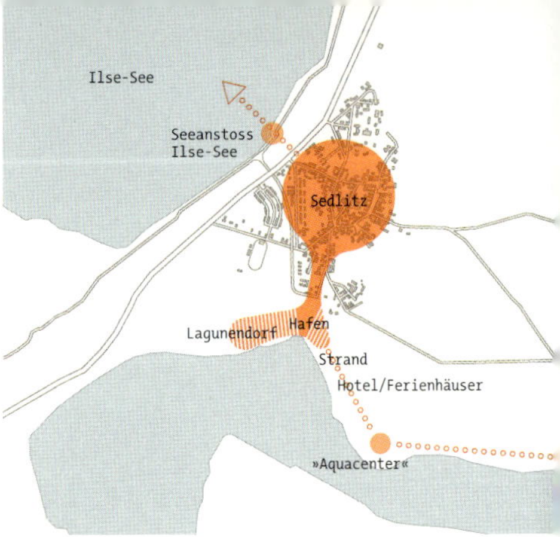

AUSGANGSSITUATION

Das heute als Ortsteil zu Senftenberg gehörende Sedlitz wurde im 20. Jahrhundert vom Tagebau nahezu eingekreist. Von Norden näherte sich der Tagebau »Meuro«, von Süden her rückten zunächst der Tagebau »Ilse-Ost«, dann »Tatkraft« und schließlich »Sedlitz« immer näher. Mehrere Ortsteile von Sedlitz wurden abgebaggert. An deren Stelle entstehen heute der Ilse-See und der Sedlitzer See. Letzterer erstreckt sich auf dem Gebiet der drei früheren Tagebaugruben mit ihren verschiedenen Teilfeldern und ist deshalb selbst für die Verhältnisse des Lausitzer Seenlandes besonders groß und erhält eine reizvolle Form mit zahlreichen Buchten und Halbinseln.

--

INITIAL SITUATION

In the twentieth century, Sedlitz (now a part of Senftenberg) was virtually surrounded by open-cast mines. To the north, it was encroached on by the »Meuro« open-cast, with »Ilse-Ost« and »Tatkraft« growing ever closer from the south. Several Sedlitz neighbourhoods were bulldozered. Where they once stood, the Lake Ilse and the Lake Sedlitz are presently being flooded. The Lake Sedlitz extends across three former open-cast mines, making it large even by Lusatian Lake Land standards. It has numerous bays and peninsulas that give it a fascinating shape.

PROJEKTVERLAUF

Direkt am Ortsrand von Sedlitz ist in einer geschützten Bucht des entstehenden Sees das Lagunendorf geplant – eine Wohnsiedlung mit einmaliger Architektur und neuester Technik für eine umweltschonende Energieversorgung. Erste Ideen entstanden bereits 2000 in Gesprächen zwischen Vertretern der Stadt Senftenberg, des Stadtteils Sedlitz und der IBA. Eine erste Machbarkeitsstudie im Auftrag der Stadt Senftenberg ergab 2005 eine mögliche Struktur und Lage des Lagunendorfes, als einen der wenigen Standorte im Lausitzer Seenland, an dem das Wohnen direkt am Wasser möglich sein wird. In den folgenden Jahren wurden die Planungen für das Lagunendorf konkretisiert bis das Lagunendorf 2007 im Dorfentwicklungskonzept für Sedlitz und im Flächennutzungsplan der Stadt Senftenberg verankert wurde.

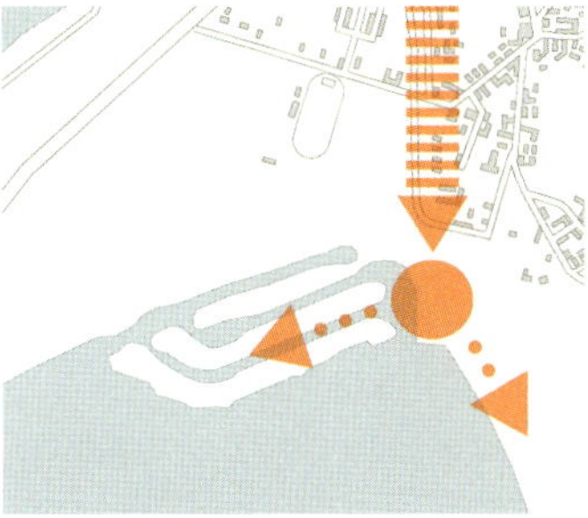

Die Planungen greifen zurück auf die Ergebnisse der Machbarkeitsstudie, wonach im Zuge der Sanierungsarbeiten und der Flutung durch die LMBV südlich von Sedlitz ein lagunenartiger Flachwasserbereich entwickelt werden kann. Auf gewachsenem Boden – also nicht durch Schüttungen – werden in der Lagune drei über 500 Meter lange und 50 Meter breite Landfinger stehen bleiben. Auf diesen Landfingern und dem angrenzenden Uferbereich stehen rund neun Hektar Baugrund für das Lagunendorf zur Verfügung. 2009 hat eine Arbeitsgruppe aus IBA, Stadt Senftenberg, Ort Sedlitz und Zweckverband Lausitzer Seenland Brandenburg mehrere Planungsvarianten diskutiert und das gemeinsame weitere Vorgehen abgestimmt. Anschauliche Visualisierungen wurden erstellt, um die Investorensuche zu unterstützen. Im gleichen Gremium wurde abschließend ein Entwicklungskonzept zum Städtebau und zur ökologisch sauberen Ver- und Entsorgung auf den Weg gebracht – die Grundlage für den benötigten Bebauungsplan.

--

THE PROJECT'S PROGRESS

The Lagoon Village – a residential development with unique architecture and the latest environmentally friendly energy production – is planned right on the edge of Sedlitz, in a protected bay of the nascent lake. The idea originated in discussions in 2000 between representatives of the town of Senftenberg, the district of Sedlitz, and the IBA. An early feasibility study commissioned by the city of Sedlitz in 2005 suggested a possible structure and site for the Lagoon Village – one of the few places in the Lusatian Lake Land where living directly next to the water will be possible. The plans for the Lagoon Village were refined over the next few years, until in 2007 it was finally included in the Sedlitz village development project and the city of Senftenberg's land use plan.

Based on a feasibility study, the plan involved developing a lagoon-like area of flat water south of Sedlitz in tandem with the LMBV's restoration work and flooding. Three fingers of natural land (not embankments) over 500 metres long and 500 metres wide will remain standing in the lagoon. Together with the connected part of the bank, these fingers will provide about nine hectares of building ground for the Lagoon Village. In 2009, a working group made up of the IBA, the city of Senftenberg, the community of Sedlitz, and the Zweckverband Lausitzer Seenland Brandenburg discussed several possible plans and how all those involved were to proceed. Visualisations were created to help find an investment. The same committee started work on a development concept for the urban plan and for ecological supply and waste disposal – the basis for the development plan the Lagoon Village would need.

Lausitzer Seenland

AUSBLICK

Neues Wohnen an den neuen Seen – mit hoher architektonischer Qualität und modernster Umwelttechnik: Das Lagunendorf verspricht, in wenigen Jahren das Lausitzer Seenland und die ganze Region um eine einzigartige Wohnform zu bereichern. Spätestens wenn 2015 der Endwasserstand im Sedlitzer See erreicht ist, könnte es soweit sein. Mit dem Lagunendorf könnte bewiesen werden, dass das entstehende Lausitzer Seenland nicht nur eine touristische Attraktion darstellt, sondern auch Chancen für neuartiges, attraktives Wohnen bietet. Für Sedlitz würde das Lagunendorf einen ganz wesentlichen Beitrag zur Konsolidierung des Dorfes bedeuten, da es neue Bewohner anziehen würde und gemeinsam mit den touristischen Nutzungen neue Perspektiven auch für die ansässige Bevölkerung bieten kann. Die Projektkoordination liegt zukünftig beim Zweckverband Lausitzer Seenland Brandenburg.

--

FUTURE PROSPECTS

With its new way of living on the new lakes – plus architecture of the highest quality and modern environmental technology – the Lagoon Village will be enriching the Lusatian Lake Land and the whole region. It should be ready by 2015 at the latest, when the Lake Sedlitz will reach its final level. The Lagoon Village is proof that the future Lusatian Lake Land offers opportunities for new and attractive kinds of living as well as tourist attractions – and will also help to consolidate the village of Sedlitz, attracting new visitors and offering locals as well as tourists new perspectives. In future, the project will be coordinated by the Zweckverband Lausitzer Seenland Brandenburg.

Internet
www.lausitzerseenland.de

Geplanter Standort -- Planned location
südlich des Sportplatzes an der Weststraße
01968 Senftenberg (Sedlitz)

Architektur & Planung -- Architecture & Planning
Machbarkeitsstudie: mediamare consulting GmbH, Berlin
Städtebaulicher Masterplan in Vorbereitung

Projektpartner -- Project partners
Stadt Senftenberg
Ortsteil Sedlitz
Zweckverband Lausitzer Seenland Brandenburg
Lausitzer und Mitteldeutsche Bergbau-Verwaltungsgesellschaft mbH (LMBV)

Visualisierung: mediamare

11

SCHWIMMENDER STEG SEDLITZER SEE

Die Flutung des Sedlitzer Sees wird nicht vor 2015 abgeschlossen sein und bis dahin wird der Wasserspiegel um nochmals acht Meter ansteigen. Bereits jetzt bietet der See mit seinen dem Untergang geweihten Böschungen, Wäldchen und Kippenrippen, die noch eine Weile als Inseln aus dem Wasser ragen, einen faszinierenden Anblick. Ein schwimmender Steg quer durch den entstehenden See soll es Fußgängern und Radfahrern ermöglichen, dieses vergängliche Stadium zwischen Tagebau und See unmittelbar zu erleben.

--

FLOATING PONTOON ON LAKE SEDLITZ

Flooding of the Lake Sedlitz will not be completed until 2015, by which time the water level will have risen by eight metres. Today, the lake is already a fascinating site thanks to its banks, little forests and «Kippenrippen« or ridges formed by mine dumps – soon to be lost, but rising from the water as islands for a short time yet. A floating walkway across the growing lake will allow pedestrians and cyclists to experience the site's transition from an open-cast mine to a lake.

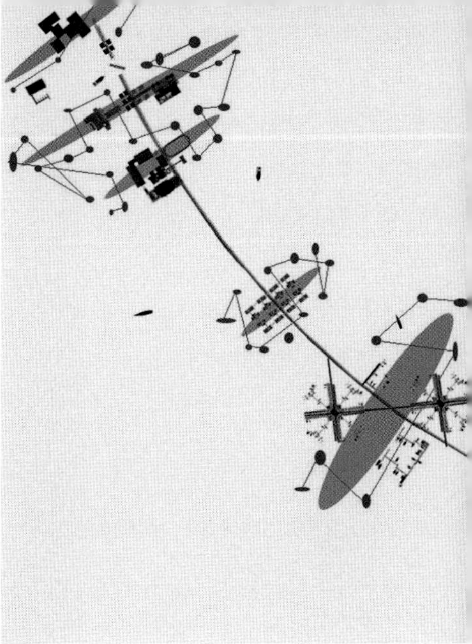

AUSGANGSSITUATION

Obwohl der Braunkohleabbau im Tagebau Sedlitz schon 1980 eingestellt wurde und das aufsteigende Grundwasser schon einen großen See entstehen ließ, begann die zusätzliche Flutung erst 2005. Bis dahin hatte sich am entstehenden Sedlitzer See eine einzigartige »Zwischenlandschaft« entwickelt. Auf den Sandinseln brüten große Möwenkolonien, in den Flachwasserbereichen entstanden ausgedehnte Schilfwiesen, am Ufer wachsen Birken und andere schnell wachsende Bäume. Doch das von Menschen gemachte Naturidyll ist nur eine Momentaufnahme. Jedes Jahr steigt der Wasserpegel – seit Beginn der künstlichen Flutung noch etwas schneller.

--

INITIAL SITUATION

Although lignite mining at Sedlitz ended in 1980 and the rising groundwater had already created a large lake, additional flooding began in 2005. By then, a unique »transitional landscape« had developed in the future Lake Sedlitz area, with large breeding colonies of gulls on the sandy islands, wide reed beds in the shallows and wild-growing birches, and other fast-growing trees on the banks. But this man-made idyll is only a brief moment in time. Every year, the water level rises – and since artificial flooding began, it has been rising faster.

Stegskizze mit schematisch angelagerten Nutzungszonen und Gebäuden, Visualisierung: Francesca Caria

PROJEKTVERLAUF

Um den besonderen Reiz dieser vergänglichen »Zwischenlandschaft« erlebbar zu machen und damit den Blick auf die großen Veränderungen und Zukunftschancen der Lausitz zu lenken, arbeitet die IBA an mehreren temporären und dauerhaften Projekten rund um den Sedlitzer See. Bereits heute ist sein Ost- und Südufer auf einem halben Rundweg für Radfahrer gut zu befahren. Seit Jahren verfolgt die IBA das Ziel, einen schwimmenden Steg zu Wasser zu lassen, der von der Spitze der Sedlitzer Halbinsel aus auf 1000 Metern Länge die kürzeste Distanz zum gegenüberliegenden Ufer überbrücken soll. Damit würde für Radfahrer und Fußgänger eine Lücke im Wegenetz um die Lausitzer Seen geschlossen und ein direkter Zugang von Sedlitz aus zur Landmarke Lausitzer Seenland geschaffen.

Das Wichtigste aber: Der schwimmende Steg wäre eine der größten Attraktionen und Besonderheiten des Lausitzer Seenlandes. Damit würde dessen Charakter als »vom Menschen geschaffen« ebenso unterstrichen, wie der Anspruch, zu einer Urlaubslandschaft mit großer überregionaler Ausstrahlung zu werden.

LMBV und das MIR (Gemeinsame Landesplanung) ließen 2008 eine Machbarkeitsstudie erstellen, die vorschlägt, den Steg aus schwimmenden, vier Meter breiten Betonelementen zu fertigen. Demnach müssen 1070 Meter vom einen zum anderen Ufer überwunden werden. Vorgesehen sind Halteeinrichtungen und Querungsmöglichkeiten für Boote. Auch Leitungen und Anschlussmöglichkeiten für Strom und Wasser sind geplant. So werden Aufenthaltsflächen, andockende schwimmende »Inseln«, Licht- und Soundinstallationen möglich und der Weg über den Steg selbst zu einem Erlebnis. 2009 folgte ein Masterplan für die Sedlitzer Halbinsel, in dem Entwicklungsschwerpunkte festgelegt wurden.

--

THE PROJECT'S PROGRESS

Several temporary and permanent IBA projects in the Lake Sedlitz area allow people to experience the unique charm of this »temporary landscape« – thereby drawing their attention to the huge changes and future potential in Lusatia. A semicircular route ideal for cyclists has already been created along its east and south banks. For years, the IBA has been trying to build a floating pontoon stretching 1,000 metres from the end of the Sedlitz peninsula to the opposite bank to fill a gap in the Lusatian lakes' route network for cyclists and pedestrians and allow direct access to the Lusatian Lake Land landmark from Sedlitz.

More importantly the floating pontoon will be one of the biggest attractions and unique features of the Lusatian Landscape. It will emphasise the »man-made« nature of the lake and make the area a holiday landscape with a reputation outside the region.

In 2008, the LMBV and MIR (Gemeinsame Landesplanung or Joint Regional Planning Department of the Ministry for Infrastructure and Regional Development) commissioned a feasibility study, which recommended making the pontoon from floating concrete elements four meters wide, which would have to cover 1,070 meters from one bank to the other. Facilities for mooring boats and for letting boats pass through the pontoon have been provided for, and lines and points for electricity and water are also planned: this would open the door for recreational spaces on floating »islands« docked onto the pontoon, making traversing the pontoon an experience in itself. In 2009, a master plan highlighting development priorities for the Sedlitz peninsula followed.

AUSBLICK

Von der Planung her ist der Steg so konzipiert, dass er mit dem weiteren Anstieg des Wasserspiegels aufschwimmt. Daher könnte mit dem Bau bereits vor dem geplanten Flutungsende 2015 begonnen werden, sobald letzte geotechnische Fragen geklärt sind. Dies würde auch den besonderen Reiz der Zwischenlandschaften zur Geltung bringen. Der Steg eignet sich als Ausgangspunkt für eine weitere touristische Entwicklung des Standorts. Ein Unternehmen kann den Steg betreiben, Liegeplätze vermieten und Events organisieren. Im Masterplan für die Sedlitzer Halbinsel sind unter anderem eine Wasserskianlage, eine Jugendherberge und ein Rettungs- und Schulungszentrum der Feuerwehr eingetragen.

--

FUTURE PROSPECTS

The pontoon should float and rise with the water level, allowing it to be built before flooding concludes in 2015 – as soon as the last technical issues have been resolved. This time frame will also take advantage of the transitional landscape's special charm. The pontoon is a suitable basis for further tourism development in the area. A business will operate the pontoon, rent out mooring space, and organise events. The master plan for the Sedlitz peninsula includes – among other things – a waterskiing facility, a youth hostel, and a fire service rescue and training centre.

Internet
www.lausitzerseenland.de

Geplanter Standort -- Planned location
am Sornoer Kanal bei der Landmarke
01968 Senftenberg (Kleinkoschen)

Architektur & Planung -- Architecture & Planning
Machbarkeitsstudie: sinai. Faust. Schroll. Schwarz. Freiraumplanung + Projektsteuerung GmbH, Berlin

Projektpartner -- Project partners
Landkreis Oberspreewald-Lausitz
Stadt Senftenberg
Ortsteil Sedlitz
Lausitzer und Mitteldeutsche Bergbau-Verwaltungsgesellschaft mbH (LMBV)
Deutsches Jugendherbergswerk
AquaDomi

HB-W4

12

MARINAPARK SEDLITZER SEE

30 Seen entstehen derzeit im Lausitzer Seenland. Dieses neue Reisegebiet soll ein eigenständiges Profil entwickeln. Am Nordufer des Sedlitzer Sees ist geplant, Wasserfahrzeuge aller Art zu bauen und zu warten, um somit Tourismus und produktives Gewerbe miteinander zu verknüpfen.

--

LAKE SEDLITZ WATER SPORTS CENTRE

Thirty lakes are presently being created in the Lusatian Lake Land – each a new travel destination needing an identity of its own. On the north bank of the Lake Sedlitz, there is a plan to build and maintain water vehicles of all kinds, thereby combining tourism and commercial production.

AUSGANGSSITUATION

Fast 60 Jahre lang wurde ab den 1920er Jahren in der Grube Sedlitz Braunkohle gefördert. Wegen dieses langen Betriebs war es am Ende einer der größten Tagebaue der Region. Die sogenannte »Landinanspruchnahme« betrug über 2600 Hektar. »Ausgekohlte« Teilflächen wurden im laufenden Betrieb durch den Abraum anderer Teilflächen wieder aufgeschüttet und für die Land- und Forstwirtschaft rekultiviert. Doch am Ende blieb ein riesiges »Restloch« von über 1300 Hektar zurück, das derzeit geflutet wird. Bis 2015 entsteht aus dem »Restloch Sedlitz« der Sedlitzer See.

--

INITIAL SITUATION

Lignite has been mined in the Sedlitz trench for almost sixty years, from the nineteen-twenties onwards. Over the long period it was in operation, it ultimately became one of the largest open-cast mines in the region – its land use was more than 2,600 hectares. While the mine was in operation, »worked-out« areas were filled in using spoil from other parts of the mine and recultivated for agricultural and forestry purposes. However, the closure of the mine still left behind a huge »residual hole« over 1,300 hectares wide, which is presently being flooded. By 2015, the Sedlitz residual cavity will have become the Lake Sedlitz.

PROJEKTVERLAUF

Der Sedlitzer See wird nach seiner vollständigen Flutung einer der größten Seen Brandenburgs sein. Er liegt zentral im Lausitzer Seenland und wird in wenigen Jahren über drei schiffbare Kanäle direkt mit dem Ilse-See, dem Geierswalder und dem Partwitzer See verbunden sein. Durch diese Seen existieren Anschlüsse sowohl an den Senftenberger See im Westen als auch an den Blunoer, Neuwieser, Bergener, Sabrodter und schließlich an den Spreetaler See am östlichen Ende des schiffbaren Seenverbunds. Zudem liegt er unmittelbar an drei wichtigen Bundesstraßen sowie den Bahnlinien nach Senftenberg, Cottbus und Berlin und ist somit exzellent angebunden. Es liegt daher nahe, dass er zu einem besonders wichtigen und vielfältigen nutzbaren See des Lausitzer Seenlands wird.

Um die künftigen Nutzungen zu bündeln und die Bedeutung auch baulich zu unterstreichen, hat die IBA für das Sedlitzer Nordufer das Projekt »Marinapark Sedlitzer See« initiiert, das auch dazu beitragen soll, architektonische Qualitätsmaßstäbe für die weitere touristische und infrastrukturelle Entwicklung zu setzen. Es steht daher in einem engen Bezug zu den anderen IBA-Projekten am Sedlitzer See: der 2008 eingeweihten Landmarke Lausitzer Seeland, dem geplanten schwimmenden Steg und dem ebenfalls geplanten Lagunendorf. Dazu hat die IBA zusammen mit dem Zweckverband ein touristisches Nutzungskonzept erstellt und einen Planungsentwurf für den Standort erarbeiten lassen.

Der See ist 2010 erst rund zur Hälfte gefüllt, wird aber schon seit 2004 von zwei Anbietern genutzt: Der Ilse-Seesportverein segelt hier und bietet Touren mit einem Großfloß an. Zum anderen nutzt der Flugplatz Welzow den See als Landeplatz für Wasserflugzeuge. In Deutschland gibt es außer dem Sedlitzer See nur eine Handvoll genehmigter Wasserlandeplätze. Beide Nutzer haben dafür temporäre und provisorische Anlagen und bilden das Initial, auf dem das geplante Wassersportzentrum schrittweise aufbaut.

--

THE PROJECT'S PROGRESS

Once it is fully flooded, the Lake Sedlitz will be one of the biggest lakes in Brandenburg. It is in the heart of the Lusatian Lake Land, and, in a few years, three navigable canals will connect it with the Lake Ilse, the Lake Geierswalde, and the Lake Partwitz – and, via these lakes, with the Lake Senftenberg to the west and with the Lakes Bluno, Neuwiese, Bergen, Sabrod, and, ultimately, the Lake Spreetal in the eastern part of this navigable lake network. It is also close to three important major roads and the railway lines to Senftenberg, Cottbus, and Berlin, making it very well-connected. It should become a particularly important and widely used lake within the Lusatian Lake Land.

To concentrate their future uses, and to emphasise its significance, the IBA has initiated the »Marinapark Sedlitzer See« project for the north bank of the Lake Sedlitz, which will also be a kind of architectonic benchmark for future infrastructure and tourism development. It has close links to other planned IBA Lake Sedlitz projects: 2008's Lusatian Lake Land Landmark, the planned floating pontoon and the Lagoon Village. Working together with the Zweckverband, the IBA has also created a tourism use plan and a planning draft for the location.

The sea will only be half full by 2010, but it has been used by two concerns since 2004: The Ilse-Seesportverein (the Ilse lake sports club) sails here and offers tours on a large raft, and Welzow airport lands floatplanes here, making the lake one of only a handful of authorised water landing sites in Germany. Both use temporary facilities – the rough beginnings, on which the planned water sports centre will be built up step by step.

AUSBLICK

Bis 2015 soll der Standort zu einem Gewerbegebiet mit Hafen werden. Exemplarisch wird hier deutlich, dass die neue Seenlandschaft nicht nur Potenziale für den Tourismus hat, sondern auch andere Branchen anzieht. Baulich sieht der Planungsentwurf, den das Berliner Büro Häfner/Jiménez im Auftrag der IBA angefertigt hat, ein terrassenartiges und multifunktionales Wassersportzentrum vor. Es ist als Marina mit erweitertem Angebot angelegt. Neben einem Anleger für Fahrgastschiffe und Liegeplätzen für Sportboote soll hier unter anderem ein Werftservice angeboten werden. Bootsbauer und anderes bootsnahes Gewerbe werden sich dann im Hinterland ansiedeln. Der angeschlossene Wasserflugplatz erhält eine Flugschule und einen Tower mit Aussichtsterrasse und Kiosk. Vorgesehen sind neben weiteren Wassersportanbietern auch ein Fahrradverleih und ein Veranstaltungsort für sportliche und andere Veranstaltungen.

--

FUTURE PROSPECTS

By 2015, the area will be a commercial district with a harbour – thereby proving that the new lake landscape has potential in areas other than the tourist sector. The planning design commissioned by the IBA from the Berlin firm Häfner/Jiménez involves constructing a terraced, multifunctional water sports centre – a marina with a wide range of services. Apart from being a dock for passenger ships and providing mooring for sports boats, it will offer full dockyard facilities. Boatbuilders and other boat-related businesses will move into its immediate area. The adjacent water aerodrome will open a flying school and a tower with a viewing centre and a kiosk. In addition to their water sports services, there are also plans for a bicycle rental outlet and a venue for sports (and other) events.

Internet
www.lausitzerseenland.de

Geplanter Standort -- Planned location
Zufahrt über B 156 am Abzweig Bahnsdorf

Architektur & Planung -- Architecture & Planning
Entwurf: Häfner/Jiménez Büro für Landschaftsarchitektur, Berlin

Projektpartner -- Project partners
Stadt Senftenberg
Zweckverband Lausitzer Seenland Brandenburg
Lausitzer und Mitteldeutsche Bergbau-Verwaltungsgesellschaft mbH (LMBV)

13

LANDSCHAFTSPROJEKT WELZOW

Zwischen Spremberg und Welzow liegt der Tagebau Welzow-Süd. Riesige Förderbrücken und Bagger durchwühlen die Erde und hinterlassen eine bizarre Mondlandschaft, eine Sandwüste mit gleichförmigen Mustern – den sogenannten Kippenrippen. Zusammen mit dem Bergbauunternehmen sollte durch eine genaue Choreografie der Bagger und Brücken eine nicht nur künstliche, sondern künstlerische Landschaft entstehen, die sich abhebt von der üblichen Bergbaufolgelandschaft. Doch das ehrgeizige Vorhaben ließ sich nicht umsetzen.

--

LANDSCAPE PROJECT WELZOW

The Welzow-Süd open-cast mine lies between Spremberg and Welzow, where huge conveyor bridges and bulldozers raked up the soil and left behind a bizarre moonscape, a monotonous sandy desert with the same recurring patterns – the so-called »Kippenrippen« (dump ribs). By working together with the mining company and utilising a precise choreography of bulldozers and bridges, the plan was to create a landscape that was not only artificial but artistic as well – one that was quite different from the usual post-mining landscape. This ambitious plan, however, proved impossible to implement.

AUSGANGSSITUATION

1959 begannen die Arbeiten im und am Tagebau Welzow-Süd. Damals existierten noch rund 30 weitere Tagebaue im Lausitzer Revier. Bis auf fünf wurden alle Gruben nach 1990 geschlossen. Welzow-Süd ist einer dieser wenigen heute noch betriebenen Tagebaue. Mindestens bis 2030 wird hier weiter Braunkohle gefördert – eventuell sogar bis 2050. Das Braunkohleflöz ist hier besonders ergiebig, liegt aber 80 bis 100 Meter unter der Erdoberfläche und damit sehr tief. Entsprechend mächtig ist das »Deckgebirge«, wie die Bergleute sagen – das heißt in Welzow-Süd wird in den kommenden Jahren eine besonders große Menge Abraum anfallen. Teil dieses »Deckgebirges« ist einer der wenigen Höhenzüge in der sonst flachen Umgebung, der ebenso abgebaggert wird wie Ortsteile von Welzow sowie forst- und landwirtschaftliche Flächen oder Wasserläufe. Der Tagebau hinterlässt zunächst wüstenartige Sandflächen, die anschließend durch das Bergbauunternehmen nach Vorgaben eines sogenannten »Braunkohleplans« rekultiviert werden müssen.

--

INITIAL SITUATION

Work began in and around the Welzow-Süd open-cast mine in 1959. At the time, there were still about thirty working open-cast mines in the Lusatia area – all but five of which were shut down after 1990. Welzow-Süd is one of the five remaining working open-cast mines, and will continue to produce lignite until at least 2030 – and perhaps until 2050. The lignite seam here is particularly abundant, but is buried very deep – about 80 to 100 metres below the surface. This means that what miners call the »capping mass« is especially great – which in turn means that Welzow-Süd will be seeing a lot of spoil in the coming years. This »capping mass« includes one of the few hill areas in this otherwise flat area – which, like parts of Welzow, plantations, farmlands, and watercourses – is to be dug out. Open-cast mining initially leaves behind sandy, desert areas, which will subsequently have to be recultivated by the mining company according to a so-called »lignite plan.«

PROJEKTVERLAUF

Ziel des IBA-Projekts war es, mithilfe des Bergbaus eine einzigartige Landschaft zu schaffen, eine Landschaft mit einmaliger Topografie, mit besonderer Vegetation und außergewöhnlicher Nutzung. Es sollte eine neuartige Landschaftsästhetik entwickelt werden.

Die Idee eines einmaligen Landschaftsprojekts in der Bergbaufolgelandschaft entstand im Rahmen eines internationalen »Workshops für neue Landschaften« der IBA im Jahr 2001. Die eigentümliche Faszination der heutigen Tagebaulandschaft sollte in eine neue Landschaftsform übersetzt werden. Eine erste Machbarkeitsstudie im Auftrag der IBA entwickelte 2002 den Gedanken einer »Wüste/Oase«: Durch präzise Choreografie der Bergbaugeräte sollte eine rund 700 Hektar große Fläche mit bewegtem Relief mit Hügeln, Kegeln und Ebenen geschüttet werden, die sich langsam von selbst begrünt. In deren Mitte war eine Oase vorgesehen. Die eigentliche »Wüste«, der aktive Tagebau, umwandert diese neue Landschaft, die Schritt für Schritt im Rahmen der bergbaulichen Rekultivierung bis 2030 entstehen sollte. Vorgesehen war, dass sich das Projekt prozesshaft und über Jahrzehnte hinweg mit dem Bergbau entwickelt.

--

THE PROJECT'S PROGRESS

The aim of the IBA's project here was to work hand-in-glove with mining to create a unique landscape, with special vegetation and unusual land uses. It was to be a whole new landscape aesthetic.

The idea of a unique landscaping project in a post-mining landscape began as part of an international »workshop for new landscapes« held by the IBA in 2001. Today's strangely fascinating open-cast landscape was to be transformed into something new. An initial feasibility study commissioned by the IBA in 2002 first proposed a »desert/oasis«: by carefully choreographing the mining machinery, an area of about 700 hectares was to be filled to create a varied relief sculpture with hills, cones, and plains that would gradually become vegetated over time. In its centre, there would be an oasis. Step by step, this new landscape, which was to be created gradually as part of the 2030 mine recultivation targets, would supplant the real »desert« – the active open-cast mine. The plan was for this project to be created gradually over several decades, side by side with the mining.

In der Diskussion um dieses Konzept wurde schnell deutlich, dass es viele offene Fragen gibt: Welche Staubbelastungen gehen von einer solchen Landschaft aus? Welche touristischen Effekte sind zu erwarten? Ist die Neugestaltung mit dem rechtlich verbindlichen Braunkohleplan vereinbar? Eine rege Debatte begann, kritische Stimmen wurden laut und bald war klar, dass das Projekt in dieser Form nicht umsetzbar ist. Am runden Tisch, dem Arbeitsgremium »IBA-Landschaftsprojekt Welzow-Süd«, diskutierten ab 2005 Vertreter der betroffenen Kommune, des Bergbauunternehmens, der Planungsbehörden, der Land- und Forstwirtschaft gemeinsam mit den Planern und der IBA über mögliche Alternativen. Doch auch der überarbeitete Entwurf erwies sich 2007 als technisch und politisch nicht umsetzbar. Die IBA musste daraufhin die konzeptionelle Arbeit an dem Projekt einstellen.

Ein Teil der ehemaligen Wüstenidee ist hingegen bereits in Welzow-Süd Wirklichkeit geworden: Der Bergbautourismusverein »Stadt Welzow« e.V. bietet unterschiedliche Touren zu den Canyons, Wüsten und Oasen des aktiven Tagebaus an und ermöglicht es den Besuchern, die Landschaft mit neuen Augen zu sehen. Im Rahmen des EU-Projekts »ReSource« werden bis 2010 neue Szenarien für die Entwicklung des Tagebaus diskutiert. Sie sollen Impulse für die Zukunft der Tagebaulandschaft geben – sowohl in der Lausitz als auch international.

--

Through discussion, however, it was realised that many questions remained unanswered. What kind of dust exposure would this kind of landscape create? What would the tourism implications be? Was this redesign compatible with the legally binding »lignite plan«? A fierce debate began, and the project attracted vocal criticism; it soon became clear that it would not be possible to implement it in the planned form. At a post-2005 round table of the working committee IBA-Landschaftsprojekt Welzow-Süd, representatives of local communities, the mining company, the planning authorities, and the agriculture and forestry industries discussed possible alternatives with the planners and with the IBA. But in 2007, the reworked plan also fell through for technical and political reasons. The IBA had to cease planning work on the project.

The now abandoned »desert« was in fact partially realised in Welzow-Süd: The mining tourism association Stadt Welzow e.V. offers a range of tours of the canyons, deserts and oases of the active open-cast mine, allowing visitors to see the landscape with new eyes. Up until 2010, new scenarios for developing open-cast mines were discussed as part of the EU »ReSource« project, which should provide fresh ideas for the future of open-cast mines in Lusatia and internationally.

↑ Nicht realisierte Entwurfsplanung und
↘ Visualisierung Oase Welzow archiscape/bgmr Landschafts-architekten

Internet
www.bergbautourismus.de

Standort -- Location
über Bergbautourismusverein »Stadt Welzow« e.V.
Postraße 8
03119 Welzow
Fon (035751) 275050
E-Mail info@bergbautourismus.de

Architektur & Planung -- Architecture & Planning
Entwurf: archiscape/bgmr - Becker Giseke Mohren Richard Landschaftsarchitekten, Berlin

Projektpartner -- Project partners
Stadt Welzow
Stadt Drebkau
Stadt Spremberg
Amt Altdöbern
Gemeinde Neupetershain
Vattenfall Europe Mining AG
Bergbautourismusverein »Stadt Welzow« e.V.

14

ENERGIELANDSCHAFT WELZOW

Die Energieregion Lausitz mit ihrer langen Braunkohletradition hat gute Chancen, auch in Zukunft ein wichtiger und innovativer Standort der Energiewirtschaft zu bleiben. Dazu muss an die Stelle des vorherrschenden Energieträgers Braunkohle schrittweise ein breiterer Mix von Energieträgern und Formen der Energieerzeugung treten. Symbolträchtig wird daher im Rahmen des IBA-Projekts auf der rekultivierten Teilfläche eines früheren Tagebaus bei Welzow eine neuartige Energielandschaft gestaltet, in der Biomasse in verschiedenen Anbausystemen produziert wird

--

WELZOW ENERGY LANDSCAPE

Lusatia, an »energy region« with a long tradition of lignite mining, looks set to be a vital and innovative location for the energy economy in the future too – but a more varied mix of energy sources and forms of energy generation will have to replace lignite, the previous main energy source. As part of this IBA project, a new and highly symbolic energy landscape is being created on a recultivated former open-cast mine site near Welzow – where biomass is produced using various methods.

AUSGANGSSITUATION

Bereits seit 50 Jahren wird im Tagebau Welzow-Süd Braunkohle gefördert. Dabei waren die Förderbücken und Bagger stets von Teilfeld zu Teilfeld weiter gewandert. Die ersten Abschnitte sind mittlerweile seit vielen Jahren ausgekohlt, stillgelegt und zum Teil schon rekultiviert, wobei die sandigen Böden der Lausitz nicht für alle land- und forstwirtschaftlichen Nutzungen gleichermaßen gut geeignet sind. Jedoch stellen die Bergbaufolgelandschaften ein großes Experimentierfeld für die unterschiedlichsten Akteure dar: Landwirte, Forstwirte, Wissenschaftler, Ingenieure und Landschaftsarchitekten entdecken in der scheinbaren Mondlandschaft die Möglichkeit, Neues auszuprobieren.

PROJEKTVERLAUF

Als Werkstatt für neue Landschaften ging es der IBA insbesondere um die Potenziale und Ressourcen der Landschaft nach dem Bergbau. Wo viel Fläche neu oder wieder entsteht, sollten auch innovative und zukunftsorientierte Landnutzungskonzepte ihre Anwendung finden. Brennend aktuell ist die Frage, welchen Beitrag die Bergbaufolgelandschaften zur Produktion erneuerbarer Energien liefern können, der Energie des 21. Jahrhunderts. Jahrzehntelang einer land- und forstwirtschaftlichen Nutzung entzogen, eröffnen die neuen Flächen die Chance, Modellprojekte zu erproben. Ein Modellgedanke ist der Energiegarten®: Als ganzheitlicher Ansatz will er verschiedene regenerative Energieerzeugungsarten auf einer Fläche miteinander kombiniert anbauen und ernten, in sinnvoller räumlicher Anordnung mit bewusster Gestaltung. Gemeinsam mit dem Verein Energiegarten e.V. sollte in der Lausitzer Bergbaufolgelandschaft ein Energiegarten® realisiert werden. Dazu fand 2001 in einer ersten Analyse die Suche nach geeigneten rekultivierten Standorten statt.

--

INITIAL SITUATION

The Welzow-Süd open cast mine has been producing lignite since the nineteen-fifties – although the diggers and conveyor bridges were continuously moved from sector to sector. The first sections to be mined have been worked out for years: they have already been discontinued as mine trenches and partially recultivated, although Lusatia's sandy soil is not suitable for all agricultural and forestry purposes. However, the post-mining landscape is a major field of experimentation for various parties: for agriculture, forestry, science, engineering, and landscape architecture, this apparant moonscape represents an opportunity to try out new methods.

THE PROJECT'S PROGRESS

The IBA was particularly interested in the potentials and resources of the post-mining landscape as a »workshop for new landscapes« – applying innovative land use concepts for the future to wide expanses created by (or re-emerging from) local landscapes. The role of post-mining landscapes in producing renewable energy – twenty-first-century energy – is highly topical. Shut off from agricultural and forestry use for decades, these new areas of land are potential test project sites. One such experimental concept is the Energiegarten®: a holistic approach that combines – and harvests – several regenerative energy products in one place, making use of an intelligent, carefully designed layout. The plan was to create such an »energy garden« in the Lusatian post-mining landscape in association with the company Verein Energiegarten e.V. The first assessment, in 2001, began the search for a suitable recultivated site.

A closer examination of various sites and discussions with landowners revealed that the »energy garden« concept could not be

Weinanbau auf Versuchsfläche im Tagebau Welzow

Bei näherer Betrachtung der Standorte und der Diskussion mit den Landwirten stellte sich jedoch das Energiegartenkonzept ohne ein entsprechend angepasstes integratives Planwerk, einen Rechtsrahmen und finanzielle Unterstützung für die wirtschaftlich orientierten Unternehmen als nicht umsetzbar heraus. Es zeigte sich aber, dass die Region hervorragende Voraussetzung für den Anbau erneuerbarer Energien bietet – nicht als Energiegarten®, sondern als großflächige Energielandschaften mit Windrädern, nachwachsenden Rohstoffen oder Solarpaneelen.

Ab 2003 bekam das Thema Energielandschaften einen weiteren Schub mit dem »REKULA-Projekt«, einem von der EU geförderten Projekt der IBA zur »Restrukturierung von Kulturlandschaften«. In diesem Prozess wurde 2005 die Energielandschaft Welzow als IBA-Projekt aufgenommen – stellvertretend für viele andere Energielandschaftsansätze in der Region.

In Welzow werden verschiedene Anbausysteme für die Biomasseproduktion praxisnah getestet. Es ist ein Forschungsvorhaben der Brandenburgischen Technischen Universität (BTU) Cottbus, welches im Auftrag von Vattenfall und in Zusammenarbeit mit der LMBV und dem Landwirtschaftsbetrieb aus Terpe-Proschim durchgeführt wird. Dabei werden seit 2005 auf einer Fläche von ca. 170 Hektar sukzessive schnell wachsende »Energiehölzer« (Robinie) in unterschiedlichen Landnutzungsformen wie Energiewälder und Agroforstsysteme angebaut. Diese verschiedenen Anbausysteme werden nun unter praxisnahen Bedingungen auf die vielfältigen technischen, ökonomischen und ökologischen Aspekte untersucht, um im »Reallabor« Ergebnisse für die Übertragbarkeit auf andere Standorte zu erforschen.

--

implemented without a special integrated planning framework, a legal framework, and financial support for the commercial initiative. It also became clear, however, that conditions in the region were perfect for cultivating renewable energy – not in an Ener-giegarten,® but in large-scale energy landscapes with wind turbines, renewable raw materials, and solar panels.

The profile of the »energy landscape« idea was further raised in 2003 – by the REKULA project, an EU-supported IBA project for »restructuring cultural landscapes.« As part of this process, the Welzow Energy Landscape was included in the IBA's project list in 2005 – representing many other »energy landscape« projects within the region.

Various cultivation methods for biomass production are practically tested in Welzow. This is part of a research plan by the Brandenburgische Technische Universität (BTU) Cottbus, which is conducted under the aegis of the Vattenfall company and in collaboration with LMBV and the Terpe-Proschim agricultural company. Since 2005, successive crops of fast-growing »energy trees« (robinia) have been grown on an area of approximately 170 hectares in size – in various different land use forms, such as »energy forests« and agroforestry systems. The idea is to test the varying technical, economic, and ecological aspects of these differing cultivation systems in real-world conditions, in a »field test« whose results can be applied to other sites.

Im Rahmen der IBA-Themenjahre wurde 2007 in einer öffentlichkeitswirksamen Kampagne gemeinsam mit regionalen Partnern auf die neuen Energielandschaften in der Lausitz aufmerksam gemacht. Eine Wanderausstellung unterstützte die Kampagne und förderte den Wissenstransfer. Fortgeführt wird dieser Erfahrungsaustausch mit dem jüngsten EU-Projekt »ReSource«, das verschiedene Anbausysteme in einer Art Baukastensystem aufbereitet und ihre Anwendung in Europa prüft.

AUSBLICK

Die Energielandschaft Welzow wird beispielhaft zu einem Landschaftslabor für innovative Landnutzungssysteme weiterentwickelt. Über die Initialfläche hinaus sollen weitere Potenziale zur Produktion schnell wachsender Energiehölzer gesucht werden, auch außerhalb der Rekultivierungslandschaft. Zudem wird geprüft, ob andere erneuerbare Energieträger wie Windkraft und Fotovoltaik eingebunden werden können.

Langfristig kann sich dieser Ort zu einem Produktions- und Praxislabor entwickeln, nicht nur mit der Energieproduktion, sondern auch mit Angeboten für Erholung und Information. An diesem Raum lässt sich die Diskussion zur »Ausstattung« künftiger Kulturlandschaften an den unterschiedlichen Beispielen vergegenwärtigen und erfahren – produzieren wir auch künftig Energie in hochproduktiven, aber monotonen Energieplantagen oder gibt es kreative Bewirtschaftungsmethoden, die sowohl ökonomisch sinnvoll sind als auch sozialen und umweltrelevanten Funktionen gerecht werden?

Am Beispiel der Energielandschaft Welzow, wo einst Kohle gefördert wurde und jetzt erneuerbare Energien angebaut werden, lässt sich zugleich auch der Wandel der Energieregion mit all seinen Chancen und Potenzialen zeigen.

--

In 2007, as part of the »themed years« concept, the IBA and its regional partners launched a public campaign to raise awareness of the new Lusatian energy landscapes. The campaign was helped by a touring exhibition, which promoted exchanges of knowledge, and this exchange of experiences was continued by the recent EU project »ReSOURCE,« which came up with a kind of »construction kit« of different possible cultivation methods and tested out their application within Europe.

FUTURE PROSPECTS

The Welzow Energy Landscape has developed into an exemplary »laboratory landscape« for innovative land use systems. Beyond the original plot of ground, there are plans to look for other potential sites for fast-growing energy trees – some of them beyond the recultivated area. There are also plans to test whether it is possible to include other energy sources like wind power and photovoltaic systems.

This area will become a long-term productive and practical laboratory – not just for energy production, but for recreational and informational services. The area provides numerous and varied examples to illustrate the debate on how to »equip« future cultural landscapes. Will we continue to produce energy in highly productive but uniform energy plantations in the future, or can creative agriculture methods intelligently serve social and economic purposes while making economic sense?

The Welzow Energy Landscape – where coal was mined once and renewable energy is cultivated now – reveals the opportunities and potential released by transforming this »energy region.«

↑ Konzept Biomasseanbau Welzow-Süd

Standort -- Location
über Bergbautourismusverein »Stadt-Welzow« e.V.
Poststraße 8
03119 Welzow
Fon (035751) 275050
E-Mail info@bergbautourismus.de

Architektur & Planung -- Architecture & Planning
Konzept: lohrberg stadtlandschaftsarchitektur, Stuttgart

Projektpartner -- Project partners
Brandenburgische Technische Universität (BTU) Cottbus
Vattenfall Europe Mining AG
Lausitzer und Mitteldeutsche Bergbau-Verwaltungsgesellschaft mbH (LMBV)
Landwirte GmbH Terpe-Proschim

15

FÜRST-PÜCKLER-PARK BAD MUSKAU

Der Muskauer Park ist Pücklers wichtigstes und größtes Gartenkunstwerk. Auf rund 830 Hektar erstreckt sich der Landschaftspark links und rechts der Neiße und liegt deshalb teils auf deutschem, teils auf polnischem Gebiet. Nach umfangreichen Restaurierungsarbeiten sind der Park und das Schloss heute wieder in ihrer ganzen Schönheit erlebbar. Die UNESCO würdigte diesen Erfolg und erhob den deutsch-polnischen Park in den Rang des »Weltkulturerbes«.

--

PRINCE PÜCKLER PARK BAD MUSKAU

The Muskauer Park is Pückler's biggest and most significant garden artwork: a landscaped park that extends around 830 hectares, on the left and right sides of the Neisse – in other words, part of it is on German soil, and part of it is in Poland. After extensive restoration work, the park and the castle can be experienced today in all their glory. UNESCO recognised the success of the project by elevating this German-Polish park to the status of »World Cultural Heritage Site.«

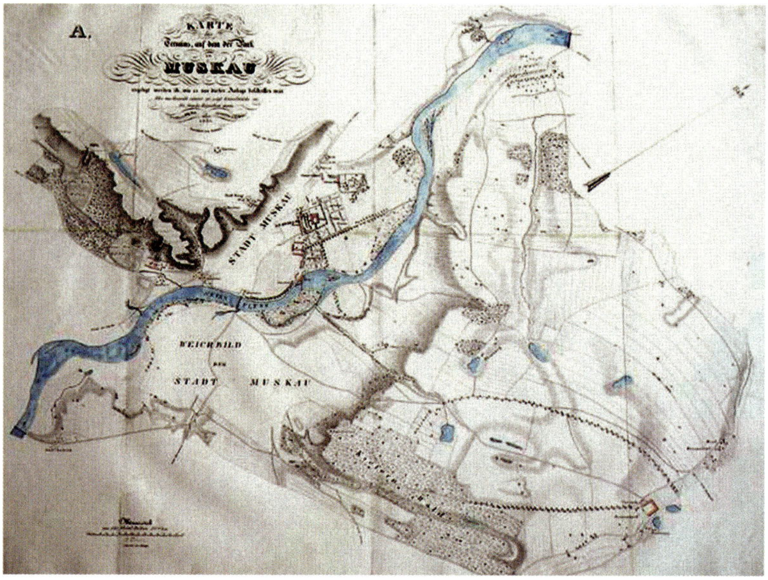

AUSGANGS-SITUATION

Wo die Neiße die Hügel des Muskauer Faltenbogens durchbricht, ließ sich Hermann Fürst von Pückler-Muskau inspirieren, ab 1815 in der idyllischen Tallandschaft den Muskauer Park anzulegen. Dabei bezog er die vorhandenen Wälder und die Neiße in seinen Park mit ein, ließ Bäume fällen und Sichtachsen schlagen, neue Bäume pflanzen, Teiche und kleine Seen fluten, Inseln anlegen und Brücken bauen. Er überschuldete sich dabei dermaßen, dass er seinen Park schließlich verkaufen musste. Schloss und Park wechselten auch danach noch mehrfach ihren Besitzer und teilweise ihre Gestalt.

Als Folge des Zweiten Weltkrieges wurde die mitten durch den Park fließende Neiße zur neuen Staatsgrenze zwischen der DDR und der Volksrepublik Polen. So wie Bad Muskau und andere Städte an Oder und Neiße wurde auch der Park geteilt. Auf polnischer Flussseite wurden Fabriken errichtet, Teile des Parks wurden landwirtschaftlich genutzt oder wucherten zu. Auf deutscher Seite brannte das Neue Schloss kurz nach Kriegsende aus und blieb in den folgenden Jahrzehnten eine Ruine.

--

INITIAL SITUATION

In 1815, Hermann Fürst von Pückler-Muskau was inspired to create the Muskauer Park in the idyllic valley landscape where the Neisse breaks through the hills of the Muskau Coal Crescent. He incorporated the existing woods and the Neisse into his park, had trees felled and lines of sight opened up, planted new trees, flooded some areas to create ponds and small seas, created islands, and built bridges. In the process, he got so deeply into debt that he ultimately had to sell his park. Since then, both the Schloss and the park have changed hands several times – and have also changed their shape somewhat.

After the Second World War, the Neisse, which flows through the middle of the park, became the new boundary between the GDR and the People's Republic of Poland. Like Bad Muskau and several other cities on the Oder and the Neisse, the park was cut in two. On the Polish side of the river, factories were built and parts of the park were farmed or became overgrown. The Neues Schloss on the German side was gutted by fire shortly after the end of the war, and remained a ruin over the subsequent decades.

Since Germany's reunification, many border bridges that were destroyed during or immediately after the war have been rebuilt. This gave the Fürst-Pückler-Park the chance

Seit der Wiedervereinigung wurden viele im oder nach dem Krieg zerstörte Brücken entlang der Grenze wieder errichtet. So ergaben sich auch für den Fürst-Pückler-Park neue Perspektiven, 1992 ging der deutsche Teil des Parks in das Eigentum des Freistaats Sachsen über und wurde schließlich in eine staatliche Stiftung überführt. Der damalige Direktor des polnischen Parkteils regte an, für den gesamten Park gemeinsam einen Antrag bei der UNESCO zu stellen. Auf dem Weg zu diesem großen Ziel wurde der Park mit seinen Gebäuden kontinuierlich nach denkmalpflegerischen Gesichtspunkten restauriert. Der Gedanke, einen geteilten Park zu verbinden, einte die Menschen in beiden Ländern. So haben polnische und deutsche Jugendliche, die eigens für dieses Unternehmen Sprachkurse absolvierten, 1998 begonnen, den stark verwilderten Teil auf polnischer Seite in seinen ursprünglichen Zustand zu versetzen und alte Sichtachsen über die Neiße hinweg wiederherzustellen.

PROJEKTVERLAUF

Ziel des IBA-Projekts war es ab dem Jahr 2000 gemeinsam mit den Partnern auf deutscher und polnischer Seite, den Park wieder als Gesamtwerk der Gartenkunst erlebbar zu machen.

Im Juli 2002 wurde der zweistaatliche Antrag übergeben – und 2004 war es schließlich soweit, dass der deutsch-polnische Pückler-Park in die UNESCO Weltkulturerbeliste aufgenommen wurde. Seit 2004 verbindet zudem die wieder errichtete, symbolträchtige Doppelbrücke die beiden Parkhälften und damit Deutschland mit Polen. Seither ist es wieder möglich, den Park als Ganzes zu erleben – zumal 2007 die Personenkontrollen wegfielen.

--

for a new future. In 1992, the German part of the park was taken over by the Free State of Saxony, and it has since been controlled by a state-owned foundation. The then director of the Polish part of the park wanted the whole park to apply to UNESCO, and with this aim in mind the park and its buildings were steadily restored, preserving their historic appearance. The idea of reuniting a divided park brought people in both countries together – for instance, in 1998, young people from Germany and Poland (who had taken language courses specially) began to restore heavily overgrown parts of the Polish section to their original state, thereby restoring the original lines of sight over the Neisse.

THE PROJECT'S PROGRESS

The aim of this IBA project was to work together with partners on the German and Polish sides of the border to allow people to enjoy the park once again as a single work of garden art beyond the year 2000.

A binational application was made in July 2002 – and in 2004, the German-Polish Pückler-Park was finally included on UNESCO's World Heritage list. Since 2004, the highly symbolic double bridge once more unites both halves of the park – and unites Germany with Poland. Once again, visitors can experience the whole park – especially since passport checks were made non-compulsory in 2007.

The Neues Schloss, which had for many years been left to decay, is now gradually being restored. In 2003, the Muskauer Schule, a training school for the tending of listed gardens and cultural landscapes, opened in its north wing. Since September 2008, a permanent exhibition entitled »Pückler! Pückler? Einfach nicht zu fassen!« (»Pückler! Pückler? Totally incomprehensible!«) has

Auch das Neue Schloss, das lange Jahre dem Verfall preisgegeben war, wird nun Zug um Zug restauriert. 2003 konnte im Nordflügel die Muskauer Schule, eine Bildungseinrichtung für Gartendenkmal- und Kulturlandschaftspflege, eröffnet werden. Seit September 2008 existiert im Südflügel auf zwei Etagen die Dauerausstellung »Pückler! Pückler? Einfach nicht zu fassen!«. Somit ist das Neue Schloss nach mehr als 50-jähriger Unterbrechung wieder für die Öffentlichkeit zugänglich. Im Schlossvorwerk wurde zudem mit einem Café, einer Besucherinformation und einer Ausstellung die nötige Infrastruktur für die steigende Zahl an Besuchern geschaffen.

Die IBA unterstützte diese Arbeit der Stiftung durch Studentenprojekte und Öffentlichkeitsarbeit.

AUSBLICK

In den kommenden Jahren wird das Neue Schloss fertig restauriert und auf polnischer Seite warten noch weitere Bereiche des Parks darauf, aus ihrem Dornröschenschlaf wach geküsst zu werden. Es gibt Überlegungen, die deutsche und die polnische Parkverwaltung organisatorisch zusammenzuführen. Was die wirtschaftliche und städtische Entwicklung von Bad Muskau und Łęknica angeht, liegt eine Chance darin, den Geist des Parks als idealisierte Natur auf die Doppelstadt zu übertragen. Bad Muskau als Kurstadt mit seinem revitalisierten Badepark als Teil des Pückler-Parks und Kurhaus am Marktplatz stellt bereits heute ein Kleinod dar, das es mit dem Park als Mittelpunkt grenzüberschreitend in Hinblick auf Erholung, Genuss und Kultur zu entwickeln gilt. Ziel bleibt auch die weitere Vernetzung mit dem rund 60 Kilometer entfernten Pückler-Park in Cottbus-Branitz – eventuell unter Einbeziehung anderer attraktiver Park- und Schlossanlagen der Region zu einer grenzüberschreitenden Gartenroute von internationalem Rang.

--

been on display on two levels of the south wing. After a fifty-year interruption, the Neues Schloss is once more open to the public. In the castle's barbican, a cafe, a visitor information centre, and an exhibition provide the necessary infrastructure for a rising number of visitors.

The IBA supports the foundation's work with student projects and public relations work.

FUTURE PROSPECTS

Over the coming years, the Neues Schloss will be completely restored. On the Polish side of the border, some parts of the park are still waiting to be brought back to life, and there are plans to merge the German and Polish park authorities. What this means for the economic and urban development of Bad Muskau and Łęknica is that something of the park's spirit of idealised nature will be transferred to the double city. Bad Muskau's spa resort, revitalised bathing park – part of the Pückler-Park – and Kurhaus (spa house) are already valuable assets on the marketplace: in future, these will be developed for recreation, pleasure, and culture in a cross-border initiative centred on the park. Another important future goal is networking the park with the Pückler-Park in Cottbus-Branitz, about sixty kilometres away – and possibly incorporating other attractive park and castle estates in the region into the network as well to create a world-class cross-border garden route.

Internet
www.muskauer-park.de

Adresse -- Address
Neues Schloss
02953 Bad Muskau
Fon (035771) 63100
E-Mail info@muskauer-park.de

Projektpartner -- Project partners
Stiftung Fürst-Pückler-Park Bad Muskau

16

GEOPARK MUSKAUER FALTENBOGEN

Nur die Lausitz bietet ein solches Landschafts-Phänomen: den Höhenzug Muskauer Faltenbogen zwischen Deutschland und Polen. Seine Geologie und Geomorphologie sind einzigartig und hier begann auch der Braunkohlebergbau in der Lausitz. Ziel des IBA-Projekts ist es, diese Kulturlandschaft länderübergreifend zu schützen sowie die Wechselbeziehungen zwischen natürlichen Prozessen und menschlichem Handeln darzustellen und erlebbar zu machen.

--

GEOPARK MUSKAU COAL CRESCENT

This is a landscape phenomenon found only in Lusatia: the Muskau Coal Crescent range of hills between Germany and Poland. Its geology and geomorphology is unique – and it is also the place where lignite mining in Lusatia began. The aim of this IBA project is to protect the whole of this cultural landscape and to allow people to view the interactions between natural processes and human activity.

AUSGANGSSITUATION

Der Muskauer Faltenbogen ist eine hufeisenförmige Hügelkette, die sich von Döbern im Süden Brandenburgs, über Weißwasser und Bad Muskau in Sachsen bis Trzebiel im Lebuser Land (Polen) erstreckt. Der Faltenbogen entstand während der sogenannten Elster-Eiszeit vor rund 450.000 Jahren durch einen Gletscher, der gewaltigen Druck auf die Sand-, Ton- und Kohleschichten unter ihm ausübte, sie stark zusammenpresste und dann vor seinem Rand als »Falten« aufwarf. Geologen sprechen von einer »Stauchendmoräne«. In den darauffolgenden Jahrtausenden wurde der Muskauer Faltenbogen durch Erosion stark abgetragen, dennoch ist der Höhenzug in der sonst flachen Landschaft deutlich zu erkennen.

Besonders markant sind die Braunkohlenflöze, die durch die Auffaltung bis dicht unter die Eroberfläche geschoben wurden und den Menschen so leicht zugänglich waren. Das ist der Grund warum hier die Wiege der Niederlausitzer Braunkohleindustrie stand. Schon 1843 öffnete die Grube Julius bei Wolfshain. Weitere 60 Gruben entstanden bald darauf. In der Folge entwickelten sich hier auch andere Industriezweige wie Ziegeleien und Glasfabriken. Diese nutzten die Ton- und Sandschichten, die über der Kohle lagen und ohnehin abgetragen werden mussten, als Rohstoff. 1959 waren die Flöze im brandenburgischen Teil jedoch erschöpft, zehn Jahre später auch in Sachsen. Der Abbau in Polen ist heute ebenfalls beendet. Dieses Altbergbaugebiet gleicht heute einer verwunschenen Landschaft aus Wäldern, Wiesen und kleinen, in allen Blautönen schillernden Seen – den durch den Bergbau zusätzlich vertieften und später mit Wasser voll gelaufenen Bodensenken.

--

INITIAL SITUATION

The Muskau Coal Crescent is a horseshoe-shaped chain of hills stretching from Döbern in South Brandenburg through Weisswasser and Bad Muskau in Saxony and ending at Trzebiel in the Polish state of Lubusz. The Coal Crescent was created during the so-called Elster ice age (around 450,000 years ago), by a glacier exerting massive pressure on the sand, clay and coal layers beneath it, pressing them together and pushing them out from its edge as »folds.« Geologists describe this as a »push moraine.« Over the millennia that followed, the Muskau Coal Crescent was heavily eroded, but the chain of hills still stands out clearly in an otherwise flat landscape.

Particularly remarkable are the lignite seams, which were pushed up close to the surface by the folding and thereby made available to human beings, making the area the cradle of the Lower Lusatian lignite industry. The Julius trench at Wolfshain was opened in 1843, and sixty more trenches quickly followed. They were joined by industrial facilities such as brickworks and glass factories, which used the clay and sand that had to be dug out to reach the coal as raw materials. By 1959, however, the seam in the Brandenberg area had been exhausted, and the coal also ran out in Saxony ten years later; mining has also ended in Poland. Today, this old mining region is an enchanted realm of woods, meadows, and small lakes shining every shade of blue – the depressions and hollows deepened by mining, and later filled up with water.

PROJEKTVERLAUF

Hauptanliegen des IBA-Projekts ist es, die verborgene, vergessene oder verschüttete Entstehungsgeschichte der (Kultur-)Landschaft erlebbar zu machen und dabei die deutsch-polnische Zusammenarbeit auszubauen. Die IBA unterstützt deshalb die landschaftsbezogene, touristische Entwicklung einerseits und die länderübergreifende Kooperation andererseits. Zwei Machbarkeitsstudien bilden dafür eine solide Grundlage: In einem grenzüberschreitenden Geopark soll die Landschaft touristisch entwickelt und vermarktet werden. Ein markantes Leitsystem soll als verbindendes Element des großen Landschaftsraumes dienen.

Zwischen 2002 und 2004 wurde vom Landkreis Spree-Neiße und den betroffenen Gemeinden mit Mitteln des Europäischen Fonds für Regionale Entwicklung (EFRE) das Konzept für Brandenburg in großen Teilen umgesetzt: Am Felixsee bietet seit 2004 der Felixturm aus 35 Metern Höhe eine schöne Aussicht auf den kobaltblauen Felixsee, den waldreichen Faltenbogen und sein Hinterland. In Jerischke lädt ein kleines Infozentrum am Landschulheim ein, sich in der Ausstellung über den Faltenbogen zu informieren. Schulklassen können von hier aus auf Erkundungstour in die Umgebung starten. Vier thematische Wege führen durch die Landschaft: die »Altbergbautour«, die »Glastour«, die »Geologietour« und die »Neißetaltour« durchqueren die geschichtsträchtige Landschaft.

Seither wird das Wegenetz auch in Sachsen und Polen schrittweise ausgebaut. So eröffnete der Bergbaubetreiber Vattenfall 2008 am Südrand des Faltenbogens, am Tagebau Nochten, das »Kommunikations- und Naturschutzzentrum Weißwasser (KNW)« – direkt an einem Radweg vom Kromlauer Park zum Findlingspark Nochten. Auch im polnischen Teil wird an touristischen Konzepten gearbeitet. Ziel der gemeinsamen Arbeit ist der Aufbau eines Informations- und Besucherzentrums mit deutschen und polnischen Mitarbeitern, über das touristische Angebote im Muskauer Faltenbogen gebucht werden können und in dem die weitere Entwicklung des Geoparks vorangetrieben wird. Dieses Besucherzentrum soll sich aus der seit 2007 bestehenden Geschäftsstelle in Döbern entwickeln.

--

THE PROJECT'S PROGRESS

The IBA primarily wanted to reveal the hidden, forgotten, or buried origins of this (cultural) landscape and expand on the German-Polish collaboration by supporting landscape tourism development and cross-border cooperation. Two feasibility studies provided a concrete plan: a cross-border Geopark to market the landscape and develop it for tourism. A striking guidance system will be the connective element for this wide expanse of landscape.

Much of the concept for Brandenburg was implemented between 2002 and 2004 by the district of Spree-Neisse and the communities involved using money from the European Fund for Regional Development (EFRE). Since 2004, the 35-metre Felixturm tower at Felixsee has been providing a fine view of the cobalt-blue Felixsee lake, the thickly forested Coal Crescent, and its hinterlands. In Jerischke, a small information centre at a local residential school presents an exhibition about the Coal Crescent, and classes of schoolchildren start off here on tours to explore the surrounding area. Four themed routes lead through the landscape: the »Altbergbautour« (old mine tour), the »Glastour« (glass tour), the »Geologietour« (geology tour), and the »Neissetaltour« (Neisse valley tour) crisscross the historic landscape.

The path network in Poland and Saxony is also being gradually built up. For instance, on the south edge of the Coal Crescent, at the Nochten open-cast mine, the Kommunikations- und Naturschutzzentrum Weisswasser (KNW) was opened by the Vattenfall mining business in 2008 – directly on the cycle path from the Kromlauer Park to the Findlingspark (boulder park) at Nochten. Tourism services are also being developed for the Polish side. The aim of the collaboration is to

Diese Arbeiten zum Erhalt der Landschaft und zur Information über deren Entstehung und Besonderheiten wurden mittlerweile honoriert: Der Muskauer Faltenbogen wurde 2006 in den Rang eines »Nationalen Geoparks« erhoben – und damit auf eine Stufe mit Landschaften wie Vulkaneifel oder Harz gestellt. Im nächsten Schritt soll der Faltenbogen auch in ein Netzwerk »Europäischer Geoparks« aufgenommen werden.

AUSBLICK

Ausgehend vom derzeitigen Sitz des Geopark-Büros im Rathaus von Döbern soll eine eigenständige Organisation aufgebaut werden, die ein Besucher- und Informationszentrum betreibt und gleichzeitig den Geopark verwaltet und vermarktet. Zu den Aufgaben gehört es, die verschiedenen Einzelstandorte weiter auszuschildern, die bereits laufenden deutsch-polnischen Schülerprojekte sowie die touristischen Angebote weiterzuentwickeln und Tourismuswerbung zu betreiben. Ziel des deutsch-polnischen Geoparks ist die zentrale Vermarktung der zahlreichen verschiedenen touristischen Attraktionen innerhalb des Muskauer Faltenbogens. Ein zusätzlicher Anknüpfungspunkt für die Außendarstellung ist die Mitarbeit im Europäischen Netzwerk nationaler Geoparks, mit der auch eine Aufwertung als UNESCO Welterbe verbunden ist. Vorgesehen ist dafür auch der Ausbau von zusätzlichen Infopunkten in Sachsen und Polen – etwa im Neuen Schloss von Bad Muskau. Das Geopark-Büro soll seinen Sitz zunächst im Glaswerk von Döbern einnehmen. Perspektivisch ist eine Verlegung in die auszubauende historische Ziegelei in Klein Kölzig vorgesehen.

--

create an information and visitor centre with both German and Polish staff that can handle booking for the Muskau Coal Crescent's tourist services and support the further development of the Geopark. The offices in Döbern, which have existed since 2007, would provide the premises for this visitor centre.

This project to preserve the landscape and to inform people about its origin and its unique features has since been recognised: in 2006, the Muskau Coal Crescent was elevated to »National Geopark« status – together with the likes of the Vulkaneifel and the Harz mountains. The next step is for the Coal Crescent to be included in the European Geopark network.

FUTURE PROSPECTS

From the present seat of the Geopark offices in Döbern's town hall, an independent organisation is to be created to run a visitor and information centre and to administrate and market the Geopark. Part of its task will be to signpost the various individual locations, to further develop the German-Polish projects and the tourist services that are already underway, and to attract tourists to the region. The aim of the German-Polish park is to market the numerous tourist attractions in the Muskau Coal Crescent in a centralised way. Another potential asset for marketing this landscape further afield is being able to work with the European network of National Geoparks and the added value that comes from being a UNESCO World Heritage Site. Additional information points in Saxony and Poland – in Bad Muskau's Neues Schloss, for instance – serve the same purpose. The Geopark central office will initially be based in the glassworks at Döbern. There are plans to transfer it to the historic brickworks in Klein Kölzig, which is to be extended.

Internet
www.muskau-faltenbogen.de

Adresse -- Address
Geschäftsstelle Geopark Muskauer Faltenbogen
Forster Straße 8
03159 Döbern
Fon (035600) 38518
E-Mail info@muskauer-faltenbogen.de

Architektur & Planung -- Architecture & Planning
Konzept, Entwurf Visitor-Center: Duncan McCauley, Berlin
Ausstellungskonzept: GeoMontan, Freiberg

Projektpartner -- Project partners
Landkreis Spree-Neiße
Landkreis Görlitz
Landkreis Zary
Amt Döbern-Land
Stadt Bad Muskau
Gemeinde Gablenz OT Kromlau
Gemeinde Boxberg OT Nochten
Stadt Łęknica
Stadt Tuplice
Gemeinde Trzebiel
Park Krajobrazowy
Polnischer und deutscher Förderverein Geopark Muskauer Faltenbogen
Staatliches Geologisches Institut von Polen - Zweigniederlassung Niederschlesien
Vattenfall Europe Mining
Stiftung Fürst-Pückler-Park Bad Muskau
Regionalnej Dyrekcji Lasów Państwowych Zielona Góra

17

GUBINER HAUPTKIRCHE

Seit dem EU-Beitritt Polens und dem Wegfall der Grenzkontrollen sind sich die beiden Hälften der deutsch-polnischen Doppelstadt Guben-Gubin ein ganzes Stück näher gekommen. Bürger beider Städte gehen selbstverständlich zum Arbeiten, Einkaufen oder ins Café auf die jeweils andere Seite der Neiße. Das Stadtzentrum entlang der Frankfurter Straße wächst wieder zusammen. Zukunftsorientiert arbeiten Deutsche und Polen daran, historische Gebäude und Stadträume zu sanieren und Freiräume zu gestalten. Symbolischer Mittelpunkt ist dabei der Wiederaufbau der im Krieg zerstörten Hauptkirche.

--

GUBIN'S MAIN CHURCH

Since Poland became a member of the EU and border controls were abandoned, the two halves of the German-Polish double city Guben-Gubin have come much closer together; the inhabitants of both cities routinely cross the Neisse to go to work, to shop, or to sit in a cafe. The city centre, along the Frankfurter Strasse, is slowly drawing together again. Germans and Poles are working to restore historic buildings and urban spaces for the future and to design new outdoor spaces. At the centre of this, symbolically speaking, is the rebuilding of Gubin's main church, destroyed in the war.

AUSGANGSSITUATION

Im Zweiten Weltkrieg wurde die Neiße-Stadt stark zerstört. Gerade das historische Zentrum rechts der Neiße war davon besonders stark betroffen. Nach dem Krieg wurde Guben durch die Oder-Neiße-Grenze geteilt, in einen deutschen Teil links und einen polnischen Teil rechts der Neiße. Die polnische Stadthälfte heißt seither Gubin. Die starke Zerstörung der Stadt ist bis heute zu sehen. Die frühere Gubener Hauptkirche – heute auf polnischer Seite – blieb jahrzehntelang eine Ruine. Nur das angrenzende Rathaus wurde wieder aufgebaut, sodass Ruine und Rathaus und einige Plattenbauten den sonst weitgehend leeren Stadtraum direkt an der Grenze prägen.

Mit der politischen Wende in beiden Staaten und dem EU-Beitritt Polens kommt beiden Städten nun als deutsch-polnischer Grenzort eine neue Bedeutung zu. Für die Entwicklung gemeinsamer stadtplanerischer Ziele wurde schon 1998 ein räumliches Strukturkonzept erstellt. Darin spielt die Frankfurter Straße mit ihrer Neißebrücke als Einkaufsstraße, Grenzübergang und verbindendes Element der Städte Guben und Gubin eine zentrale Rolle.

--

INITIAL SITUATION

Much of this city on the Neisse was destroyed during the Second World War, with the historic city centre to the right of the Neisse especially hard hit. After the war, Guben was divided by the Oder-Neisse border into a German half on the left bank and a Polish half on the right bank, with the Polish half of the city known as Gubin ever since. Wartime damage is still visible today. Guben's former main church – today on the Polish side – was a ruin for decades. Only the neighbouring town hall was rebuilt. The town hall, the ruin, and a few panel construction buildings dominate the empty stretch of urban space adjacent to the border.

The change in the political status quo of both states and Poland's entry into the EU have given the twin city on the German-Polish border a new importance. In 1998, a spatial structure concept was developed so that common urban planning goals could be pursued by both sides. The Frankfurter Strasse and its bridge over the Neisse were particularly important – as a shopping boulevard, as a border crossing, and as the connective element between Guben and Gubin.

THE PROJECT'S PROGRESS

The IBA »Gubiner Hauptkirche« (Gubin main church) project is closely linked with the structural concept for both cities. In Guben, the first construction phase of improvements to the Frankfurter Strasse was completed in 2003. The renovated building fronts and the new paving and seating – together with the cafes and shops – make the street a pleasant place to be. Next, the city turned its attention to the »Promenade am Dreieck« (the promenade at the triangle). Converting

PROJEKTVERLAUF

Das IBA-Projekt »Gubiner Hauptkirche« knüpft direkt an das Strukturkonzept der beiden Städte an. In Guben konnte 2003 der erste Bauabschnitt zur Aufwertung der Frankfurter Straße abgeschlossen werden. Die sanierten Häuserfronten, das erneuerte Straßenpflaster und Sitzgelegenheiten geben der Straße mit ihren Cafés und Läden eine hohe Aufenthaltsqualität. Anschließend widmete sich die Stadt dem Bereich »Promenade am Dreieck«: Durch den Umbau der ehemaligen Hutfabrik Wilke entstand dort die neue Mitte Gubens. Hier befinden sich nun unter anderem das Rathaus, die Bibliothek und ein Hutmuseum. Die Promenade am Dreieck ist nicht nur das neue Zentrum von Guben, sondern bildet gemeinsam mit der Hauptkirche auf Gubiner Seite die räumliche Klammer der Frankfurter Straße.

Auch dort auf polnischer Seite ist viel passiert: Hier waren 2003 die Sanierungsarbeiten an der Neißebrücke abgeschlossen worden, sodass der Weg zur Hauptkirche wieder frei war. Die Kirche, von der nur noch die Außenmauern des Kirchenschiffs und der beschädigte Glockenturm stehen, ist Mittelpunkt des IBA-Projekts. Vorrangig geht es um Sicherung der Ruine und darum, sie wieder mit Leben zu erfüllen. Auf beiden Seiten der Neiße ist man sich der identitätsstiftenden Bedeutung der Kirche bewusst und sucht nach einem gemeinsamen Umgang mit der Ruine. Bereits 2002 haben polnische und deutsche Studenten der Technischen Universität Breslau und der Hochschule Lausitz in Cottbus, mit Unterstützung der IBA und der Stadt Gubin, mögliche Zwischen- und Nachnutzungen diskutiert und erste Entwürfe präsentiert. So entstand die Idee eines deutsch-polnischen und europäischen Begegnungszentrums, das kirchliche und kulturelle Aktivitäten aufnimmt. In diesem Prozess gelang es, die Hauptkirche lokal und auch überregional ins Bewusstsein zu heben, um so finanzielle und politische Unterstützung zu organisieren – zum Beispiel durch einen symbolischen Verkauf von Ziegelsteinen zum Wiederaufbau im Rahmen des IBA-Halbzeitjahrs 2005 oder im IBA-Themenjahr »Europa«, als 2006 auf beiden Seiten der Grenze ein anspruchsvolles Kulturprogramm verwirklicht wurde.

--

the old Wilke hat factory created a new town centre for Guben – which now includes the town hall, the library, and a museum of hats. As well as being a new town centre for Guben, the Promenade am Dreieck combines with the main church to form a spatial boundary to the Frankfurter Strasse on the Gubin side.

A lot has also happened on the Polish side. The restoration work on the Neisse bridge was completed in 2003, leaving the way to the main church clear once more. The church – of which only the nave's outer walls and a damaged bell tower were left standing – is at the centre of this IBA project. The main priority is to secure the ruins and fill them with life once more. People on both sides of the Neisse were aware of the church's importance to the twin city's identity, and sought to find a shared approach to its ruins. In 2002, Polish and German students from the Technische Universität Breslau and the Hochschule Lausitz in Cottbus (Lusatia) discussed possible transitional uses and future uses and presented some preliminary drafts, supported by the IBA and the city of Guben. This led to the idea of a German-Polish/European exchange centre as a hub for ecumenical and cultural activities. In this process it succeeded to help raise awareness of Gubin's main church locally and internationally, and to drum up financial and political support. This included a symbolic sale of bricks for the rebuilding as part of the IBA's »halfway point« celebrations in 2005, and an ambitious programme of cultural events on both sides of the border to mark 2006, the IBA's »Europe«-themed year.

2005 saw the founding of a Polish foundation and a German registered association dedicated to (as a beginning) preserving the church's ruins. The first tangible success

2005 wurde auf polnischer Seite eine Stiftung und auf deutscher Seite ein Förderverein gegründet, die sich beide dem Ziel verschrieben haben, die Kirchenruine zunächst im Bestand zu sichern. Ein erster sichtbarer Erfolg konnte 2007 gefeiert werden: Der weitgehend erhalten gebliebene Glockenturm erhielt seine Turmkrone zurück. Um die Ideen und Wünsche der Akteure vor Ort zusammenzutragen und weiterzuentwickeln, führte die IBA 2008 in Abstimmung mit Gubin eine Befragung von Interessensvertretern durch. Auf Grundlage dieser Befragung entwarf ein deutsch-polnisches Planungsbüro ein Entwicklungs- und Handlungskonzept, das vorsieht, die Kirche in drei Phasen prozesshaft zu einem Zentrum für Kultur und Kommunikation mit deutsch-polnischem und europäischem Bezug zu entwickeln.

AUSBLICK

Vorrangiges Ziel ist die Sicherung der Ruine. Dazu soll 2010 in Kooperation mit den regionalen Universitäten Zielona Góra (Grünberg) und Cottbus eine Bauhütte gegründet werden, um die Gebäudesicherung fachlich zu begleiten und das Bauvorhaben zu koordinieren. Erste Baumaßnahme soll die dauerhafte Begehbarmachung des Glockenturms sein. Um mögliche Varianten im baulichen Umgang mit der Ruine aufzuzeigen, hat die IBA verschiedene Visualisierungen anfertigen lassen. Diese können als Arbeitsgrundlage in den weiteren Prozess einfließen.

Neben den baulichen Maßnahmen spielt die Integration der Kirche in den Alltag eine wesentliche Rolle. Entsprechende Aktivitäten von Kulturvereinen und den Kirchen beider Länder finden bereits statt und sollen in Zukunft ausgebaut werden.

Die Bauhütte soll in der Kirche ein Zentrum für Kultur und Kommunikation mit überregionaler Ausstrahlung einrichten. Es ist geplant, das Kirchenschiff multifunktional auszubauen und für Ausstellungen, große Veranstaltungen und Sommerschulen nutzbar zu machen sowie die Tourismusinformation einzubinden.

--

came in 2007, when the (largely intact) bell tower's steeple was restored. In 2008, the IBA and the city of Gubin held a consultation for all those interested in the project – to collect the ideas and requests of regional partners so they could be taken further. Based on this consultation, a German-Polish planning firm came up with a development and action plan that involved turning the church into a German-Polish/European culture and communication centre in three separate stages.

FUTURE PROSPECTS

The main goal was to secure the ruins. In 2010, the regional universities of Zielona Góra, and Cottbus will come together to found a *Bauhütte* (the word for a medieval guild of master builders) to provide expert support for the securing of the building and to coordinate the construction plan. The first step will be to make the bell tower safe to enter. To show different possible approaches to the ruins, the IBA has had various visualisations created. These will be able to be used as a basis for the actual work in the next stage of the process.

Apart from the construction measures, the integration of the church into the everyday life of the city is very important. Activities staged by cultural associations and by the official churches of both countries are already taking place, and will be expanded on in the future.

The *Bauhütte* is to set up a trans-regional centre for culture and communication in the church. The plan is to make the church's nave multifunctional and to use it for exhibitions, large-scale events, and summer school classes, as well as for tourist information purposes.

Gestaltungsentwürfe:
↑ Solardach:
Kabarowski Misiura Architekci
↓ Glaskubus:
Maciej Głowacki
↘ Zeltdach:
Kabarowski Misiura Architekci

Adresse -- Address
Hauptkirche Gubin
Westerplatte
66-620 Gubin
Polen

Architektur & Planung -- Architecture & Planning
Nutzungskonzept: insar, Berlin

Projektpartner -- Project partners
Stadt Gubin
Stiftung »Gubiner Stadtkirche – deutsch-polnisches Begegnungszentrum«
Förderverein zum Wiederaufbau der Stadt- und Hauptkirche in Gubin e.V.
Polnisches Ministerium für Kultur und Nationalerbe
(Ministerstwo Kultury i Dziedzictwa Narodowego)

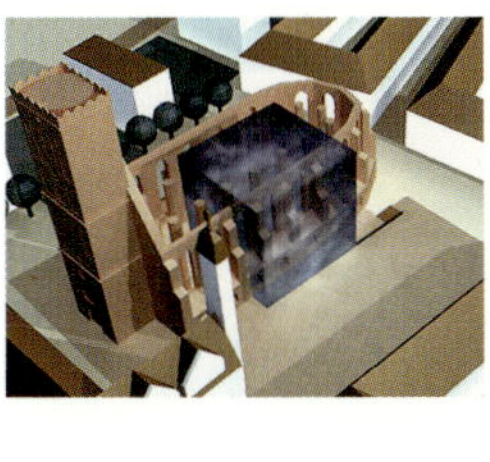

18

GUBENER WOLLE – NEISSE-INSEL – HAUS WOLF

Textilstadt, Kulturstadt, Neißestadt, Grenzstadt, Wilhelm-Pieck-Stadt, Europastadt – Guben-Gubin kennt viele Beinamen und sie spiegeln die wechselvolle Geschichte der Stadt. Mit dem Zusammenwachsen Europas wird wieder ein neues Kapitel in der Stadtchronik geschrieben. Einen Anknüpfungspunkt für eine Revitalisierung der gemeinsamen Stadtmitte und der gesamten Doppelstadt bieten dabei drei herausragende Zeugnisse der gemeinsamen industriellen und kulturellen Vergangenheit: die »Gubener Wolle«, die Neiße-Insel und das »Haus Wolf«.

--

GUBENER WOLLE – ISLAND IN THE RIVER NEISSE – WOLF HOUSE

Textile city, culture city, Neisse city, border city, Wilhelm Pieck city, Europe city – Guben-Gubin's many nicknames reflect its rich and varied history. As Europe has grown closer together, a new chapter has been written in this city's story. Three outstanding witnesses to the twin cities' industrial and cultural past – »Gubener Wolle« (Guben Wool), the Island in the Neisse, and the grounds of the Country House Wolf – are the starting point for a revitalization of their shared city centre and of the whole of both cities.

Landhaus Wolf
Architekt: Mies van der Rohe

AUSGANGSSITUATION

Guben blickt auf eine lange Tradition als Zentrum der Textil- und Tuchherstellung zurück, die bis ins 16. Jahrhundert reicht. Im 19. Jahrhundert wurde hier die Textilfabrik Gubener Wolle und die Hutfabrik Wilke gegründet, die noch ein Jahrhundert später in der DDR existierten, als die Stadt den Zusatz Wilhelm-Pieck-Stadt bekam, weil der einstige Mitbegründer der SED aus Guben stammte. Die »Gubener Wolle, Werk I« prägte maßgeblich die Industriegeschichte der Region. Doch seit 1996 standen die Maschinen auf dem etwa 17.000 Quadratmeter großen Gelände still und wurden beseitigt. Fortan waren die riesigen Hallen leer.

--

INITIAL SITUATION

Guben can look back on a long history as the centre of textile manufacture stretching back to the sixteenth century. The »Gubener Wolle« textile factory and the Wilke hat factory were built here in the nineteenth century. The Wilke factory still existed a century later – when the city became additionally known as »Wilhelm Pieck city« because it was the birthplace of the SED's co-founder. The »Gubener Wolle, Werk I« factory had a decisive impact on the region's industrial history. But since 1996, all the machinery on the 17,000-squaremetre site has been shut down and removed. Since then, the huge halls have been empty.

Ehemalige Werkhalle der »Gubener Wolle«

Direkt gegenüber der »Gubener Wolle« liegt die Neiße-Insel – sie gehört seit 1945 zu Polen. Bis zum Krieg stand hier ein prächtiges Theater aus dem Jahr 1874, in dem einst Will Quadflieg und Heinrich George gespielt hatten. Vor dem Theater befand sich ein Denkmal für die Sängerin Corona Schröter. Nur noch Fundamente und der Denkmalsockel blieben von dem Theater erhalten. Im Laufe der Jahre verwilderte der umgebende Park.

Auch oberhalb der Insel, am Neißehang, erinnern nur noch wenige Mauerreste an ein architekturhistorisch bedeutsames Gebäude: Hier hatte der spätere Bauhaus-Direktor Ludwig Mies van der Rohe 1927 sein modernes Erstlingswerk errichtet, das »Haus Wolf« für den Gubener Tuchfabrikanten Erich Wolf. Auch dieses war im Krieg stark zerstört worden und die Reste wurden später abgetragen.

Die deutsche Stadt Guben hat seit dem Fall der Mauer mit einem sehr starken Bevölkerungsschwund zu kämpfen: Von 30.000 Einwohnern im Jahr 1990, sank die Zahl auf 25.000 (2000), liegt inzwischen unter 20.000 und nähert sich der Einwohnerzahl Gubins an, die stabil bei rund 18.000 liegt.

--

The Island in the Neisse lies directly opposite »Gubener Wolle«. It has belonged to Poland since 1945. Up until the war, a fine theatre dating from 1874 stood here, where Will Quadflieg and Heinrich George once performed. In front of the theatre was a memorial to the singer Corona Schröter. All that is left of the theatre are its foundations and the monument's pedestal. Over the years, the surrounding park has become overgrown.

Above the island, on the Neisse slope, a few fragments of wall bear witness to an architectonically significant building. In 1927, future Bauhaus director Ludwig Mies van der Rohe built his first modernist work – »Haus Wolf« – for Guben textiles manufacturer Erich Wolf. »Haus Wolf« was also badly damaged during the war, and the ruins were subsequently removed.

Since the fall of the Wall, the German city of Guben has been declining in population. Numbers have sunk from 30,000 inhabitants in 1990 to 25,000 in 2000. The city's population is now less than 20,000 – approaching the same population level as Gubin, which is stable at about 18,000.

PROJEKTVERLAUF

»Gubener Wolle«, Theaterinsel und »Haus Wolf« – die Geschichte und die Substanz der drei Orte in zentraler Lage der Städte Guben und Gubin machen die Einmaligkeit und das Potenzial dieses IBA-Projekts aus.

Damit die »Gubener Wolle« als industriekulturelles Zeugnis der Textilproduktion nicht in Vergessenheit gerät und die hochwertige Qualität der Industrieanlage wahrgenommen werden kann, organisierte die IBA kulturelle Veranstaltungen in der »Gubener Wolle«. In Entwurfsseminaren und Workshops konnten deutsche und polnische Planer gemeinsam mit Verantwortlichen aus Guben und Gubin konkrete Strategien für den Umgang mit der »Wolle« erarbeiten: Zwischen der historischen Altstadt auf polnischer und der Klostervorstadt auf deutscher Seite könnten durch gezielten Rückbau von Teilen der Gebäude Sichtachsen geschaffen werden. Die verbleibenden Gebäude sollten unterschiedlichsten Formen der Begegnung dienen – von deutsch-polnischen Bildungsangeboten, über Kultur bis hin zu Kultur- und Freizeiteinrichtungen.

Leider konnte nicht an die kulturellen Zwischennutzungen der IBA angeknüpft und die Nachnutzungspläne nicht umgesetzt werden. Hauptgrund ist die unvermindert starke Abwanderung auf deutscher Seite und das damit verbundene geringe Investoreninteresse.

So wurden größere Teile der »Gubener Wolle« abgerissen als zunächst geplant. Auf Initiative der IBA blieb das sogenannte Gebäude D erhalten. Darüberhinaus konnte die Stadt eine Lagerhalle und Fabrikantenvilla in ihrem Bestand sichern. Die Neißeterrassen, eine parkartige Freifläche gegenüber der polnischen Neiße-Insel, wurden vergrößert und 2007 eine neue Fußgängerbrücke aus Holz geschaffen, sodass die Insel heute die gemeinsame Flussinsel von Deutschen und Polen ist.

--

THE PROJECT'S PROGRESS

»Gubener Wolle«, the Theaterinsel (theatre island), and »Haus Wolf« – the history and substance of these three locations in the centre of the twin cities of Guben and Gubin give this IBA project its uniqueness and its potential.

To stop »Gubener Wolle,« an industrial and cultural icon of textile production, from being forgotten – and to display its outstanding quality as an industrial complex – the IBA organised cultural events in »Gubener Wolle«. In design seminars and workshops, German and Polish planners came together with representatives from Guben and Gubin to create concrete strategies for dealing with the »Wolle.« Careful removal of certain buildings restored lines of sight between the historic old town on the Polish side and the Klostervorstadt on the German side. The remaining buildings are to be reserved for various types of encounters – from German-Polish educational opportunities to culture and cultural-leisure facilities.

Unfortunately, it was not possible to build on the IBA's cultural transitional uses for the site or to implement its plans for the site's future use, mainly because of the continuing exodus from the German side, which reduces the interest from investors.

As a result, large parts of »Gubener Wolle« were demolished, as per the original plan. But the IBA saved the so-called Building D. Beside that the city of Guben saved a storage hall and a factory villa. The Neisseterrassen, a park-like open space opposite the Polish Neisse Island, was enlarged, with the new wooden pedestrian bridge built in 2007 allowing the river island to be shared between Germany and Poland.

Für die Gestaltung der polnischen Neiße-Insel selbst gab die IBA, abgestimmt mit den Städten Guben und Gubin, 2003 eine Planungsstudie in Auftrag. Der Entwurf des Planungsbüros Coqui Malachowska-Coqui schaffte es zwar bis zur Architekturbiennale in Venedig – wurde aber ebenfalls nicht umgesetzt. Heute verfolgen die beiden Städte stattdessen ein »Grüner Pfad« genanntes Konzept, das die Sehenswürdigkeiten beider Städte verbindet. Die entsprechende behutsame Umgestaltung hat begonnen. Integriert ist in dieser Planung auch das Gelände von »Haus Wolf«.

Der frühere Bau des deutsch-amerikanischen Architekten stellt ein besonderes Potenzial dar, das nach Vorstellung der IBA aktiviert werden kann. Auf Anregung der IBA hatte das New Yorker Museum of Modern Art 2001 das Gelände vermessen und bei Grabungsarbeiten zahlreiche Exponate gefunden. Die anschließende deutsch-polnische Entwurfswerkstatt zum möglichen Umgang mit dem Gelände hat die IBA 2002 in einer englischsprachigen Publikation dokumentiert. 2006 präsentiert die IBA dann im Rahmen ihres Themenjahres »Europa« am Originalstandort die »Mies Memory Box« – eine mobile Ausstellungsbox, die auf Deutsch und Polnisch über die Geschichte des Hauses informierte und einige der Ausgrabungsfunde präsentierte. Ein Jahr später konnte eine dauerhafte Informationstafel eingeweiht werden.

--

In 2003, the IBA and the cities of Guben and Gubin commissioned a planning study for the Polish Neisse island itself. The design by planning firm Coqui Malachowska-Coqui made it to the architecture biennale in Venice – but was never actually implemented. Today, however, both cities are pursuing the »Grüne Pfad« (Greenpath) plan, which unites attractions in both cities. The needed careful conversion has already started, with the grounds of »Haus Wolf« included in the plan.

The IBA believes the potential of this destroyed building by the German-American architect can still be tapped, and in 2001 the IBA persuaded the New York Museum of Modern Art to survey the site. The dig found several items. The subsequent German-Polish design workshop on how to develop the site was documented by the IBA in an English-language publication in 2002. In 2006 – the IBA's Europe-themed year – the IBA presented the »Mies Memory Box« – a mobile exhibition box in German and Polish, which educated people about the history of the house and presented some of the artefacts found in the dig. A year later, a permanent information board was unveiled.

AUSBLICK

Nach Vorstellungen der Stadt Guben sollen im Erdgeschoss von Haus D hochwertige Gastronomie und Einzelhandel oder Praxen einziehen und die darüber befindlichen Etagen sollten in Loftwohnungen umgewandelt werden. Im Rahmen des Projekts »Grüner Pfad« werden weiterhin ausgewählte Grünzüge im Stadtgebiet aufgewertet. Dazu wird unter anderem auf der Neiße-Insel nach einem Entwurf von Jürgen Mayer ein symbolisches Tor errichtet, das den früheren Eingang des Theaters andeutet. Am Standort von »Haus Wolf« ist ein Aussichtspunkt »Villa Wolf« geplant, in den Teile des Fundaments einbezogen und an dem ergänzende Informationstafeln aufgestellt werden.

--

FUTURE PROSPECTS

The city of Guben's plan is to site high-quality restaurants, retail stores, or medical practices in the ground storey of Haus D and convert the upper storeys into attic flats. As part of the »Grüner Pfad« project, selected green spaces within the city are being improved. Among other things, this involves erecting a symbolic gateway to the island in the Neisse based on a design by Jürgen Mayer – a reference to the departed theatre's entrance. On the site of »Haus Wolf«, an Aussichtspunkt Villa Wolf (Villa Wolf viewing platform) is planned, incorporating parts of »Haus Wolf's« foundations and with information board displays.

↑ Bestand Gubener Wolle nach Teilabriss, 2006
↘ Die realisierten Neißeterrassen

Adresse -- Address
Gubener Wolle/Neißeterrassen
Alte Poststraße
03172 Guben

Architektur & Planung -- Architecture & Planning
Planung Neißeterrassen: Landschaftarchitekten Neumann Gusenburger

Projektpartner -- Project partners
Wojewodtschaft Lebuser Land
Stadt Guben
Stadt Gubin
Wojewodtschaftsamt für Denkmalschutz
Technische Universität Dresden
Brandenburgische Technische Universität Cottbus
Politechnika Wrocławska

19

COTTBUSER OSTSEE

Direkt am östlichen Stadtrand liegt der Tagebau Cottbus-Nord. Noch bis 2015 wird dort Braunkohle gefördert, danach soll die riesige Grube geflutet werden. Hier wird der größte See Brandenburgs entstehen – der Cottbuser Ostsee. Für seine Zukunft als Seestadt stellt Cottbus heute bereits die stadtplanerischen Weichen.

--

EAST LAKE IN COTTBUS

The Cottbus-Nord open-cast mine lies right on the edge of the city. Lignite will be mined here until 2015, when the huge trench will be flooded. It will become the largest lake in Brandenburg – the Cottbuser Ostsee or »East Lake in Cottbus.« In urban planning terms, Cottbus is already on course for its future as a lakeside city.

AUSGANGSSITUATION

Seit 1975 ist der Tagebau Cottbus-Nord im Betrieb und er wird es noch einige Jahre sein. Damit ist er einer von vier Tagebauen, die in der Lausitz noch aktiv sind. Vier Ortschaften mit rund 900 Einwohnern mussten ihm weichen, zuletzt das zu Cottbus gehörende Dorf Lakoma. Nach dem Wegzug der Dorfbevölkerung Ende der 1980er Jahre gab es aufgrund der politischen Wende wieder Hoffnung, dass der Ort und das angrenzende Landschaftsschutzgebiet Lakomaer Teichlandschaft erhalten bleiben könnten. 1992 besetzten Umweltaktivisten das Dorf und bekamen in den darauffolgenden Jahren Zwischennutzungsverträge durch die Stadt Cottbus und viel mediale Aufmerksamkeit. Als das Land Brandenburg 2003 die außergewöhnlich artenreiche Teichlandschaft als Flora-Fauna-Habitat-Gebiet (FFH) an die EU meldete, schien ein dauerhafter Erhalt möglich. Doch nach langem juristischem Tauziehen wurden das Dorf und das FFH-Gebiet 2007 endgültig beseitigt. Bis 2015 wird hier Braunkohle gefördert werden.

--

INITIAL SITUATION

The Cottbus-Nord open-cast mine has been in operation since 1975, and will continue to operate for some years yet. It is one of the four active open-cast mines still remaining in Lusatia. Four communities with about 900 inhabitants were destroyed to create it, including the village of Lakoma, which was a suburb of Cottbus. At the end of the nineteen-eighties, after the village's inhabitants moved out, political changes created the hope that the community and the protected Lakomaer Teichlandschaft landscape area would be preserved. In 1992, environmental activists occupied the village; over the years, they attracted a lot of media attention and acquired transitional use agreements for the site from the city of Cottbus. When the state of Brandenburg submitted the Teichlandschaft, with its remarkable species diversity, to the EU as a Flora-Fauna-Habitat (FFH), a long-term future seemed possible. But after a protracted legal tug-of-war, the village and the FFH area were finally destroyed in 2007. Lignite will continue to be mined here until 2015.

PROJEKTVERLAUF

Nach der planmäßigen Stilllegung von Cottbus-Nord entsteht hier bis 2030 der mit 1900 Hektar größte See des Lausitzer Seenlandes und Brandenburgs – eine große Chance für Cottbus. Aber wie kann die größte Stadt der Region mit dem größten See der Region zukunftsweisend verbunden werden? Dazu gilt es, das bisherige Stadtrandgebiet rechtzeitig ins öffentliche Bewusstsein zu rücken.

Zur frühzeitigen Entwicklung eines stadträumlichen und landschaftsarchitektonischen Leitbildes für das Jahr 2030 wurde 2001 in Kooperation der Stadt Cottbus mit den zukünftigen See-Anrainergemeinden der Ideenwettbewerb »Cottbus-Ostsee« ausgelobt. Auf Grundlage der so gewonnenen Ideen führte die Stadt mit der IBA in den Jahren 2003 bis 2005 eine Zukunftswerkstatt mit studentischen Workshops durch. So entstanden unter anderem Pläne für einen Hafen, Strand und eine Seebühne. Aus diesen Entwürfen wurde wiederum ein zwischen den Anrainergemeinden abgestimmter »Masterplan Cottbuser Ostsee« erarbeitet.

Begleitet wird der Planungsprozess vom »Inselrat Cottbuser Ostsee«, der alle beteiligten Akteure in den Arbeits- und Entscheidungsprozess einbindet. Der Inselrat »Cottbuser Ostsee« wurde 2002 von der IBA mit den Kommunen, dem Landkreis, Bergbauunternehmen, den Hochschulen und weiteren Akteuren als beratendes Gremium gegründet.

Vorrangiges Ziel ist die Sicherung einer Verbindung zwischen Stadt und See. Die Chance dazu bietet die ehemalige Bahntrasse nach Guben, die für den Tagebau verlegt werden musste. Auf der jetzt ungenutzten Trasse soll ein »Parkway« angelegt werden – eine großzügig mit Bäumen und Grünflächen gestaltete Allee. Die Planungen zu dem Vorhaben sind abgeschlossen.

--

THE PROJECT'S PROGRESS

Once Cottbus-Nord has been shut down according to plan, it will be replaced – by 2030 – with the largest lake in the Lusatian Lake Land and in Brandenburg. 1,900 hectares wide, this lake will be a new opportunity for Cottbus. But how can the biggest city in the region be sustainably combined with the biggest lake in the region? The future lake site on the former city periphery will have to be given more prominence.

In 2001, a concept competition entitled »Cottbus-Ostsee« was launched to develop an advance city periphery and landscape architecture master plan for 2030, as a collaboration between the city of Cottbus and the communities surrounding the future lake site. From 2003 to 2005, based on the ideas from this competition, the city and the IBA conducted a »future workshop,« with several student workshops. Plans included a harbour, a beach, and a lakeside stage, and these plans in turn were the basis for a shared »Master Plan Cottbuser Ostsee«, shared by all the neighbouring communities. The planning process was supervised by the »Inselrat Cottbuser Ostsee« island council, which brings together all those involved in the working and decision-making process. The Inselrat »Cottbuser Ostsee« was founded as an advisory committee in 2002 by the IBA and the communities, the districts, the mining company, the universities, and other parties.

The main goal is to ensure a connection between the city and the lake – the former railway to Guben, which had to be diverted due to the open-cast mine, is one way of achieving this. The unused rail bed is set to be turned into a »Parkway« – an alleyway with trees and green spaces. The plans are already complete.

Als eine erste bauliche Maßnahme entstand 2006 ein vom Bergbauunternehmen Vattenfall finanzierter Aussichtsturm in Cottbus-Merzorf. Aus 31 Metern Höhe ermöglicht der Turm seither einen imposanten Blick auf den Tagebau und künftigen Ostsee. Zwei »See-Blick-Container« am Fuß des Aussichtsturms bieten Informationen und dienen als Ort für Konzerte und Veranstaltungen. Am gegenüberliegenden (künftigen) Ufer wurden 2009 in der Gemeinde Teichland ebenfalls erste touristische Bauvorhaben umgesetzt: ein zweiter Aussichtsturm am Ostsee und ein Freizeitpark mit Sommerrodelbahn.

AUSBLICK

Einzelne Vorhaben des gemeinsamen Masterplans sollen bereits in den kommenden Jahren umgesetzt werden, während der Tagebau noch in Betrieb ist. So ist langfristig der Bau einer aus dem studentischen Workshop entwickelten Seebühne am künftigen Ostseestrand geplant, die damit die künftige Nutzung des entstehenden neuen Naherholungsgebietes der Cottbuser vorbereitet. Ein Rundweg um den künftigen See ist bereits im Bau und wird bis 2015 fertiggestellt sein. Begonnen wurde auch schon mit der Abflachung der Uferböschung bei Schlichow als vorbereitende Maßnahme für den späteren Cottbuser Strand und das geplante Hafenzentrum. Um den künftigen See in den Köpfen der Bevölkerung zu verankern, finden bereits seit einigen Jahren im Sommer das »Ostseefest« und geführte Radtouren statt.

--

Construction began in 2006, with a viewing tower in Cottbus-Merzorf financed by the Vattenfall mining company. The tower provides an impressive view of the open-cast mine and the future »Ostsee« from a height of thirty-one metres. Two »lake view containers« at the foot of the viewing tower provide information, and are also venues for concerts and events. In 2009, on what will one day be the opposite bank, the Teichland community's first tourist project was completed: a second viewing tower on the »Ostsee« and a leisure park with a dry toboggan slope.

FUTURE PROSPECTS

Some of the individual projects in this shared master plan are to be implemented over the coming years, while the open-cast mine is still active. For instance, a lake theatre on the edge of the future »Ostsee« is one of the long-term plans created by the student workshop to appeal to future users of Cottbus' new recreational area. A circular route is being built around the future lake (it should be finished by 2015) and the embankment at Schlichow is already being flattened for the future »Cottbus beach« and the planned harbour centre. The Ostseefest, with guided cycle tours, has been held every summer for the past few years to generate local interest in the future lake.

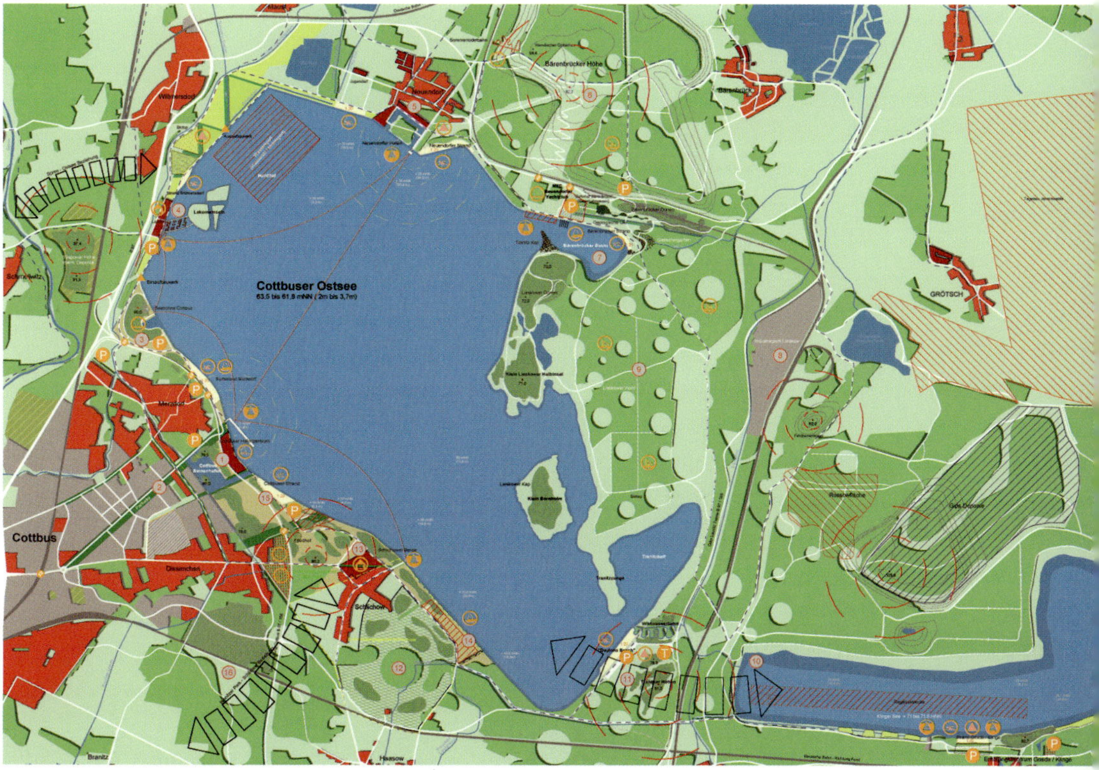

↑ Masterplan Cottbuser Ostsee, März 2008
↘ Strand-Parkway Cottbuser Ostsee

Adresse -- Address
Aussichtsturm am künftigen Cottbuser Ostsee
Klein Lieskower Weg
03042 Cottbus

Architektur & Planung -- Architecture & Planning
Masterplan: Schönwälder Zimmer, Architektur & Planung, Berlin
Entwurf Cottbuser Strand: bbz Landschaftarchitekten, Berlin

Projektpartner -- Project partners
Stadt Cottbus
Gemeinde Teichland
Gemeinde Wiesengrund
Gemeinde Neuhausen (Spree)
Stadtagenten e.V.

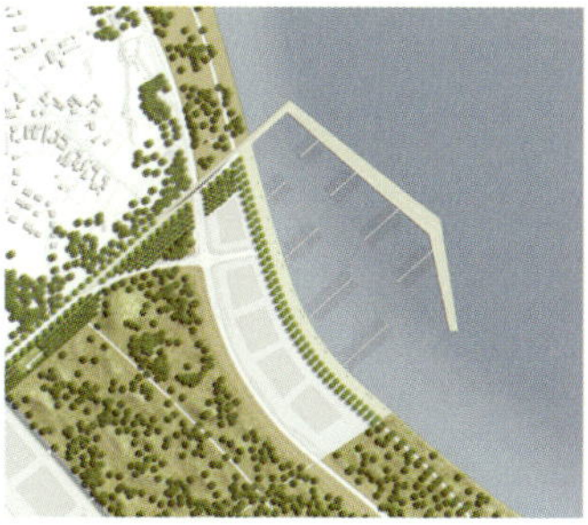

20

FÜRST-PÜCKLER-PARK BRANITZ

Der Park in Cottbus-Branitz gilt neben dem Bad Muskauer Park als wichtigstes Werk von Hermann Ludwig Heinrich Fürst von Pückler-Muskau und erscheint wie ein Naturwunder. Tatsächlich wurde er aber von Pückler bis ins kleinste Detail geplant. Neben dem inneren Kernbereich mit dem spätbarocken Schloss und den berühmten Pyramiden gehört auch der kaum bekannte Außenpark zum Gesamtensemble. Als »gestaltete Feldflur« bezog Pückler dort die land- und forstwirtschaftlichen Flächen der direkten Umgebung in seine Anlage mit ein. Nach langer Vernachlässigung soll der Außenpark nun wieder wahrnehmbar werden.

--

PRINCE PÜCKLER PARK BRANITZ

Apart from the Bad Muskauer Park, the park at Cottbus-Branitz represents the most significant work by Hermann Ludwig Heinrich Fürst von Pückler-Muskau. What looks like a miracle of nature was really the result of Pückler's careful planning. Apart from the late baroque Schloss at the heart of the park – and the famous pyramids – there is the lesser-known outer park. Pückler incorporated the farm and forestry land around his park into the design as a kind of »designed meadow.« After a long period of neglect, the outer park is to be put on display again.

AUSGANGSSITUATION

Nachdem sich Pückler mit den Arbeiten an seinem Park in Bad Muskau übernommen und verschuldet hatte, musste er seinen dortigen Besitz verkaufen und sich auf den unveräußerlichen Familiensitz nach Branitz bei Cottbus zurückziehen. Sofort begann der damals bereits 61-Jährige Branitz umzugestalten. Für Pückler galt die Neuanlage des Landschaftsparks als »künstlerische Oase in einer Wüste«. Bis ins hohe Alter ließ er unermüdlich Schloss und Park nach seinen Vorstellungen umgestalten.

Auch nach seinem Tod 1871 wurde der Park stets gepflegt und weitgehend im von Pückler hinterlassenen Zustand belassen. Dabei war der Park mit seinen zahlreichen Wasserflächen zu DDR-Zeiten nicht zuletzt durch den nahen Tagebau Cottbus-Nord gefährdet, weil hierfür das Grundwasser abgesenkt werden musste. Es ist vor allem dem engagierten Einsatz des Cottbuser Landschaftsarchitekten Helmut Rippl zu verdanken, dass der Park keinen unwiederbringlichen Schaden nahm.

Völlig vernachlässigt wurde allerdings der Außenpark. Die ursprünglichen räumlichen Strukturen wurden während vieler Um- oder Fremdnutzungen überbaut, verändert oder sind überwachsen. Nach Jahrzehnten des unachtsamen Umgangs war der Außenpark als solcher nicht mehr erkennbar und nahezu vergessen.

--

INITIAL SITUATION

After Pückler's Bad Muskau park got him into debt, he had to sell his Muskau estate and retire to his family's non-transferable estate in Branitz at Cottbus. At sixty-one, he immediately began to redesign Branitz, calling the new layout of the landscape park »an artistic oasis in a desert.« Until he was very advanced in years, he continued to redesign the castle and park according to his grand design.

The park continued to be tended, and was largely preserved in the state in which Pückler had left after his death in 1871. During the GDR period, the park and its many expanses of water were endangered by the nearby Cottbus Nord mine, which caused the lowering of the groundwater level. That there was no permanent damage to the park was largely thanks to the efforts of Cottbus landscape architect Helmut Rippl.

The outer park, however, was completely neglected. The park was converted or used for other purposes several times, and the original spatial structure was built on, altered, or overgrown by plants. After centuries of carelessness, the outer park was barely recognisable – and virtually forgotten.

PROJEKTVERLAUF

2005 wurde der Branitzer Park zu einem Projekt der IBA. Gemeinsam mit der Stiftung »Fürst-Pückler-Museum Park und Schloss Branitz«, der Brandenburgisch Technischen Universität Cottbus und der Stadt Cottbus wird der Außenpark seither wieder mehr ins öffentliche Bewusstsein gerückt – als Bestandteil des Branitzer Parks sowie der gestalteten Kulturlandschaft. Der beinahe verloren gegangene Ort soll wieder erlebbar, sichtbar und langfristig als denkmalgeschützte, land- und forstwirtschaftlich genutzte Park- und Kulturlandschaft hergestellt werden. Nur durch das Zusammenspiel und die Abfolge von Feldflur, äußerem und innerem Park und dem »Pleasureground« am Schloss kann Branitz als Gesamtkunstwerk verstanden werden.

Priorität hat dabei die Wiederherstellung des sogenannten »Umfahrungsweges«, der die Besucher langsam als *approach* (englisch für: Annäherung) an das Schloss heranführt. Vom Töpferweg wird so für Kutschen und Radfahrer ein Rundweg von der Gutsökonomie – das neue Besucherzentrum der Stiftung – über Zollhaus, Kirschallee, Wappenhaus und Englische Allee zurück zur Gutsökonomie möglich. Eine besondere Rolle bei dem *approach* spielen die Sichtachsen zum Schloss und der Wechsel zwischen Licht und Schatten, zwischen Feld-, Wald- und Wiesenflächen. Deshalb liegt das Augenmerk auch auf dem Erhalt und der Freistellung der einzeln stehenden alten Baumriesen, die in der Landschaft besondere Akzente setzen.

--

THE PROJECT'S PROGRESS

In 2005, the Branitzer Park became an IBA project. In association with the »Fürst-Pückler-Museum Park und Schloss Branitz« foundation, the Brandenburgische Technische Universität Cottbus, and the city of Cottbus, the outer park has been brought to public attention again – both as part of the Branitzer Park and of the sculpted cultural language. The idea was to open up this almost lost place, put it on display, and make it into a listed agricultural and forestry park and cultural landscape for the future. Branitz can only be perceived as a single unified artwork when visitors can experience the interaction and succession of the meadowland, the outer and inner park, and the Schloss's »pleasure ground.«

The priority was to recreate the so-called *Umfahrungsweg,* which is a kind of approach that takes visitors slowly towards the castle. This opens up a round trip for coaches and cyclists from the Gutsökonomie (the foundation's new visitor centre) via the Zollhaus, Kirschallee, Wappenhaus, Englische Allee, and back to the Gutsökonomie. Particularly important to the approach path were the lines of sight with the castle and the interplay of light and shadows, between fields, woods, and meadow areas. The focus was therefore on preserving the huge, individual old trees placed at important points in the landscape, and on clearing the area around him.

Im Sommer 2007 konnte der erste sanierte Teilabschnitt des Umfahrungsweges im Rahmen einer Fahrradtour entlang des Fürst-Pückler-Wegs (ein weiteres IBA-Projekt) der Öffentlichkeit übergeben werden. Für die zukünftige Arbeit am Umfahrungsweg und am Außenpark liegen Konzepte vor. Ebenfalls 2007 wurde der historische Gutshof nach umfangreicher Restaurierung als Besucherzentrum neu eröffnet.

AUSBLICK

Wer in einigen Jahren den Park besuchen wird – so die Vision –, wird eine landschaftliche Verbindung zwischen der historischen Kulturlandschaft Branitz und dem neu entstehenden Cottbuser Ostsee (dem heutigen Tagebau Cottbus-Nord) sowie einen instand gesetzten Außenpark erleben. Das derzeit noch fehlende Teilstück des Umfahrungsweges auf Höhe der Branitzer Siedlung wird ergänzt und damit komplettiert. In Kooperation mit ihrem Pendant in Bad Muskau bemüht sich die Stiftung »Fürst-Pückler-Museum Park und Schloss Branitz« zudem um eine gemeinsame Anerkennung als UNESCO Weltkulturerbe – ein Titel, den der Pückler-Park in Bad Muskau bereits trägt.

--

In the summer of 2007, the first part of the circular route to be restored was presented to the public – with the aid of a cycle tour of the Fürst Pückler Path (another IBA project). Further plans were produced for developing the Umfahrungsweg and the outer park. 2007 also saw the reopening of the historic Gutshof (manor) as a visitor centre, after extensive restoration.

FUTURE PROSPECTS

The project envisages that anyone visiting the park in a few years will experience a fully restored outer park and be aware of a tangible connection between Branitz's historical cultural landscape and the future »Cottbuser Ostsee« (today still the Cottbus-Nord open-cast mine). The presently missing approach road stretch on the height of the Branitzer Siedlung will be filled in, completing the approach road. The »Fürst-Pückler-Museum Park und Schloss Branitz« foundation's aim is for the park to be declared a UNESCO World Heritage Site together with its counterpart in Bad Muskau – which has already been given this title.

Internet
www.pueckler-museum.de

Adresse -- Address
Fürst-Pückler-Park Branitz (Besucherzentrum)
Robinienweg 5
03042 Cottbus
Fon (0355) 75150
E-Mail info@pueckler-museum.de

Projektpartner -- Project partners
Stiftung Fürst-Pückler-Museum Park und Schloss Branitz
BTU Cottbus, Lehrstuhl Denkmalpflege

21

GROSSSIEDLUNG SACHSENDORF-MADLOW

Am Stadtrand von Cottbus steht mit Sachsendorf-Madlow die größte Plattenbausiedlung Brandenburgs. Innerhalb weniger Jahre für die benötigten Arbeiter der Braunkohle- und Energieindustrie errichtet, verließen nach der Wende 50 Prozent der Bewohner die Siedlung. Schnell entwickelte sich eine Abwärtsspirale aus Leerstand, Verwahrlosung, Imageverlust und weiterer Abwanderung. Im Rahmen eines modellhaften Stadtumbauprozesses wurde dieser Entwicklung entgegengesteuert. Heute hat sich die Siedlung stabilisiert.

--

LARGE SETTLEMENT SACHSENDORF-MADLOW

At the edge of Cottbus lies Sachsendorf-Madlow, the largest panel construction development in Brandenburg. Built in a few years for the workers needed by the lignite and energy industry, the development lost 50 per cent of its inhabitants after reunification. It quickly entered a downward spiral of vacancies, neglect, negative publicity, and more people departing. This trend was combated using a model city conversion process. Today, the development is stable again.

AUSGANGSSITUATION

Der aus politischen Gründen forcierte, flächendeckende Braunkohleabbau in der DDR und in der Lausitz hatte einen enormen Zuwachs an Arbeitskräften in der Region und insbesondere in der einstigen Hauptstadt des »Energiebezirks« Cottbus zur Folge. Die Tagebaue und Kraftwerke der Umgebung wurden neuer Arbeitsort für Zehntausende Menschen, die in der Nähe des Arbeitsplatzes natürlich auch Wohnungen brauchten. Im Südwesten von Cottbus entstand daher zwischen 1976 und 1986 die Großwohnsiedlung Sachsendorf-Madlow in Plattenbauweise. Innerhalb dieser zehn Jahre wurden fast 12.000 Wohnungen für rund 30.000 Berg- und Energiearbeiter und ihre Familien errichtet.

Doch mit der politischen Wende änderten sich diese Rahmenbedingungen: Die meisten Braunkohlegruben mussten aus ökologischen und wirtschaftlichen Gründen nach der politischen Wende geschlossen werden, rund 90.000 Arbeitsplätze gingen verloren. Gerade die Kinder und Enkel jener Menschen, die wegen der Arbeitsplätze »in der Braunkohle« in die Region gezogen waren, verlassen diese nun, weil es andernorts mehr Arbeitsplätze gibt. Wer in der Region blieb und es sich leisten konnte, hatte nun auf dem Wohnungsmarkt Wahlmöglichkeiten – und entschied sich häufig für ein Eigenheim im Umland. Durch Abwanderung, Suburbanisierung und demografischen Wandel verlor Cottbus seit der Wende insgesamt über 40.000 und damit ein Drittel seiner Einwohner. In Sachsendorf-Madlow ging die Einwohnerzahl sogar um mehr als die Hälfte zurück. Fast jede dritte Wohnung im Stadtteil stand leer.

Die vielen Wegzüge – gerade auch der besser gestellten und ausgebildeten Teile der Bevölkerung – erschwerten die Herausbildung oder Beibehaltung funktionierender Nachbarschaften. Zusätzlich destabilisierend wirkte die hohe Arbeitslosigkeit im Stadtteil. So stand das Viertel vor vielen Herausforderungen, als es schließlich 1999 in das Bund-Länder-Programm »Soziale Stadt« aufgenommen wurde.

--

INITIAL SITUATION

Politically-backed large-scale lignite mining in the GDR – and in Lusatia in particular – led to a huge increase in the number of people working in the region. This was especially true of Cottbus, once the capital of this »Energiebezirk.« Tens of thousands of people worked in the region's open-cast mines and power plants – and needed homes close to their workplaces. This led to the large settlement of Sachsendorf-Madlow being built in south-west Cottbus from 1976 to 1986 (from prefabricated panel elements). Over ten years, almost 12,000 flats were built for about 30,000 miners and energy plant workers and their families.

But the political upheavals changed everything: after the reunification, most of the lignite mines had to be shut down for economic or ecological reasons, with a loss of about 90,000 jobs. The children and grandchildren of the people who had moved to the region because of jobs »in lignite« began to leave to find work elsewhere. The housing market situation meant that anyone still in the region with money could afford to choose – and they would usually choose a private house outside built-up areas. Since reunification, Cottbus has lost over 40,000 citizens – a third of its population – to the general exodus, urban sprawl, and demographic changes. Sachsendorf-Madlow has actually lost more than half of its inhabitants. About a third of the apartments in the district are empty.

The loss of people – especially educated and well-off sectors of the population – makes it hard for functioning neighbourhoods to develop and survive. The district's high level of unemployment also harms stability. When this community was included in the joint federal and regional program »Soziale Stadt« in 1999, it was therefore facing a whole range of challenges.

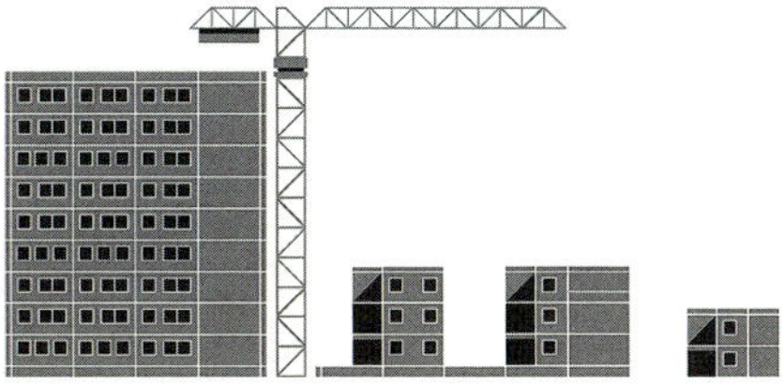

PROJEKTVERLAUF

Seit 2000 unterstützt die IBA die Stadt Cottbus bei ihren Arbeiten zur Stabilisierung und zum Umbau von Sachsendorf-Madlow. In diesem Jahr legte die Stadt das Viertel förmlich als Sanierungsgebiet fest und definierte eine Doppelstrategie des Rückbaus bei gleichzeitiger Aufwertung. 15 verschiedene Teilprojekte wurden und werden seither im Sanierungsgebiet in Zusammenarbeit mit dem Landesministerium für Infrastruktur und Raumordnung, der Stadt Cottbus und den Wohnungsgesellschaften umgesetzt. Mit diesen Vorhaben nahm Cottbus auch als eine der ersten ostdeutschen Städte am »Stadtumbau«-Programm des Bundes teil.

Die Arbeit der IBA bestand insbesondere darin, ausgewählte Modellprojekte zu präsentieren und zu vermitteln. Besucher können seit 2002 den Stadtumbau in Sachsendorf-Madlow auf dem »IBA-Stadtpfad« mit seinen Stelen oder im Internet verfolgen: Auf der Seite www.iba-stadtpfad.de besteht die Möglichkeit, durch das gesamte Umbaugebiet zu navigieren.

--

THE PROJECT'S PROGRESS

Since 2000, the IBA has supported the city of Cottbus in working to stabilise and convert Sachsendorf-Madlow. That year, the city formally classified the district as an area to be renovated and adopted a double strategy – to demolish some structures while improving the district. Fifteen different projects either have been or are being implemented in the renovation area, in collaboration with the Landesministerium für Infrastruktur und Raumordnung, the city of Cottbus, and the housing associations. This made Cottbus one of the first German cities to take part in the Federal Republic's »Stadtumbau« (urban redevelopment) programme.

The IBA was especially concerned with presenting a selection of model projects and spreading the word. Since 2002, visitors have been able to track the Sachsendorf-Madlow urban redevelopment measures either on the »IBA City Path« with its stelae markers or on the internet. Users can navigate the whole conversion area on the site www.iba-stadtpfad.de.

IBA-Stadtpfad, Wegemarke

Zu Modellprojekten gehört ein gelungenes Architekturexperiment an der Theodor-Storm-Straße: Ein elfgeschossiges Wohnhaus mit 54 Wohnungen stand zu rund einem Drittel leer. Man entschied sich für den Abriss des Plattenbaus und »Recycling« der einzelnen Betonplatten nach einem Entwurf des Cottbuser Architekturbüros Zimmermann & Partner. Schrittweise wurde das Gebäude demontiert und die Einzelmodule zu fünf zwei- bis dreigeschossigen Stadtvillen mit 13 Wohnungen neu zusammengesetzt. Während im Stadtteil nach wie vor viele Wohnungen leer stehen, sind die neuen Wohnungen alle belegt. Das Projekt beweist also, dass die Nachnutzung von Bauelementen wirtschaftlich sinnvoll sein kann und dass auch in schrumpfenden Stadtteilen im Einzelfall eine Trendumkehr möglich ist – wenn die gestalterische und Nutzungsqualität von Architektur und Freiraum stimmt.

Im Quartier Turower Straße erfolgte ein modellhafter Quartierumbau mit Modernisierung, Teilrückbau und Wohnumfeldverbesserung: Eine alte Kita wurde in ein Nachbarschaftszentrum für die Stadtbewohner umgebaut. Im Grünzug Priorgraben verbinden neue Fuß- und Radwege Sachsendorf-Madlow mit dem Landschaftsraum im Osten und Westen sowie dem Cottbuser Stadtzentrum, dazu gehört auch die neue Brücke am Priorgraben.

--

The model projects include a successful architectural experiment on the Theodor-Storm-Strasse. An eleven-storey apartment block with fifty-four apartments was about a third vacant. It was decided to demolish the panel construction and »recycle« the individual concrete slab elements based on a plan by the Cottbus architecture firm Zimmermann & Partner. Step by step, the building was dismantled, and the individual modules were built up into three-to-five-storey town villas with thirteen apartments. While there are still many empty flats in the district, the new flats are all occupied. This project proves that reusing construction elements can make economic sense, and that it is possible to reverse the trend even in shrinking districts – if the design and functional quality of the architecture and open spaces is high enough.

The Turower Strasse quarter was given an exemplary district-wide conversion – modernization coupled with partial demolition and improvements to the living environment. An old childcare centre was converted into a neighbourhood centre for the city's inhabitants. In the Priorgraben green strip, new footpaths and cycle paths connect Sachsendorf-Madlow with more rural areas to the east and west and with the Cottbus town centre – helped by the new bridge at Priorgraben.

Als erste Großprojekte im öffentlichen Raum wurden der neue Freizeitpark am Wasserturm, die Sportanlage Hegelstraße und der Stadtplatz mit dem neuen Sachsendorfer Wahrzeichen »Zelt« realisiert. Zusätzlich wurde der Boulevard Gelsenkirchener Allee durch Begrünung und Stadtmöbel aufgewertet.

Ein anderes Teilprojekt befindet sich im Bereich Hegelstraße, in unmittelbarer Nähe zur Autobahn. Das Gebiet gehörte aufgrund hoher Bebauungsdichte, ungenügender Wohnumfeldqualität und peripherer Lage zu den deutlich benachteiligten Bereichen innerhalb von Sachsendorf-Madlow. Der Wohnungsleerstand war hier so groß, dass rund 1000 Wohnungen »vom Markt genommen« – also abgerissen – wurden. Um die Staubbelastung durch die entstandenen Brachflächen für die Anwohner niedrig zu halten, entschloss man sich hier zu einer Aufwertung durch Zwischenbegrünung und bezog 2004 die Anwohner in eine Pflanzaktionen mit ein.

2007 führte die IBA zusammen mit dem Landkreis Spree-Neiße einen internationalen Architekturwettbewerb für den Umbau des Pückler-Gymnasiums an der Hegelstraße durch, den das Hamburger Büro pmp Architekten Padberg & Partner gewann. Mit der geplanten Zusammenlegung dreier Gymnasien unter dem Dach des Landkreises Spree-Neiße sollte die Schule das größte Gymnasium in Brandenburg werden.

--

The first large-scale project for a public space involved the new leisure park at the Wasserturm, the Hegelstrasse sports complex and the city square with its new Sachsendorfer icon – the *Zelt* (tent). The Gelsenkirchener Allee was also improved with plants and city furniture.

Another of the projects was in Hegelstrasse, close to the motorway. Due to its high development density, low quality of living space, and peripheral position, this district is one of Sachsendorf-Madlow's disadvantaged areas. There were so many vacant flats here that about 1000 flats had been »taken off the market« by being demolished. To keep down the inhabitants' exposure to dust from the resulting wastelands, it was decided to turn them into transitional green spaces – leading to an inhabitants' planting campaign in 2004.

In 2007, the IBA and the district of Spree-Neisse held an international architecture competition to convert the Pückler-Gymnasium school on the Hegelstrasse, which was won by the Hamburg firm pmp Padberg & Partner. There were plans for the district of Spree-Neisse to bring three such schools together under its roof, making this school the largest in Brandenburg.

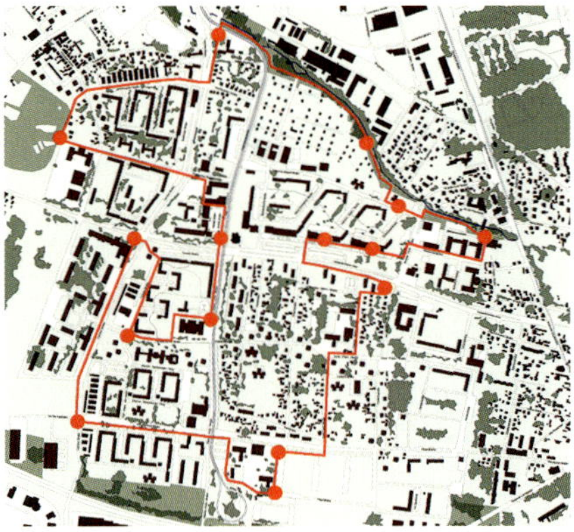

IBA-Stadtpfad

AUSBLICK

Ein Großteil der Stadtumbaumaßnahmen in Sachsendorf-Madlow wurde umgesetzt oder auf den Weg gebracht. Anstelle der Zwischenlösung durch Begrünung der Brachflächen an der Hegelstraße sollen Gewerbeflächen entstehen. Ein entsprechender Bebauungsplan wird erstellt. Am Boulevard in der Gelsenkirchener Allee wird zudem das soziokulturelle Zentrum »Bunte Welt« im Modellvorhaben »Initiative ergreifen« des Bundes gefördert. Nicht realisiert wird hingegen der Umbau des Pückler-Gymnasiums, da eine der drei Schulen doch nicht geschlossen wird, wie zunächst vorgesehen. Somit entfiel die Grundlage für den geplanten Umbau.

--

FUTURE PROSPECTS

Most of the urban redevelopment measures for Sachsendorf-Madlow have either been completed or are underway. There is a plan to replace the transitional green spaces on the wasteland in the Hegelstrasse with advertising space, and an appropriate development plan was created. The federal pilot project »Initiative ergreifen« (take the initiative) supported the sociocultural centre Bunte Welt (colourful world) on the boulevard in the Gelsenkirchener Allee. The Pückler-Gymnasium was never converted as planned, because one of the three schools was not closed as foreseen, removing the reason for the planned conversion.

Internet
www.iba-stadtpfad.de

Adresse -- Address
Großsiedlung Sachsendorf-Madlow
Heinrich-Mann-Straße 11
03050 Cottbus

Architektur & Planung -- Architecture & Planning
Umbau Stadtvillen Theodor-Storm-Straße: Zimmermann + Partner Architekten BDA, Cottbus
Boulevard: geskes.hack Landschaftsarchitekten, Cottbus/Berlin
Stadtplatz: Dr. Harald Kühne, Cottbus und andere

Projektpartner -- Project partners
Stadt Cottbus
Landkreis Spree-Neiße
Gebäudewirtschaft Cottbus GmbH (GWC)
Gemeinnützige Wohnungsbaugenossenschaft »Stadt Cottbus« e.G. (GWG)
Stadtteilmanagement: StadtBüro Hunger
DSK Deutsche Stadt- und Grundstücksentwicklungsgesellschaft mbH

22

SLAWENBURG RADDUSCH

Unübersehbar steht sie an der Autobahn vor Cottbus: die Slawenburg Raddusch. Genau an dieser Stelle hatte sich vor über 1000 Jahren eine slawische Fluchtburg befunden. Entdeckt wurden die Überreste des ursprünglichen Baus bei archäologischen Untersuchungen im Vorfeld eines Tagebaus bei Vetschau. Äußerlich originalgetreu rekonstruiert, wird hier die 10.000-jährige Kulturgeschichte der Lausitz mit archäologischen Funden anschaulich dargestellt und aufgezeigt, dass die Region eine lange vorindustrielle Vergangenheit hat.

--

SLAVIC FORT RADDUSCH

The Raddusch Slavic Fort is hard to miss; it is on the motorway to Cottbus. Over a thousand years ago, a Slavic refuge fort stood on this site. The remains of the original building were discovered in an archaeological dig that preceded the Vetschau open-cast mining operation. The exterior is a replica of the original, and it houses archaeological finds that tell visitors about 10,000 years of civilisation in Lusatia – showing that Lusatia has a heritage beyond its industrial past.

AUSGANGSSITUATION

Nicht nur Land- und Ortschaften wurden von den großflächigen Tagebauen überbaggert, sondern auch zahlreiche archäologische Fundstätten. Nur Bruchteile dieser frühgeschichtlichen Denkmale konnten archäologisch untersucht werden, bevor die Bagger kamen. Zu den Denkmalen zählt die Slawische Fluchtburg, die von 1984 bis 1990 am Rand des Tagebaus Seese-Ost ausgegraben wurde. Nur dem vorzeitigen Ende des Tagebaus im Jahr 1990 ist der Erhalt des originalen Burgstandorts zu verdanken.

Bauherren der Burg waren die »Ur-Lausitzer«: Der slawische Stamm der Lusizi siedelte ab dem 9. Jahrhundert in der Lausitz, gab der Region ihren Namen und hinterließ rund 40 Fluchtburgen aus Holz-Erde-Konstruktionen. Übereinander geschichtete Eichenstämme, ein Brustwehr aus Weidengeflecht und ein Graben betonten den wehrhaften Charakter der Befestigungsanlagen. Die ringwallförmigen Anlagen sind über Jahrhunderte hinweg als lausitztypische Bodendenkmale erhalten geblieben und teilweise noch heute gut in der Landschaft als baumbestandene Erdhügel sichtbar.

Das Brandenburgische Landesamt für Denkmalpflege und das Archäologische Landesmuseum (BLDAM) entwickelten zu Beginn der 1990er Jahre das Projekt »Slawenburg Raddusch« als bauliche Nachbildung mit integrierter Ausstellungsfläche.

--

INITIAL SITUATION

Like the local villages, many archaeological sites were bulldozered to make room for the large-scale open-cast mines. Only a few of these relics of early history could be studied by archaeologists before the bulldozers arrived; one of these was the Slavic refuge fort that was excavated on the edge of the Seese-Ost open-cast mine from 1984 to 1990. The original fort only survives today because mining stopped prematurely in 1990.

This fort was built by the »original Lusatians.« The Slavic Lusitzer people settled in Lusatia around the ninth century. They gave the region its name – and left behind about forty wood-and-earth constructions. Stacked oak stakes, a withy parapet, and a trench emphasised the fortification's defensive character. These ring wall-shaped compounds have survived over centuries as a typical feature of the Lusatian landscape – sometimes standing out in the landscape as tree-covered hills.

At the beginning of the nineteen-nineties the Brandenburgische Landesamt für Denkmalpflege and the Archäologisches Landesmuseum (BLDAM) planned the »Raddusch Slavic Fort« project – a replica with integrated exhibition spaces.

PROJEKTVERLAUF

Mitarbeiter des Archäologischen Landesmuseums in Potsdam nutzten die Chance der Bergbausanierung und verhandelten erfolgreich mit der LMBV, aus Mitteln der Bergbausanierung einen Erinnerungsort für abgebaggerte archäologische Stätten zu schaffen. Die Stadt Vetschau bewies Mut und übernahm die Burg in ihr Eigentum. Die IBA arbeitete ein Betreiberkonzept aus und unterstützte dessen Umsetzung. Ein Veranstaltungs- und Gestaltungsbeirat nahm seine Arbeit auf und gab eine klare Linie bei der Gestaltung des Projekts vor: Archäologisch nachweisbare Strukturen sollten so originalgetreu wie möglich nachgebaut werden. Unbekanntes oder aus funktionalen Gründen neu Hinzugefügtes sollte hingegen in Material und Form bewusst modern gestaltet werden. Die klare architektonische Formensprache des Projekts und des Ausstellungsdesigns wurde auch in der Inneneinrichtung und der Gestaltung des Innenhofs fortgeführt. Der Entwurf stammt vom Architekturbüro Ulrich Sasse in Cottbus.

Die braunkohlenarchäologischen Grabungs- und Forschungsergebnisse ermöglichten eine äußerlich weitgehend originalgetreue Nachbildung. War die Wallmauer in slawischer Zeit massiv aus Holz, Erde, Sand und Lehm gebaut, ist sie heute innen hohl und bietet Platz für die Ausstellung, einen Vortragsraum, einen Museumsshop und Gastronomie. Besucher können heute im ringförmigen Bau eine Zeitreise unternehmen. Archäologische Funde, verbunden mit modernster Multimediatechnik, erzählen Lausitzer Geschichte. Die Besonderheit des Gesamtprojekts liegt genau in diesem Spannungsfeld zwischen Alt und Neu.

Schon 2003 wurde die Slawenburg Raddusch eröffnet. Gleich im ersten Jahr kamen 70.000 Besucher, um sich über das Lausitzer Leben von der Steinzeit bis zum Mittelalter zu informieren und Kulturveranstaltungen zu erleben. Immer wieder wird der Innenhof seither für Folkkonzerte, Ballett- und Opernaufführungen, Mittelaltermärkte und viele andere Veranstaltungen genutzt.

--

THE PROJECT'S PROGRESS

Employees of the Archäologisches Landesmuseum in Potsdam took advantage of the mine restoration to successfully persuade the LMBV to use mine restoration funds to create a memorial to the destroyed archaeological sites. The city of Vetschau, showing considerable spirit, took on ownership of the fort. The IBA worked out a plan for running it and supported its implementation. An event and design advisory council then took up the job, providing clear guidelines for the project. The structures revealed by the archaeological evidence were to be reproduced as accurately as possible, while additions that were not based on the evidence or functionally necessary were to be made from deliberately modern materials. The clear vocabulary of architectonic forms seen in the project and the exhibition design extends to the inner furnishings and the inner courtyard's design. The design was created by the architecture firm Ulrich Sasse in Cottbus.

The archaeology of the lignite – the results of digs and research – allowed the exterior of the original building to be reproduced exactly. While the Slavic-period wall was solid wood, earth, sand, and clay, today it is hollow and provides space for exhibitions, a lecture theatre, a museum shop and a restaurant. Today, visitors to the ring-shaped building can go on a journey through time. Archaeological finds combined with modern multimedia technology tell the story of Lusatia's history. This tension between the old and the new is what makes this whole project special.

Schrittweise wurde auch das Umfeld der Slawenburg weiterentwickelt. 2005 wurde ein »Zeitsteg« eingeweiht, der einmal rund um die Slawenburg führt. Entlang des Stegs symbolisieren Bauminseln mit Sitzgelegenheiten die unterschiedlichen Epochen der Besiedlungsgeschichte. Für Kinder lässt ein Holzspielplatz die Zeit der Lusizi lebendig werden. Die Baumrondelle greifen thematische Elemente der Ausstellung auf und setzen sie in der Landschaft spielerisch um. Auch hier gilt das Prinzip, nur historisch Belegtes authentisch zu gestalten.

AUSBLICK

Die Slawenburg Raddusch hat sich zu einer gefragten Touristenattraktion und einem beliebten Veranstaltungsort an der Schnittstelle zwischen Spreewald und Lausitzer Seenland entwickelt. Perspektivisch wird der Standort weiter aufgewertet werden, sobald der angrenzende und bereits zu Lübbenau gehörende Bischdorfer See – der frühere Tagebau Seese-Ost – fertig geflutet ist. Bis 2012 soll der mit 255 Hektar relativ kleine See seinen endgültigen Wasserpegel erreicht haben und sich nach Plänen der Stadt Lübbenau zu einem modernen Wassersportzentrum entwickeln. Ein asphaltierter Weg für Radfahrer und Skater rund um den See ist bereits realisiert. Geplant ist derzeit ein Campingplatz und eine Ferienanlage, diskutiert wird auch über einen Wasserlandeplatz. Auch das historische Element der Slawenburg soll bei der touristischen Nutzung des Sees erkennbar sein – etwa durch Einbaumboote und slawisch inspirierte Hütten zur Beherbergung.

--

In 2003, the Raddusch Slavic Fort was opened to the public. In its first year, it received 70,000 visitors interested in learning about life in Lusatia from the Stone Age to the Middle Ages and experiencing cultural events. The inner courtyard is used for folk music concerts, ballet, and opera performances, medieval markets, and many other events.

Step by step, the area around the Slavic fort was developed. In 2005, a Zeitsteg (time walkway) leading around the fort was opened, with tree-covered islands with seating arranged along the route symbolising different epochs in the area's settlement history. A wooden play area brings the time of the Lusitzer alive for children. The circles of trees pick up on different exhibition themes and apply them to the landscape in a playful way. The same principle of only using authentic materials where historical evidence exists applies here.

FUTURE PROSPECTS

On the border between Spreewald and Lusatian Lake Land, the Raddusch Slavic Fort has become a popular tourist attraction and a popular venue for events. The location will be further improved by the flooding of Lübbenau's Lake Bischdorf – formerly the Seese-Ost open-cast mine. By 2012, this relatively small lake (about 255 hectares wide) will have reached its target water level and, according to the city of Lübbenau's plans, will have become a modern water sports centre. An asphalt path for cyclists and skaters has already been built on the edge of the lake. There are plans for a campsite and a holiday complex, as well as a water aerodrome site. The historic nature of the Slavic fort will be part of the lake's tourism industry – with dugout canoes and Slavic-style huts to provide shelter.

Internet
www.slawenburg-raddusch.de

Adresse -- Address
Slawenburg Raddusch
Zur Slawenburg 1
03226 Raddusch
Fon (035433) 55522
E-Mail slawenburg-raddusch@spreewald.de

Architektur & Planung -- Architecture & Planning
Slawenburg: Sasse Architekten, Cottbus
Ausstellung: eckedesign, Berlin
Umfeldgestaltung: geskes.hack Landschaftsarchitekten, Cottbus/Berlin

Projektpartner -- Project partners
Stadt Vetschau
Stadt Lübbenau
Förderverein Slawenburg Raddusch e.V.
Brandenburgisches Landesamt für Denkmalpflege
Archäologisches Landesmuseum (BLDAM)
Tourismusverband Spreewald e.V.

23

WASSERREICH SPREE

Im Spreewald soll ein neues Informations- und Besucherzentrum mit überregionaler Ausstrahlung entstehen. Unter dem Titel »Wasserreich Spree« werden anhand der Themen Naturraum, Wasserhaushalt und Klimawandel die gegenseitigen Abhängigkeiten entlang der Spree aufgezeigt. Das Besucherzentrum soll zur konzeptionellen und touristischen Vernetzung des Spreewalds mit dem neuen Lausitzer Seenland, dem Dahme-Seengebiet sowie der Bundeshauptstadt Berlin beitragen.

--

WATER WORLD OF THE SPREE

The plan was to build a new information and visitor centre in the Spree Forest to attract visitors from outside the region. An exhibition entitled »Water-Realm Spree« will showcase the conditions along the Spree, focusing on the themes of natural space, the water balance and climate change. The visitor centre will help to connect the Spree Forest with the new Lusatian Lake Land and the federal capital Berlin – in conceptional and tourism terms.

AUSGANGSSITUATION

Etwa auf halber Strecke ihres fast 400 Kilometer langen Verlaufs von der Quelle nahe der deutsch-tschechischen Grenze bis zur Mündung in die Havel bildet die Spree ein Binnendelta: den Spreewald mit seinem dichten Netz aus 300 Fließen, die ein 1400 Kilometer umfassendes Wasserwegenetz bilden. Der Spreewald zählt mit seiner reichen Pflanzen- und Tierwelt zu den schönsten und einzigartigsten Flusslandschaften Europas. Hier haben viele bedrohte Arten wie Fischotter, Biber, Fledermaus, Schwarzstorch, Kranich und Seeadler ihren Lebensraum. Alle Arten und Lebensgemeinschaften des Spreewaldes sind auf die charakteristischen Feuchtbiotope der Flussaue angewiesen. 1991 wurde die Landschaft als Biosphärenreservat durch die UNESCO anerkannt.

Was wie ein Sinnbild für urwüchsige Natur wirkt, ist allerdings eine traditionsreiche, vom Menschen geformte Kulturlandschaft mit spezifischen Bewirtschaftungsformen und veränderlichem Wasserpegel. Durch die Braunkohleförderung in der Lausitz wurde zwischen 1960 und 1990 der Wasserhaushalt im gesamten Einzugsgebiet der Spree massiv beeinflusst. Das aus den Tagebauen abgepumpte Grundwasser wurde in die Spree und ihre Zuflüsse geleitet. So führte die Spree teilweise mehr als das Zehnfache ihrer natürlichen Wassermenge. Dadurch vertiefte sich das Gewässernetz und es entstanden weitere Fließe. Mit dem Ende der meisten Tagebaubetriebe und dem Abstellen der Pumpen fiel der bisherige zusätzliche Spreezufluss weg.

--

INITIAL SITUATION

About halfway along its course – nearly 400 kilometres long from its source near the German-Czech border to where it ends in the Havilland – the Spree has an inland delta: the Spree Forest, with a dense structure of 300 channels that creates a 1,400-kilometer network of waterways. With its wealth of plant and animal species, the Spree Forest is one of the most beautiful and unique river landscapes in Europe. It is a habitat for several threatened species – otters, beavers, bats, black storks, cranes, and sea-eagles. All the Spree Forest's species and ecosystems depend on its characteristic wet, river-meadow biotopes. In 1991, the area was declared a Biosphere Reserve by UNESCO.

What looks like the picture of unspoiled nature is in fact a cultural landscape created by human hands and specialised land management forms, with traditions of its own – and variable water levels. Between 1960 and 1990, lignite mining in Lusatia had a massive effect on the water balance in the whole of the Spree's catchment area. The groundwater pumped out of the open-cast mines was channelled into the Spree and its tributaries. This meant that parts of the Spree were more than ten times fuller than they should have been, causing the waterway network to deepen and create new channels. When most open-cast mining was ended and the pumps stopped running, the additional Spree inflow stopped.

PROJEKTVERLAUF

Das »Wasserreich Spree« wurde 2006 zu einem IBA-Projekt und sieht ein modernes Besucher- und Ausstellungszentrum auf der Lübbener Schlossinsel vor. Als modernes Science Center orientiert es sich mit hochwertiger Ausstattung, zahlreichen Exponaten und interaktiven Elementen am Erlebnisinteresse der Besucher und soll zeitgemäß Wissen vermitteln. Ziel ist es, Tourismus und nachhaltige Entwicklung zu verknüpfen. Konzeptionell sollen die bereits bestehenden, dezentralen Informationszentren in Burg, Lübbenau und Schlepzig im Spreewald um eine Attraktion von internationalem Rang ergänzt werden. Das Zentrum schafft als neues Eingangstor zum Spreewald eine der touristischen Bedeutung der Region adäquate Anlaufstelle und bietet gleichzeitig einen zusätzlichen Anreiz für neue Besuchergruppen.

Das Kommunikationskonzept setzt auf moderne Medien, sinnliches Erfahren, Experimentier- und Exkursionsangebote auf ca. 2300 Quadratmetern Fläche. Mit der Schwerpunktsetzung auf die Themen »Wasserhaushalt und Klimawandel« sowie »UNESCO-Biosphärenreservate als Modellregionen für nachhaltige Entwicklung«, die konkret am Flusslauf der Spree von der Quelle bis zur Mündung aufgezeigt werden, ist das Konzept einzigartig für ein deutsches Großschutzgebiet.

--

THE PROJECT'S PROGRESS

In 2006, the »Water-Realm« Spree became an IBA project, and was expanded to include a modern visitor and exhibition centre on the Lübbener Schlossinsel (Lübben castle island). This modern science centre, with its state-of-the-art equipment, numerous exhibits and interactive elements focuses on providing an experience for visitors and are a modern way of spreading knowledge, with the goal of uniting tourism and sustainable development. The idea is to add a world-class attraction to the decentralised information centres in Burg, Lübbenau and Schlepzig in the Spree Forest. As a new gateway to the Spree Forest, the centre will do justice to the importance of the region for tourism, while giving it a new charm to target new visitor groups.

The communication concept utilises modern media, sensory experiences and opportunities for experiments and excursions on a site approximately 2,300 squaremetres. The emphasis is on the themes of »the water balance and climate change« and »UNESCO Biosphere Reserves as model regions for sustainable development« as practically demonstrated by the course of the Spree from source to end. This is a unique concept for a large-scale German protected area.

Projektstudien zum Wasserreich Spree

2008 führte die IBA mit ihren Projektpartnern für die Entwurfsplanung einen Wettbewerb für ein Ausstellungs- und Betreiberkonzept durch. Das wirtschaftlich und naturwissenschaftlich-didaktisch überzeugendste Konzept lieferte hierfür die Leisureworkgroup aus Hamburg.

AUSBLICK

Bis 2013 soll das »Wasserreich Spree« realisiert werden. Die wichtigste Aufgabe auf dem Weg zu diesem Ziel ist die Sicherstellung der Finanzierung und eine detaillierte Ausarbeitung des Betreibermodells. Auf Basis des derzeitigen Ausstellungs- und Betreiberkonzepts wird nach geeigneten Umsetzungsstrategien gesucht und ein Architekturwettbewerb vorbereitet.

--

In 2008, the IBA and its project partners conducted a competition to find an exhibition and operation concept for the centre. The best concept, in economic and science education terms, was created by the leisureworkgroup firm from Hamburg.

FUTURE PROSPECTS

The Water-Realm Spree should be completed by 2013. The most important condition for achieving this goal is securing financing and drawing up a detailed operation model. Suitable implementation strategies are being developed based on the present exhibition, and operation concepts and preparations are being made for an architecture competition.

Geplanter Standort -- Planned location
Erweiterung der Schlossinsel Lübben/Burglehn Lübben
15907 Lübben (Spreewald)/OT Steinkirchen

Architektur & Planung -- Architecture & Planning
Konzept: Leisureworkgroup, Hamburg

Projektpartner -- Project partners
Landesumweltamt Brandenburg
Landkreis Dahme-Spreewald
Stadt Lübben (Spreewald)
Biosphärenreservat Spreewald im Landesumweltamt Brandenburg
Regionale Wirtschaftsförderungsgesellschaft des Landkreis Dahme-Spreewald

24

SIELMANNS NATURLANDSCHAFT WANNINCHEN

Es mag überraschend klingen, aber weite Teile der Altbergbauflächen in der Niederlausitz stehen unter Naturschutz – und das hat gute Gründe: Durch den Bergbau sind nur scheinbar »tote« Mondlandschaften entstanden. Viele dieser völlig neuartigen Landschaften sind biologisch sehr wertvoll. Auf den vom Bergbau zurückgelassenen Rohböden erobert sich die Natur rasch Lebensräume für Pflanzen und Tiere zurück. Auch in Wanninchen lässt sich Evolution im Zeitraffer beobachten.

--

SIELMANN'S NATURAL LANDSCAPE WANNINCHEN

It may sound strange, but large areas of the old mining ground in Lower Lusatia are protected natural habitats – and for good reason. The moonscapes created by mining are only seemingly »dead« – many of these totally new landscapes are biologically very valuable. The bare soil left behind by mining is quickly reclaimed by nature – as a habitat for animals and plants. Wanninchen is one place where high-speed evolution is taking place.

AUSGANGSSITUATION

Wanninchen war eines von mehreren kleinen Dörfern, die bis zur Stilllegung des Tagebaus Schlabendorf-Süd »überbaggert« wurden, wie das in der Sprache der Bergarbeiter heißt. Lediglich ein Bauernhof blieb stehen und erinnert bis heute an den verschwundenen Ort. Doch bereits kurz nach Beendigung des Braunkohleabbaus kehrte Leben zurück nach Wanninchen: Schnell siedelten sich spezialisierte und zum Teil selten gewordene Tier- und Pflanzenarten an, Pioniere wie Sandschrecken, Sandohrwürmer und Steinschmätzer.

Im Zuge der Bergbausanierung, die zur Herstellung der bergrechtlich geforderten Sicherheit notwendig ist, wurden von der LMBV Voraussetzungen für eine spätere strukturreiche Entwicklung geschaffen. Wichtige Bestandteile sind die Schaffung von Inseln in den Seen, die Gestaltung abwechslungsreicher Uferlinien und die Entwicklung artenreicher Waldbestände. Mit dem Ende der Flächensanierung begann der zuvor um rund 40 Meter abgesenkte Wasserspiegel wieder zu steigen. Schon nach wenigen Jahren wurde vielerorts die Dynamik der Selbstheilungskräfte der Natur sichtbar. Anders als in den meisten künstlichen Seen des Lausitzer Seenlandes wurden hier die Braunkohlerestlöcher nicht geflutet. Nach und nach füllte das aufsteigende Grundwasser die Gruben und ließ ausgedehnte Wasserflächen und Feuchtgebiete entstehen. Enten, Flussregenpfeifer, Wiedehopfe und andere Vogelarten folgten den Pionieren, auch verschiedene Amphibien siedelten sich an.

--

INITIAL SITUATION

Wanninchen was one of several small villages that were bulldozed before the Schlabendorf-Süd open-cast mine was shut down, with only one farmstead remaining to mark where the vanished community used to be. Shortly after lignite mining ended, life returned to Wanninchen. Specialised plants and animals (some of them rare species) rapidly colonised the site – pioneers like sand grasshoppers, giant earwigs, and wheateaters.

During the mine restoration (needed to make the area safe under mining law), the LMBV created the conditions for a highly structured subsequent development. Important points included creating islands in the lakes, creating varied and interesting bank edges, and developing species-rich plantations. When the ground restoration was completed, the water level – which had sunk by about forty metres – began to rise again. After a few years, nature could be seen dynamically healing itself on several sites. Unlike most of the Lusatian Lake Land's artificial lakes, the residual lignite cavities here were not flooded. Little by little, the rising groundwater filled the trenches and created expanses of water and wetlands. Ducks, little ringed plovers, hoopoes, and other bird species move in to follow the pioneer species, as do certain amphibious species.

Heinz Sielmann in Wanninchen

PROJEKTVERLAUF

Die Heinz Sielmann Stiftung erwarb über 3000 Hektar im Naturpark Niederlausitzer Landrücken, um langfristigen Schutz ohne Störungen durch andere Nutzungsinteressen sicherzustellen. Sanddünen, Magerrasengesellschaften, Mischwälder und Wasserflächen bestimmen mittlerweile das Erscheinungsbild in »Sielmanns Naturlandschaft Wanninchen«. Großflächig wird hier der Natur freier Lauf gelassen. In dem einzig verbliebenen alten Bauernhof des Dorfes Wanninchen richtete die Stiftung ihr Naturparkzentrum ein. Auf dem Gelände befinden sich eine Streuobstwiese, ein Weiher, ein kleines Moor und ein Findlingsgarten. In einer künstlich angelegten Uferschwalben-Nistwand können bis zu 130 Vogelpaare gleichzeitig brüten, was für Besucher ein interessantes Schauspiel bietet. Sogar die selten gewordenen Kraniche haben das Gebiet für sich entdeckt und können hier im Herbst regelmäßig beobachtet werden.

Seit 2002 werden zahlreiche Veranstaltungen angeboten. Vor allem Kinder und Jugendliche können im Rahmen der »Tage voller Wunder« – dem Natur-Erlebnisprogramm der Heinz Sielmann Stiftung – lernen, die Natur wieder mit allen Sinnen wahrzunehmen, sie zu schätzen und verantwortungsvoll mit ihr umzugehen. 2005 wurde »Sielmanns Naturlandschaft Wanninchen« ein IBA-Projekt, um innerhalb des IBA-Arbeitsschwerpunktes »Neue Landschaften« das Thema Naturschutz zu verankern und damit auch auf andere, nach dem Bergbau entstehende Naturschutzgebiete hinzuweisen. Denn auch das »Naturparadies Grünhaus« bei Lauchhammer und das sächsische »Naturschutzgroßprojekt Lausitzer Seenland« zeigen Alternativen und notwendige Ergänzungen zur rein touristischen Entwicklung der Bergbaufolgeseen auf.

--

THE PROJECT'S PROGRESS

The Heinz Sielmann Foundation purchased over 3,000 hectares of the Naturpark Niederlausitzer Landrücken (Lower Lusatian Ridge Reserve) in order to ensure its preservation and protect it from exploitation for other purposes. Today, the Sielmann's Natural Landscape Wanninchen is characterised by sand dunes, nutrient-poor grassland colonies, mixed woodland, and expanses of water. Nature has been left to itself here on a large scale. The foundation set up its natural park centre in the sole remaining Wanninchen farmstead. The territory includes meadowland with fruit trees, a pond, a small fen, and a boulder garden. An artificial nesting wall provides brooding space for up to 130 pairs of house martins, creating an interesting spectacle for visitors. Even rare cranes have found their way into the region, and come here regularly every autumn.

Since 2002, there have been plenty of events to choose from. The »Tage voller Wunder« (Days Full of Miracles) – the Heinz Sielmann Foundation's nature discovery programme – is aimed primarily at children and young people, who get a chance to use all their senses to find out about nature and learn to value it and to treat it responsibly. The Wanninchen Natural Landscape became an IBA project in 2005 in order to make protected natural habitats a firm part of the key IBA theme of »New Landscapes« and to raise awareness of other protected natural habitats in post-mining landscapes – like the Naturparadies Grünhaus at Lauchhammer and Saxony's Naturschutzgrossprojekt Lausitzer Seenland, which parallels and compliments tourism on the post-mining lakes.

Für Bevölkerung und Besucher wurden in Wanninchen naturnahe Erholungsräume geschaffen. Dazu dienen etwa ausgeschilderte Rundwanderwege, die der bewussten Besucherlenkung dienen und Einblicke in die dynamische Entwicklung der Landschaft gewähren. Ein wichtiger Bestandteil ist dabei das umfangreiche Informations- und Bildungsangebot des Heinz Sielmann Naturparkzentrums Wanninchen. Die IBA unterstützt die Heinz Sielmann Stiftung bei der Entwicklung und Vermarktung sanfter touristischer Angebote mit einem Schwerpunkt auf Umweltbildung.

AUSBLICK

Die touristische Entwicklung wird vorrangig im nächstgelegenen Ort Schlabendorf stattfinden, wo eine Marina entsteht. Geprägt sein soll der Schlabendorfer See aber von naturbezogener Erholung und sanftem Tourismus. Es gilt eine Balance zwischen Natur und Kultur zu finden.

--

Wanninchen provides natural recreational space for locals and visitors. These include signposted circular rambling routes that help to guide visitors around the region and give them an ideal view of the landscape's dynamic development. The extensive information and educational opportunities offered by the Heinz Sielmann's Natural Landscape Wanninchen are vital. The IBA supports the Heinz Sielmann Foundation's development and marketing of non-invasive tourism with an emphasis on environmental education.

FUTURE PROSPECTS

Tourism development will take place mainly in the nearby community of Schlabendorf. A marina is being built there, but the Lake Schlabendorf will also be a place for gentle tourism and for relaxing in a natural setting. It is a question of finding the balance between culture and nature.

Internet
www.sielmann-stiftung.de

Adresse -- Address
Heinz Sielmann Naturparkzentrum Wanninchen
Wanninchen 1
15926 Luckau (Görlsdorf)
Fon (03544) 557755
E-Mail npz-wanninchen@web.de

Projektpartner -- Project partners
Heinz Sielmann Stiftung
Naturpark Niederlausitzer Landrücken
Biologischer Arbeitskreis »Alwin Arndt« Luckau e.V.

25

KULTURLANDSCHAFT FÜRSTLICH DREHNA

Fürstlich Drehna scheint nicht ganz von dieser Welt. Irgendwie aus der Zeit gefallen wirkt das Dorf mit dem romantischen Namen und seinem Wasserschloss inmitten einer idyllischen Parkanlage. Doch das Kleinod war massiv bedroht von herannahenden Braunkohlebaggern und jahrzehntelangem Verfall. Heute erstrahlt das Gesamtensemble wieder in altem Glanz und neuer Kulturlandschaft.

--

CULTURAL LANDSCAPE FÜRSTLICH DREHNA

Fürstlich Drehna seems almost otherworldly. With its romantic name and moated castle set in an idyllic park, it seems like a window on another time. But at one time this jewel was under threat from encroaching lignite mining machinery and decades of neglect. Today, the whole ensemble has been restored to its former glory – in the midst of a new cultural landscape.

AUSGANGSSITUATION

Das Dorf Drehna wurde 1291 erstmals urkundlich erwähnt und im 16. Jahrhundert entstand ein erster Vorgängerbau des heutigen Renaissance-Wasserschlosses. Im Laufe der Jahrhunderte wurde es immer wieder verändert und ergänzt. Als 1807 Kaiser Franz I. den damaligen Schlossherrn Graf zu Lynar in den Fürstenstand erhob, erhielt die Ortschaft ihren heutigen Namen: »Fürstlich« Drehna. Aus dieser Zeit stammt auch der Landschaftspark, der danach mehrfach erweitert wurde. Der Schlossbezirk mit Gutshof, Brauerei und Amtshaus prägte zusammen mit dem historischen Gasthof »Zum Hirsch« das dörfliche Leben Fürstlich Drehnas.

Doch in DDR-Zeiten verschwanden nicht nur der »junkerhafte« Zusatz »Fürstlich« aus dem Ortsnamen, sondern auch Teile des herrschaftlichen Schlossparks: Der Tagebau Schlabendorf-Süd zerstörte 1982 knapp die Hälfte des 52 Hektar großen Parks, darunter den Schlossteich. Auch das Schloss selbst, das mit seinen Nebengebäuden als Jugendgefängnis herhalten musste, verfiel zusehends. Ein desolates Straßennetz infolge des Bergbaus isolierte das Dorf vom Rest der Welt. Drehna war förmlich eingekreist vom Tagebau.

Nach Stilllegung des Tagebaus in den 1990er Jahren rekultivierte die LMBV zwölf Hektar des zerstörten Landschaftsparks, legte einen neuen Schlossteich an und begann die Flutung des Bergbaurestlochs zum Bade- und Landschaftssee.

--

INITIAL SITUATION

The village of Drehna is first mentioned in the history books in 1291, and the first castle (altered and added to over the centuries, and later replaced by the Renaissance moated castle of today) first appeared in the sixteenth century. The village got its name – Fürstlich Drehna – in 1807, when Kaiser Franz I elevated the Graf zu Lynar, the then lord of the castle, to Fürst status. The landscaped park also dates from this period, although it was subsequently expanded several times. The castle grounds – with the manor, the brewery, and the courthouse – was a central part of village life in Fürstlich Drehna, together with the historic »Zum Hirsch« guesthouse.

In the GDR period, the village lost the »aristocratic« appellation of »Fürstlich«, and parts of the grand castle park as well. In 1982, the Schlabendorf-Süd open-cast mine destroyed almost half of the fifty-two hectares of parkland, including the castle's pond. The castle itself was pressed into service as a juvenile prison, and increasingly fell into disrepair, while the poor state of the road network (caused by mining) cut the village off from the rest of the world. Drehna was completely surrounded by open-cast mining.

After the open-cast mine was shut down in the nineteen-nineties, the LMBV recultivated twelve hectares of the ruined landscape park, created a new pond, and began to flood the residual mining cavity and to turn it into a scenic bathing lake.

PROJEKTVERLAUF

Ein weiterer Schritt zur Wiederbelebung des Ortes war getan, als die »Kulturlandschaft Fürstlich Drehna« 1999 als IBA-Startprojekt aufgenommen wurde. Ziel war es, ein Modellbeispiel historisch gewachsener Kulturlandschaft verbunden mit einer neu entstehenden Bergbaufolgelandschaft zu schaffen und damit den Ort zu beleben und touristisch zu vernetzen.

In enger Zusammenarbeit zwischen LMBV, Kultur- und Heimatverein, Brandenburgischer Schlösser GmbH und IBA gelang es seither, nicht nur den zerstörten Park, sondern auch das Gesamtensemble zu revitalisieren. Dem Cottbuser Landschaftsarchitekten Helmut Rippl ist es zu verdanken, dass die rekultivierte Kippenfläche am Rande des Schlossparks die historische Formensprache des alten Parks erhielt und der erheblich beeinträchtigte Park wieder die Hälfte seiner einstigen Größe zurück erhielt. Zur Belebung trug auch bei, dass die IBA immer wieder Künstler in den wiedererblühenden Park und das marode Schloss einlud und den romantischen Ort mit Veranstaltungen wie »Kultursommer«, »Literarischer Spaziergang« und »Fürstlich Feiern« überregional bekannt machte.

Schließlich übernahm die Brandenburgische Schlösser GmbH das Schloss und die denkmalgerechte Sanierung. Dem Träger gelang es auch, eine geeignete Nutzung für die Anlage als exklusives Hotel und einen Pächter zu finden. 2007 konnte das liebevoll restaurierte »Schlosshotel Fürstlich Drehna« eröffnet werden. Auch das historische Ortszentrum wurde saniert und der barocke Gasthof »Zum Hirsch« entwickelte sich zu einem beliebten Fest- und Veranstaltungsort. Im ehemaligen Gärtnereihaus bezog die Naturparkverwaltung Niederlausitzer Landrücken ihren Sitz und die alte Brauerei ist heute in Privatbesitz und braut ihr »Schlossbräu«.

--

THE PROJECT'S PROGRESS

The adoption of the »Cultural Landscape of Fürstlich Drehna« as an IBA launch project in 1999 was another step towards bringing Fürstlich Drehna back to life. The aim was to create a model example of an accumulated cultural landscape – a landscape with history – in close proximity to a new post-mining landscape, while giving the location a new lease of life and putting it on the tourism map.

A partnership between the LMBV, the Kultur- und Heimatverein, Brandenburgischer Schlösser GmbH, and the IBA has since succeeded in revitalising not just the destroyed park but the whole ensemble. Thanks to Cottbus landscape architect Helmut Rippl, the recultivated »Kippenrippen« or mine dump ribs on the castle park's edge have been given the same historic forms as the old park, and the heavily affected park has been restored to half its original size. The revitalisation effort was helped by the IBA inviting artists to the newly flourishing park and the derelict castle, and spreading this romantic location's reputation beyond the region with events like the Kultursommer, the Literarischer Spaziergang, and Fürstlich Feiern, (the summer of culture, a literary stroll, and a princely celebration.)

Finally, the Brandenburgische Schlösser GmbH (the Castle Association of Brandenburg) took over both the castle and the task of restoring it appropriately. The sponsors also found a suitable use for the complex as an exclusive hotel, and a leaseholder. The lovingly restored »Schlosshotel Fürstlich Drehna« opened in 2007. The village's historic centre was also restored, and the baroque Zum Hirsch guesthouse became a popular venue for events and celebrations. The Naturparkverwaltung Niederlausitzer Landrücken moved its headquarters into the

Zum Gesamtprojekt »Kulturlandschaft Fürstlich Drehna« gehört auch die umgebende Bergbaufolgelandschaft, in der nicht nur Teile des Schlossparks neu geschaffen wurden, sondern auch ein künstlicher See liegt: Seit 2006 ist der Drehnaer See geflutet und Bestandteil einer touristischen Nachnutzung, zu der unter anderem eine Motocross-Strecke gehört.

AUSBLICK

Zwei Jahre nach der Eröffnung des Schlosshotels änderte der Pächter 2009 sein Konzept – weg vom klassischen Hotelbetrieb mit ganzjähriger Öffnung und hin zur Ausrichtung von Hochzeiten und Veranstaltungen. Die nachhaltige Nutzung der kulturhistorisch wertvollen Anlage gilt es nun zu stabilisieren. Der Ort als attraktives Ausflugsziel liegt nur wenige Minuten von der Autobahn entfernt und ist heute einfach zu erreichen. Um den regionalen Tourismus weiter zu fördern, entwickelt die Stadt Luckau ihren angrenzenden Ortsteil Schlabendorf mit einem Badestrand und Hafen für den Segelsportverein zu »Schlabendorf am See«. Gleich in der Nachbarschaft liegt »Sielmanns Naturlandschaft Wanninchen«, die sich ebenfalls bereits für Besucher geöffnet hat. Geplant ist eine enge Kooperation der benachbarten Standorte. In eine touristische Gesamtplanung ist zukünftig auch Luckau mit seinem historischen Ortskern einbezogen.

--

former gardener's house, and the old brewery is now under private ownership and brewing its own special Schlossbräu beer.

The surrounding post-mining landscape is also part of the overall »Cultural Landscape of Fürstlich Drehna.« It contains a recreated piece of the castle park and an artificial sea. Since 2006, the Lake Drehna has been flooded, making it part of the region's future tourism industry – which will include a Motorcross track.

FUTURE PROSPECTS

In 2009, two years after the Schlosshotel opened, the leaseholder changed the plan – rejecting the classic hotel concept (open all year round) in favour of hosting weddings and other events. The future use of this culturally and historically valuable structure must now be rebalanced again. It is an attractive travel destination – only a few minutes away from the motorway and therefore easy to get to. To further promote local tourism, the city of Luckau gave its outlying Schlabendorf district a bathing beach and a harbour for the sailing club – turning it into »Schlabendorf on the lake.« Close by is Sielmann's Natural Landscape Wanninchen, which is already open to visitors. Close cooperation is planned between neighbouring localities. In future, Luckau and its historic town centre will be included in the overall tourism plan.

Internet
www.schlosshotel-drehna.de

Adresse -- Address
Schlosshotel Fürstlich Drehna
Lindenplatz 8
15926 Luckau (Fürstlich Drehna)
Fon (035324) 3030

Architektur & Planung -- Architecture & Planning
Rekonstruktion Landschaftspark: Prof. Helmut Rippl, Cottbus

Projektpartner -- Project partners
Landkreis Dahme-Spreewald
Stadt Luckau
Gemeinde Fürstlich Drehna
Lausitzer und Mitteldeutsche Bergbau-Verwaltungsgesellschaft mbH (LMBV)
Brandenburgische Schlösser GmbH
Naturpark Niederlausitzer Landrücken
Kultur- und Heimatverein Fürstlich Drehna

26

LANDSCHAFTSKUNSTWERK »DIE HAND« ALTDÖBERN

Viele Ortschaften in der Lausitz sind durch die Braunkohle verschwunden, wurden abgebaggert. Andere Orte wurden von ihren Nachbardörfern getrennt und lagen irgendwann am Rande einer sandigen Grube und isoliert in der Mondlandschaft. Auch zwischen den früher benachbarten Orten Altdöbern und Pritzen klafft heute ein riesiges Loch, das sich langsam in den Altdöberner See verwandelt. Zukünftig soll hier ein großes Landschaftskunstwerk in Form einer überdimensionalen Hand die verlorene Verbindung zwischen den Orten symbolisch wieder aufnehmen.

--

LANDSCAPE ART »THE HAND« ALTDÖBERN

Thanks to lignite, many Lusatian communities have disappeared – bulldozed into oblivion. Other communities were separated from their neighbours, finding themselves on the edge of a sandy trench, isolated amid a moonscape. Once neighbours, the towns of Altdöbern and Pritzen were separated by a huge hole – which today is gradually transforming into the Lake Altdöbern. In future, a huge land artwork in the shape of an oversized hand will symbolically restore the lost connection between the two communities.

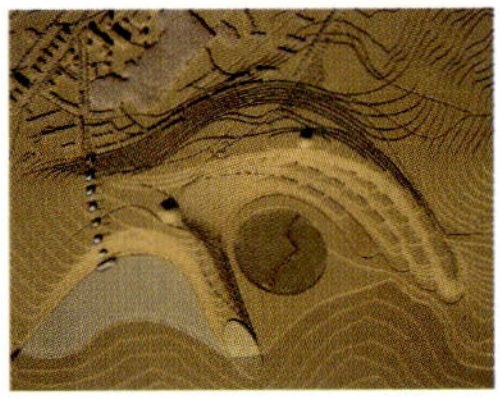

AUSGANGSSITUATION

Der Tagebau Greifenhain wurde 1992 stillgelegt und hinterließ eine zerstörte Landschaft. Am Ortsausgang von Pritzen steht heute noch ein Verkehrschild mit dem kleinen Geradeaus-Pfeil und der Aufschrift »Altdöbern 3 km« – aber es steht heute unmittelbar an der Tagebaukante. Die Straße, die nach Altdöbern führte, existiert nicht mehr. Zwischen den beiden ehemaligen Nachbardörfern klaffte ein Loch wie eine Wunde in der Landschaft. Auch wenn die staubige Grube allmählich zu einem See wird und beide Orte so eine neue Qualität hinzugewinnen, bleibt der Verlust für die Bewohner doch schmerzlich spürbar – alleine schon weil die Entfernung zum Nachbarort durch die weggefallene Direktverbindung nun zwölf Kilometer beträgt.

--

INITIAL SITUATION

The Greifenhain open-cast mine was shut down in 1992. It left behind a destroyed landscape. There is still a sign on the road out of Pritzen with an arrow pointing straight ahead and the lettering »Altdöbern 3 km« – but today it stands right on the edge of the open-cast mine. The road that once led to Altdöbern no longer exists. Between the two former neighbours is a gaping hole, like a wound in the landscape. Even when the dusty trench becomes a lake – bringing change to the two towns – the inhabitants of both will still be painfully aware of their loss – with no direct connection, the journey to the nearest town is now twelve kilometres.

THE PROJECT'S PROGRESS

The IBA's »Die Hand« project has close links with its »Pritzen Art Landscape« project, which aims to recreate the connection with Altdöbern lost through open-cast mining. A floating pontoon was considered, but proved

PROJEKTVERLAUF

Das IBA-Projekt »Die Hand« steht in direktem Zusammenhang mit dem IBA-Projekt »Kunstlandschaft Pritzen«, das unter anderem das Ziel hat, die durch den Tagebau unterbrochene Verbindung nach Altdöbern wiederherzustellen. Zunächst wurde die Idee eines schwimmenden Steges geprüft, die sich aufgrund geotechnischer Probleme als nicht umsetzbar herausstellte. Nach einer Rutschung am Altdöberner Ufer 2006, mit fast drei Millionen Kubikmetern Erde, entstand die Idee, diese Rutschung als Chance für die Neugestaltung der Uferkante zu begreifen. Deshalb lud die IBA 2007 den amerikanischen Architekturkritiker und Künstler Charles Jencks zu einem Besuch ein. Jencks entwickelte dann vor Ort die Idee für ein großes Landart-Projekt, das auf symbolische Art die Verbindung zwischen Pritzen und Altdöbern wiederherstellt.

Gemeinsam mit Andreas Kipar (KLA – Kiparlandschaftsarchitekten) entwarf Jencks schließlich das Landschaftskunstprojekt »Die Hand« für das Altdöberner Ufer des Sees: Die Erdskulptur in Altdöbern reicht Pritzen die Hand, sie greift und symbolisiert damit das Geben und Nehmen des Bergbaus: Vieles hat der Bergbau genommen, aber er gibt auch wieder – eine neue Seenlandschaft, eine neue Zukunft. Zudem soll die Hand auch einen Park mit dem Arbeitstitel »Lausitz 9« umschließen, in dem durch die Gestaltung weiterer »grüner Hände« der Bezug zu den neun IBA-Landschaftsinseln hergestellt wird. Die bis zu 20 Meter hohe Erdskulptur soll auf einer Länge von über einem halben Kilometer ruhige Buchten, Plätze am Wasser und interessante Hochpunkte formen. Räumlich getrennt durch den »Daumen«, dessen seeseitiges Ende in ein als Eventfläche nutzbares Holzdeck ausläuft, bilden sich zwei unterschiedlich nutzbare, großzügige Freiräume mit jeweils einem »schützenden« Rücken und der Uferlinie zum See. Stark modellierte Böschungsbereiche würden »Finger« bilden. Der Plan sieht neben der symbolischen Bedeutung auch ganz praktische Nutzungen vor: Ein zusammenhängender, großer Strandbereich ist ebenso geplant wie das nötige Wegenetz, ein Parkplatz und ein Kiosk.

--

impractical for geotechnical reasons. When almost three million cubic meters of soil on the Altdöbern side slipped in 2006, an opportunity to redesign the edge arose. In 2007, the IBA brought the American architecture critic and artist Charles Jencks here for a visit. He developed the idea for a large-scale Land ART Project that would symbolically recreate the connection between Pritzen and Altdöbern.

Jencks worked together with Andreas Kipar (KLA-Kiparlandschaftsarchitekten), and finally designed the landscape structure »Die Hand« for the lake's Altdöbern bank. The Altdöbern earth sculpture stretches out a hand towards Pritzen, in a gesture that symbolizes the way mining both gives and takes away. Mining took away so many things – but it has also given the region things in return: a new lake landscape and a new future. The hand will also enclose a park with the working name Lausitz 9 (Lusatia 9), where the design of more »green hands« will provide a connection with the nine IBA landscape islands. This twenty metre-high earth sculpture will be over half a kilometre in length, and will create quiet bays, waterside areas, and interesting elevations. There will be two large open spaces suitable for multiple uses. Each will have a »protecting« backbone and be attached to a piece of the lake's bank and separated by the »thumb« (which ends with a wooden deck where special events can be held). Deeply sculpted embankment areas will be the »fingers.« Beyond its symbolic significance, the plan has a very practical purpose: it is planned to include a single large beach area, a path network, a car park, and a kiosk.

Jencks greift bei der Gestaltung Motive seines bekanntesten Gartenwerks »The Garden of Cosmic Speculation« in Schottland auf: großlinige Erdbewegungen im Kontrast zu Wasserflächen, ein bewusster Umgang mit Licht und Schatten und Ausformung prägnanter Höhenpunkte. Der Entwurf stellt damit nicht nur eine Verbindung zur »Kunstlandschaft Pritzen« her, sondern interpretiert auch Gestaltungsmotive der klassischen Gartenkunst neu und knüpft damit an den nahe gelegenen Schlosspark Altdöbern an.

AUSBLICK

Das Projekt ist geotechnisch machbar und kann in die laufenden Sanierungsarbeiten des einstigen Kippenmassivs durch die LMBV integriert werden. Die LMBV ist auch Auftraggeber des Entwurfs von Jencks und KLA. Das Seeufer bekommt durch dieses Landschaftskunstwerk einen ganz eigenen und unverwechselbaren Charakter im Lausitzer Seenland.

--

For this design, Jencks used motifs from his most prominent large-scale work, »The Garden of Cosmic Speculation« in Scotland: sweeping lines of rising and falling earth contrast with expanses of water, light and shade are carefully deployed, and the sculpture has striking high points. As well as reestablishing a connection with the »Pritzen Art Landscape«, the design is a reinterpretation of motifs from classical garden art, which gives it an affinity with the nearby Schlosspark.

FUTURE PROSPECTS

The project is geotechnically feasible and could be integrated into the LMBV's ongoing restoration work on the former mine dump. The LMBV also commissioned Jencks and KLA's joint design. This landscape art design will give the lake's bank a highly individual and unmistakeable character, making it stand out within the Lusatian Lake Land.

Geplanter Standort -- Planned location
Jauersche Straße
03229 Altdöbern

Architektur & Planung -- Architecture & Planning
Die Hand: Charles Jencks, London & KLA Kiparlandschaftsarchitekten, Duisburg/Mailand

Projektpartner -- Project partners
Amt Altdöbern
Gemeinde Altdöbern
Lausitzer und Mitteldeutsche Bergbau-Verwaltungsgesellschaft mbH (LMBV)
Zweckverband Lausitzer Seenland Brandenburg

27

SCHWIMMENDE HÄUSER GRÄBENDORFER SEE

Weil der Gräbendorfer See als erster der neu entstehenden Seen im Lausitzer Seenland seinen endgültigen Wasserstand erreicht hatte, ging die Entwicklung hier besonders schnell: Was bei Laasow mit einer schwimmenden Tauchschule begann, entwickelt sich heute zu einem neuen Markenzeichen für das Lausitzer Seenland. Immer mehr Seen werden durch einzelne Gebäude oder ganze Siedlungen auf dem Wasser aufgewertet. Auch am Gräbendorfer See geht die Entwicklung weiter.

--

FLOATING HOMES ON LAKE GRÄBENDORF

Because the Lake Gräbendorf was the first of the Lusatian Lake Land's new lakes and has already reached its target water level, development is proceeding apace here. What began with a floating diving school in Laasow is becoming a new icon of the Lusatian Lake Land, with more and more of the lakes enhanced by the addition of individual buildings or whole estates that float on the water. And development is still continuing on the Lake Gräbendorf.

→ Masterplan für Uferbebauung am Gräbendorfer See

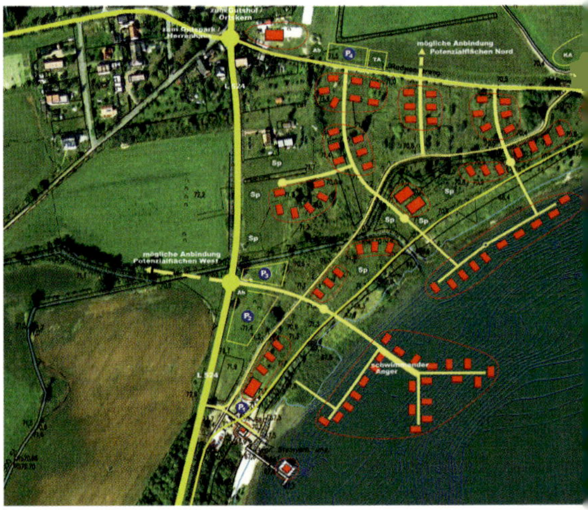

AUSGANGSSITUATION

Nur gut zehn Jahre lang wurde im Tagebau Gräbendorf Braunkohle gefördert, bevor er 1992 stillgelegt wurde. Erst kurz zuvor war der kleine Ort Gräbendorf abgerissen worden, da zunächst geplant war, die Braunkohle unter dem Dorf abzubauen. Findlinge markieren heute den Standort der früheren Häuser, ausrangierte Bergbaugeräte und ein alter Lastenkahn wurden vom Berliner Aktionskünstler Ben Wagin zu großen Installationen arrangiert und erinnern an das verschwundene Gräbendorf.

Auch der See, der den Namen des Ortes trägt, erinnert heute an das frühere Dorf. Weil der Tagebau nur so kurz in Betrieb war, blieb eine relativ kleine Grube zurück, deren Sanierung und Flutung entsprechend schnell ging. Mit gut 450 Hektar Wasserfläche ist der Gräbendorfer See ein vergleichsweise kleiner See.

--

INITIAL SITUATION

Lignite was mined in the Gräbendorf open-cast mine for a little over ten years before it was shut down in 1992. The little village of Gräberdorf was torn down shortly before the shutdown, as there were plans to mine the lignite beneath it. Today, rubble marks where the houses used to be, while disused mining machinery and an old coal barge have been rearranged by Berlin action artist Ben Wagin to create a huge installation to remind people of the vanished village.

The lake – named after the bygone village – is another reminder. Because the open-cast mine was worked for such a short time, it left a relatively small hole, whose restoration and flooding did not take very long. The Lake Gräbendorf is relatively small – only 450 hectares wide.

PROJEKTVERLAUF

Von Beginn an verfolgte die IBA die Idee, im Lausitzer Seenland schwimmende Häuser zu präsentieren und richtete dazu schon in den ersten Jahren Workshops, Ausstellungen und zwei Exkursionen in den Niederlanden aus, um in der Region Begeisterung für die Vision zu wecken und Mitstreiter zu finden. Bereits 2003 konnten in der Ausstellung »see-Haus« jene Projekte präsentiert werden, die später in abgewandelter Form am Gräbendorfer und am Geierswalder See realisiert wurden.

In den Folgejahren zeigte sich, dass die geotechnische, vor allem aber die genehmigungsrechtliche Seite solcher Vorhaben eine Herausforderung für alle Beteiligten ist. Hier betraten alle Beteiligten Neuland. Selbst die grundsätzliche Frage, ob das Bau- oder Wasserrecht Anwendung findet, musste zunächst geklärt werden. Um die grundsätzliche Machbarkeit zu demonstrieren, plante die IBA deshalb gemeinsam mit der Stadt Vetschau zunächst ein Musterhaus auf dem Gräbendorfer See beim zu Vetschau gehörenden Ort Laasow. Der Standort schien besonders geeignet, da die Flutung des Sees bis 2007 vollendet sein sollte und der Wasserpegel in den letzten Jahren davor nur noch wenig ansteigen würde. Außerdem hatte der See hier bereits Badewasserqualität und war auch schon durch einen stark frequentierten neuen Uferweg für Radfahrer und Inlineskater erschlossen.

--

THE PROJECT'S PROGRESS

From the start, the IBA was interested in presenting floating houses in the Lusatian Lake Land. In its early years, it arranged workshops, exhibitions, and two trips to Holland to stir up enthusiasm for floating houses in the region and to gain allies for its cause. In 2003, some projects were presented in the »see-Haus« exhibition; these were later realised on a larger scale – with some changes – at Lake Gräbendorf and Lake Geierswald.

Over the following years both the geotechnical and the legal aspects of floating house projects proved a challenge for all parties. The territory was unfamiliar to everyone. Even the fundamental question of whether construction law or water law applied took some time to clear up. To demonstrate that the project was fundamentally sound, the IBA and the city of Vetschau planned a prototype house on the Lake Gräbendorf, near the outlying Vetschau community of Laasow. This site was chosen because the lake would be fully flooded by 2007 and the water level was not expected to rise rapidly in the few remaining years. The lake was also clean enough to bathe in and accessible via a much-used new lakeside track for cyclists and roller skaters.

Die Planungen stießen daher bei privaten und gewerblichen Investoren auf so reges Interesse, dass sich die Gelegenheit bot, das erste schwimmende Haus an diesem Standort mit der idealen gewerblichen Nutzung zu verbinden: einer Tauchschule. Ein Cottbuser Geschäftsmann und früherer Berufstaucher stieg als Investor in das Projekt ein. 2005 konnte es schließlich mit dem Bau der Außenanlagen losgehen: Parkplatz, Strandbar, Slipanlage für Boote und ein 63 Meter langer Steg ins Wasser. Bereits im folgenden Sommer nahm auch die schwimmende Tauchschule den Betrieb auf – und bildet seither zusammen mit der Strandbar ein beliebtes Ausflugsziel für Seenlandbesucher und Einheimische.

AUSBLICK

Das Interesse an schwimmenden Häusern und einer stärkeren Nutzung des Sees für Freizeit und Wohnzwecke ist groß. 2008 legte die IBA einen Masterplan vor, der verschiedene touristische Nutzungen vorsieht, aber auch Wohnhäuser am und auf dem Wasser. Auf Basis dieses Masterplans brachte die Stadt Vetschau 2009 einen Bebauungsplan auf den Weg, der auch die weitere infrastrukturelle Entwicklung des Sees regelt. Ebenso gibt es für andere Uferstellen des Gräbendorfer Sees zum Teil konkrete Planungen oder Nachfrager. Am südlichen Ufer etwa besteht Interesse von Angel- und Segelsportlern an der Errichtung eines Vereinsheims.

--

Both private and commercial investors showed interest in the plans, which married the location's first floating house with an ideal commercial use: a diving school. A Cottbus businessman who was also a former professional diver invested in the project. In 2005, the project partners could finally start building the external facilities: the car park, the beach bar, the slipway for boats, and a pontoon on the water about sixty-three metres long. The following summer, the floating diving school began offering classes – and has remained a popular destination for locals and Lake Land visitors ever since.

FUTURE PROSPECTS

There is considerable interest in the floating house concept and in increased use of the lake for leisure and residential purposes. In 2008, the IBA produced a master plan detailing various possible ideas for tourism and for homes near to and on the water. In 2009, based on this master plan, the city of Vetschau started compiling a development plan that would include future infrastructure for the lake. There is also interest in developing other sites on the banks of the Lake Gräbendorf, and even some specific plans. For instance, local anglers and sailors want to build a clubhouse on the south bank of the lake.

Internet
www.waldi-tauchen.de

Adresse -- Address
Tauch- und Freizeitcenter Laasow
Am IBA-Steg 1
03226 Vetschau (Laasow)
Fon (035436) 56860
E-Mail dive@waldi-tauchen.de

Architektur & Planung -- Architecture & Planning
Tauchschule: Kuhn & Uhlich, Haßfurth
Masterplan Uferbebauung: Planungsgemeinschaft Lange und Kirchbichler, Cottbus

Projektpartner -- Project partners
Tauchschule- und Freizeitcenter Laasow
Stadt Vetschau
Lausitzer und Mitteldeutsche Bergbau-Verwaltungsgesellschaft mbH (LMBV)

28

KUNSTLANDSCHAFT PRITZEN

Eigentlich hatte man das jahrhundertealte Dorf Pritzen schon aufgegeben. Wie mit einem Zirkel hatten die Braunkohlebagger einen Kreis um das Dorf herum geschlagen. Nahezu komplett von einer staubigen Mondlandschaft umgeben, war Pritzen bereits fast leer gezogen und sollte abgebaggert werden. Nur wenige Menschen hatten ausgeharrt, als die Bagger überraschend stoppten. Jetzt liegt Pritzen auf einer Halbinsel in einem wachsenden See, das Leben kehrt zurück und das Dorf erfährt eine Renaissance als Künstlerort.

--

PRITZEN ART LANDSCAPE

At one time, the centuries-old village of Pritzen was given up as a lost cause. The lignite mining machinery had encircled the village as if with a pair of compasses. Pritzen was standing virtually empty and almost completely surrounded by a dusty moon landscape; and it was scheduled to be demolished. A few people were still holding out there when the demolition was unexpectedly halted. Pritzen now stands on a peninsula in a growing lake. Life is returning to the village, which is experiencing a renaissance as a centre of art.

AUSGANGSSITUATION

Fast 60 Jahre lang wurde in unmittelbarer Umgebung von Pritzen Braunkohle gefördert. Der Tagebau Greifenhain forderte seinen Tribut: Nachbardörfer wie Buchholz und Neudorf wurden abgebaggert. Die Verbindungsstraße nach Altdöbern verschwand im Tagebau. Auch Pritzen mit seiner historischen Feldsteinkirche sollte bis 1995 weichen. Die meisten der 480 Einwohner hatten das Dorf schon verlassen, der Friedhof wurde 1987 größtenteils umgebettet und die Kirche Stein für Stein abgetragen, um sie in einem für die Umsiedler errichteten Plattenbaugebiet in Spremberg wieder aufzubauen. Rund drei Viertel aller Häuser waren bereits abgerissen, als 1992 die Entscheidung fiel: Der Tagebau wird gestoppt.

Nur noch 30 Einwohner hatten so lange durchgehalten. Konnte es für ihr Rest-Dorf noch eine Zukunft geben? Pritzen war abgeschnitten von der Welt, die wichtigste Verbindungsstraße zum Nachbarort Altdöbern führte ins Nichts. Doch die Pritzener wurden für ihr Beharrungsvermögen belohnt. Eine Kippenstraße wurde ausgebaut und führt nun wieder – wenn auch mit einem großen Umweg – nach Altdöbern. Und zumindest einen Kirchturm erhielt Pritzen wieder: Die eigene Kirche blieb zwar in Spremberg, aber dafür wurde der hölzerne Kirchturm des verschwundenen Dorfes Wolkenhain vor dem Tagebau bei Welzow gerettet und hier wieder aufgebaut. 1993 und 1995 fanden dann zwei Europabiennalen statt: Internationale Künstler ließen sich von der »Zwischenlandschaft« und der speziellen Atmosphäre des fast tot geglaubten Dorfes zu poetischen Skulpturen und Installationen inspirieren. Verteilt über das Dorf und die umgebende Landschaft verleihen die Kunstwerke Pritzen ein ganz besonderes Flair.

--

INITIAL SITUATION

Lignite has been mined in the Pritzen area for almost sixty years, and the Greifenhain open-cast mine took its toll, destroying neighbouring villages like Buchholz and Neudorf. The road to Altdöbern was swallowed up by the open-cast mine, and Pritzen and its historical cobble stone church were also scheduled to be demolished by 1995. Most of the 480 inhabitants had already left the village. In 1987, the cemetery was largely relocated, and the church was dismantled stone by stone so it could be rebuilt in the panel construction development in Spremberg, where the village's inhabitants were to be housed. In 1992, when it was decided to stop the mining operation, about three quarters of Pritzen's houses had already been demolished.

By then, only thirty inhabitants were left. Could there ever be a future for this remnant of a village? With its most important road – the road to neighbouring Altdöbern – now leading nowhere, Pritzen was cut off from the world. But the remaining inhabitants of Pritzen were rewarded for their persistence after all, as a mine dump road was extended to reconnect Pritzen with Altdöbern – albeit with a considerable detour. Pritzen also had a church tower again; its own original church remained in Spremberg, but the wooden church tower from the vanished village of Wolkenhain was saved from the open-cast mine in Welzow and set up again in Pritzen. Two European Biennales took place here in 1993 and 1995 respectively; international artists were inspired by the »transitional landscape« and the special atmosphere of this once seemingly dead village to create poetic sculptures and installations. Scattered around the village and throughout the surrounding landscape, the artworks gave Pritzen a very special ambience.

Seit 1998 wird der ehemalige Tagebau Greifenhain geflutet. Bis 2017 entsteht an seiner Stelle der Altdöberner See, sodass Pritzen künftig ein Dorf am See ist. Ehemalige Bewohner sind zurückgekehrt, Nachfahren oder Neubürger siedeln sich ebenfalls an und bauen neue Häuser. Leben kehrt ein in das tot geglaubte Dorf.

PROJEKTVERLAUF

Ziel der IBA ist es vor allem, das kreative Potenzial des Ortes für Bewohner und Besucher erlebbar und nutzbar zu machen. Im Rahmen der IBA wurde 2002 der im Jugendstil aus gelbem Klinker erbaute Saal neben der nicht mehr vorhandenen Gaststätte als Bürgerhaus umgebaut und ein Pächter für die darin neu eingerichtete Gaststätte gefunden. Heute ist das Bürgerhaus wieder ein vielseitig genutztes, kulturelles Zentrum, in dem sich Einwohner, Künstler und Besucher zu Veranstaltungen und Gesprächen treffen. Mit zahlreichen kulturellen Veranstaltungen hat die IBA den Ort zu einer festen Adresse für Kunst und Kultur gemacht. 2003 wurde der Verein »Kunstscheune Pritzen e.V.« ins Leben gerufen, der seither in einer alten Scheune Kunst und Kultur noch mehr Raum gibt: Die Kunstscheune dient als Ausstellungsraum, Atelier und Ort für besondere Feiern.

--

Since 1998, the former Greifenhain open-cast mine has been flooded. By 2017, it will be the Lake Altdöbern and Pritzen will be a lakeside town. Erstwhile inhabitants of the town have returned. Their children and new citizens are also settling here, building new houses. Life is returning to a village that everyone thought was dead.

THE PROJECT'S PROGRESS

The IBA's main aim is to open up the village's creative potential to inhabitants and visitors. In 2002, the IBA converted the Art Nouveau yellow brick hall next to the guesthouse (which no longer exists) into a town hall, and helped find a leaseholder for the new guest-house. Today, the town hall is a cultural centre put to all sorts of uses. Local inhabitants, artists and visitors meet up here for events and discussions. The IBA's numerous cultural events have made the community a well-known venue for art and culture. In 2003, the Kunstscheune Pritzen e.V. association was founded, and went on to create another space for art and culture in an old barn. The Kunstscheune (art barn) serves as an exhibition space, a studio, and a venue for celebrations.

Immer wieder lud die IBA Studenten zu Workshops in das Dorf. So entstand zum Beispiel der Entwurf eines »Sehzeichens«, ein Aussichtsturm direkt am Ufer. Auch sonst wirkt der Ort mit seiner einmaligen landschaftlichen Lage inspirierend auf Künstler und Planer: Hier entstand zuerst die Idee eines schwimmenden Stegs von der Landspitze nach Altdöbern – eine Idee, die nun auf dem Sedlitzer See umgesetzt werden soll. Und 2007 entwickelte der amerikanische Landschaftsarchitekt Charles Jencks die Idee für ein großes Landart-Projekt mit dem Titel »Die Hand«.

AUSBLICK

Die »Kunstlandschaft Pritzen« ist ein Projekt der kleinen künstlerischen Interventionen und Impulse. Die Inspirationen der Europabiennalen wirken bis heute nach, auch wenn einige der Installationen vergänglich sind. Daher ist nach 2010 die Zeit reif für eine erneute Biennale. Die Kunstscheune hat sich als belebendes künstlerisches Element erwiesen. Ihre Rolle im Ort könnte gestärkt werden, indem sie zu einem Atelier für Künstler wird, die zum Beispiel durch Künstlerstipendien gefördert, einige Zeit im Ort leben.

--

The students involved in the IBA held several workshops in the village. One result of this was a design for a »Sehzeichen« or »sight mark« – a viewing tower close to the bank. The village's unique situation in the landscape has inspired several artists and planners. This was where the idea of a floating pontoon to connect the headland with Altdöbern was first suggested – an idea later adopted for the Lake Sedlitz. In 2007, the American landscape architect Charles Jencks developed the idea for a large-scale Land-Art project entitled »Hand/Die Hand.«

FUTURE PROSPECTS

The »Pritzen Art Landscape« is a project made up of artistic interventions and impulses. The inspirations from the European biennales are still having an effect on the area, even if some of the installations were temporary. After 2010, the time will be ripe for a new biennale. The Kunstscheune has become an established and enlivening element. Its role in the community was strengthened by making it a studio for artists who are, for instance, given grants to live in the locality for a while.

Internet
www.pritzen.de

Adresse -- Address
Info-Theke im Bürgerhaus
Dorfstraße 12
03229 Altdöbern (Pritzen)
Fon (035751) 20414

Projektpartner -- Project partners
Amt Altdöbern
Gemeinde Altdöbern
Lausitzer und Mitteldeutsche Bergbau-Verwaltungsgesellschaft mbH (LMBV)
Kunstscheune e.V.
Gasthaus am See
Heimatverein Pritzen

29

ENERGIE-ROUTE LAUSITZER INDUSTRIE-KULTUR

Überall in der Lausitz begegnen dem Besucher Symbole der traditionsreichen Braunkohle- und Energieindustrie. Die Landschaft spiegelt auffällig sichtbar die regionale Industriegeschichte und den großartigen Wandel vom Tagebau zum Seenland wider. Einige der monumentalen Industriebauwerke wie die Abraumförderbrücke F60 in Lichterfeld sind heute als Besucherbergwerk populär. Daneben warten aber noch zahlreiche weitere Schätze der Industriekultur darauf, »entdeckt« zu werden. Dazu dient die »ENERGIE-Route Lausitzer Industriekultur«, die zehn Industrieattraktionen vernetzt und so zusammenhängend erlebbar macht.

--

ENERGY – THE LUSATIAN ROUTE OF INDUSTRIAL HERITAGE

Everywhere in Lusatia, the visitor encounters symbols of the lignite and energy industries so deeply rooted in the region, with the region's industrial history and its sweeping transformation from a huge open-cast mine to a lake district dramatically reflected in the landscape. Some monuments to industry – like the F60 spoil conveyor bridge in Lichterfeld – are already popular mining-themed visitor attractions. But there are still plenty of the region's industrial treasures waiting to be »discovered.« This is the purpose of the »ENERGIE Heritage Route of Lusatian Industrial Culture«, which connects ten industrial attractions so they can be experienced as a combination.

Besucherzentrum IBA-Terrassen

Besucherbergwerk F60

Technisches Denkmal Brikettfabrik LOUISE

AUSGANGSSITUATION

Durch die reichen Braunkohlevorkommen war die Lausitz eine der Wiegen der Industrialisierung Deutschlands. In der ganzen Region entstanden Bergwerke und Brikettfabriken, Kokereien, Klinkerwerke und Kraftwerke, Glashütten und Textilfabriken. Überall ragten Schornsteine in den Himmel und wühlten sich Bagger in die Erde. Dieser 150-jährigen Industriegeschichte hat die Lausitz zahlreiche Superlative zu verdanken: Deutschlands älteste Gartenstadt, Europas ältestes erhaltenes Braunkohlekraftwerk, weltweit größte Abraumförderbrücke und viele mehr.

Mit dem Ende der DDR kam auch für viele Kohlegruben, Kraftwerke und Fabriken das Ende. Viele Industrieanlagen wurden stillgelegt und abgerissen.

--

INITIAL SITUATION

Lusatia's vast reserves of lignite placed it among the cradles of industry in Germany. Mines, briquette factories, coking plants, brickworks, power plants, glassworks, and textile factories sprang up all over the region. Everywhere, chimneys rose into the sky, and bulldozers bit into the earth. After 150 years of industrial history, Lusatia is home to a host of superlatives: Germany's oldest Garden City, Europe's oldest original lignite-fired power station, and the biggest spoil conveyor bridge in the world, to name but a few.

The end of the GDR was also the end for many coal mines, power plants, and factories. Many industrial sites were shut down, and subsequently demolished.

Erlebnis-Kraftwerk Plessa

Biotürme Lauchhammer

European Route of Industrial Heritage

ERIH

www.erih.net

PROJEKTVERLAUF

In der Gründungphase der IBA standen viele der Bauten vor dem Abriss oder befanden sich in einem desolaten Zustand. Im Rahmen der IBA wurden herausragende Industriedenkmale als wichtige Zeitzeugen in die Gestaltungsvorschläge für den eingeleiteten Landschafts- und Strukturwandel mit einbezogen. Diese einst für Besucher unzugänglichen Produktionsstätten sind heute touristische Attraktionen.

Im Projekt »ENERGIE-Route Lausitzer Industriekultur« entwickelte die IBA mit ihren Partnern aus den regionalen Tourismus- und Marketingverbänden sowie den einzelnen Projektstandorten und unter Einbeziehung von externen Experten eine touristische Vernetzung der Industriemonumente, um sowohl historische Zusammenhänge der Lausitzer Energieindustrie begreifbar zu machen als auch das Lausitzer Seenland als technisch entstandene Landschaft. Deutlich lässt sich anhand imposanter industrieller Anlagen und Bergbaulandschaften nachvollziehen, wie einst aus Kohle Energie wurde.

--

THE PROJECT'S PROGRESS

When the IBA was being founded, many buildings were about to be demolished or were in a derelict condition. The IBA included outstanding industrial constructions in the region's landscape and structural transformation by suggesting designs that would incorporate them as symbols of the past. Once closed off from visitors, these production sites have become tourist attractions.

The »ENERGIE Heritage Route of Lusatian Industrial Culture« project involved the IBA working with its partners from the regional tourism and marketing associations, the local bodies responsible for individual projects, and external experts to create a tourism network of industrial monuments that would reveal how the different levels of the historic Lusatia energy industry interacted at every level and reveal the Lusatian Lake Land in its character as a technologically determined landscape. Imposing industrial complexes and mining landscapes compellingly demonstrate how coal is transformed into energy.

Sächsisches Industriemuseum
Energiefabrik Knappenrode

Gartenstadt Marga

Besucher können heute auf Bergbaugeräte wie die Abraumförderbrücke F60 bei Lichterfeld steigen, durch die beeindruckende Schaltzentrale des Kraftwerks Plessa gehen oder sich in Domsdorf vorführen lassen, wie eine alte Brikettpresse funktioniert. Auch eines der modernsten Braunkohlekraftwerke der Welt steht zur Besichtigung: »Schwarze Pumpe«, mit seiner futuristisch anmutenden Architektur und der fast sterilen Sauberkeit der Kraftwerksräume. Gewissermaßen »zwischen« diesem ältesten und dem modernsten Braunkohlekraftwerk steht das Dieselkraftwerk in Cottbus als Beispiel für eine andere Energiequelle. Es wird heute als Kunstmuseum genutzt, in dem Sammlungen und wechselnde Ausstellungen in historischem Ambiente präsentiert werden.

Wer will, kann sich in der Energiefabrik Knappenrode bei Veranstaltungen wie der »Nachtschicht« in vergangene Zeiten versetzen lassen oder auch Streifzüge durch die wunderschön restaurierte erste deutsche Gartenstadt Marga unternehmen. Nicht zuletzt führen Besuchertouren in den aktiven Tagebau Welzow-Süd – ein unvergessliches Erlebnis zwischen Riesentechnik und Canyonlandschaft! Und die IBA-Terrassen in Großräschen mit dem zentralen Besucherzentrum direkt am künftigen Ilse-See sind idealer Ausgangspunkt für Erkundungen unterschiedlichster Art in die faszinierende »Landschaft im Wandel«.

--

Today, visitors can walk on mining machinery like the F60 spoil conveyor bridge at Lichterfeld, tour the Plessa power plant's impressive control room, or see how an old briquette press works in Domsdorf. They can also view one of the most modern lignite-fired power plants in the world: the »Schwarze Pumpe,« with its futuristic architecture and almost sterile cleanliness. Cottbus' diesel power plant is an example of a different source of energy, somewhere between these two extremes. Today, it is an art museum with a historic atmosphere. It presents collections and non-permanent exhibitions.

Anyone who wants to can take a step back in time by going to events like the Nachtschicht (night shift) at the Knappenrode energy factory or take a stroll through the wonderfully restored German Garden City Marga. Visitors can also tour the active Welzow-Süd opencast mine – an unforgettable experience featuring huge machines and a canyon landscape! And the IBA Terraces in Grossräschen – with a visitor centre right next to the future Lake Ilse – are an ideal location to start any exploration of this fascinating »transforming landscape.«

Kraftwerk Schwarze Pumpe

Tagebau Welzow-Süd

Diese zehn Standorte – darunter allein fünf IBA-Projekte – haben sich zur »ENERGIE-Route Lausitzer Industriekultur« zusammengeschlossen, um eine geschichtliche Brücke zu dem herzustellen, was in der Region war und was hier in Zukunft im Kontext mit dem neu entstehenden Lausitzer Seenland vorgesehen ist.

Im Rahmen der Projektentwicklung erarbeiteten die Partner ein dreistufiges Vermarktungssystem, das auf Produktehrlichkeit setzt. Alle zehn Standorte konzentrieren sich in spezischer und einander ergänzender Weise auf das Thema Energie und lohnen einen Besuch. Jedoch empfangen sie ihre Besucher auf unterschiedliche Art und Weise: *Highlights* sind voll erschlossene touristische Attraktionen mit allem Komfort. *Sehenswerte* Standorte bieten etwas weniger Service und *Geheimtipps* sind attraktive Standorte, jedoch noch ohne Besucherzentrum, bei denen Führungen nur nach telefonischer Anmeldung möglich sind.

--

These ten sites – five of which are IBA projects – have come together to form the »ENERGY Heritage Route of Lusatian Industrial Culture,« thereby bridging the gap between what the region used to be and what it will be in the future, when the Lusatian Lake Land is complete.

As part of the project's development, all the project partners came up with a three-stage marketing strategy founded on product quality. All ten locations concentrate in their own special way on the theme of energy, and all of them are worth a visit. But they all welcome their visitors in a different way. *Highlights* are easy-access tourist attractions with all mod cons, *Sehenswert* (sightseeing) locations have less in the way of services, and *Geheimtipps* (insider tips) are attractive places with no visitor centre as yet, where guided tours are only available by a prior appointment via the telephone.

European Route *of* Industrial Heritage

www.erih.net

AUSBLICK

Die ENERGIE-Route ist eine anerkannte Regionale Route der Europäischen Route der Industriekultur (ERIH), einem touristischen Netzwerk zum industriellen Erbe in Europa. Dieses Netzwerk zeigt eindrucksvoll und erlebnisreich die Vielfalt europäischer Industriegeschichte und gemeinsamer Wurzeln an Originalschauplätzen. Die ERIH-Route wächst beständig. Auch die Lausitzer Route ist offen für weitere Standorte. Gemeinsames Ziel ist die Steigerung des Bekanntheitsgrades und Wertschätzung der Industriekultur, die unsere Gesellschaft in vielfältiger Weise geprägt hat und immer noch prägt. Gleichzeitig unterstützt die ENERGIE-Route auch den Identitätswandel vom Bergbauland zum Lausitzer Seenland, indem sie auf Regionstypischem aufbauend der Zukunft zugewandte touristische Angebote entwickelt.

--

FUTURE PROSPECTS

The ENERGIE Route is a recognised regional route in the European Route of Industrial Heritage (ERIH), a network for tourists that connects important pieces of industrial history. This is a network of historic sites that impressively and engagingly showcases Europe's varied industrial history and European industry's shared roots. The ERIH route is constantly growing, and the Lusatia route also has space for more locations. Their common aim is to increase the relevance and profile of the industrial culture that has shaped our society in so many different ways and continues to do so. At the same time, the ENERGIE route supports Lower Lusatia's transformation from a mining region to the Lusatian Lake Land by helping the region's tourist industry to prepare for the future.

Kunstmuseum
Dieselkraftwerk Cottbus

Internet
www.energie-route-lausitz.de

Standorte -- Location
Highlight:
Besucherzentrum IBA-Terrassen
Besucherbergwerk F60
Sächsisches Industriemuseum Energiefabrik Knappenrode
Kunstmuseum Dieselkraftwerk Cottbus
Sehenswert:
Technisches Denkmal Brikettfabrik LOUISE
Erlebnis-Kraftwerk Plessa
Kraftwerk Schwarze Pumpe
Geheimtipp:
Biotürme Lauchhammer
Gartenstadt Marga
Tagebau Welzow-Süd

Projektpartner -- Project partners
Europäische Route der Industriekultur (ERIH)
Tourismusverband Niederlausitz
Tourismusverband Elbe-Elster
Tourismusverband Cottbus
Marketing-Gesellschaft Oberlausitz-Niederschlesien mbH
Strategiegruppe Lausitz

Lausitzer Seenland
Nutzungskonzept

30

FÜRST-PÜCKLER-WEG

Vom Spreewald durch die beiden Pückler-Parks in Branitz und Bad Muskau ins Lausitzer Seenland und durch Streuobstwiesen weiter Richtung Bad Liebenwerda, vorbei an den Zeugnissen der Industriekultur und den Mondlandschaften des Braunkohleabbaus: Auf gut 500 Kilometern Länge verbindet der Fürst-Pückler-Weg alle 30 Projekte der IBA und zahlreiche andere Sehenswürdigkeiten im brandenburgischen und sächsischen Teil der Lausitz.

--

PRINCE PÜCKLER PATH

This path stretches from the Spreewald, through both the Pückler parks in Branitz and Bad Muskau in the Lusatian Lake Land and through meadows with fruit trees towards Bad Liebenwerda, past traces of industrial culture and the moonscapes left behind by lignite mining. The Fürst Pückler Path is at least 500 kilometres long, and connects all thirty IBA projects, plus numerous other sights in the Brandenburg and Saxony parts of Lusatia.

AUSGANGSSITUATION

Die Niederlausitz hatte jahrzehntelang keinen guten Ruf. Ihre Braunkohlegruben, Kraftwerke und Kokereien mochten Hunderttausenden Menschen gut bezahlte Arbeit und dem ganzen Land Strom und Wärme geben. Aber hier wohnen wollte man lieber nicht – zu groß waren Luft- und Umweltverschmutzung und zu gering schien die Lebensqualität. In der Niederlausitz Urlaub zu machen, wäre in der DDR wohl niemandem in den Sinn gekommen. Nur der Spreewald, der etwas abseits der rauchenden Schlote und staubigen Kohlegruben lag, erfreute sich immer schon großer Beliebtheit als Ausflugs- und Urlaubsziel. In den 1970er Jahren kam auch noch der Senftenberger See dazu. Die vielen anderen Naturschönheiten, Parklandschaften, Schlösser oder idyllischen Dörfer in der Region waren hingegen kaum bekannt – und vielfach wurden sie auch abgebaggert, waren bedroht oder wurden vernachlässigt.

Erst nach der politischen Wende 1989/90 rückten diese verborgenen Qualitäten mehr und mehr in den Blickpunkt: Die Wiedervereinigung und die abrupte De-Industrialisierung der Region hatten einerseits verheerende Folgen für den Arbeitsmarkt, waren aber andererseits ein Segen für die Umwelt und viele Kulturdenkmäler. Die verfallenen Altstadtkerne in Cottbus und Senftenberg wurden ebenso renoviert wie die historischen Werkssiedlungen in Brieske oder Lauta. Der Sanierungsstau der zahllosen Tagebaugruben konnte nicht nur weitgehend beseitigt werden, sondern mit dem entstehenden Lausitzer Seenland wandeln sich die einstigen Mondlandschaften von einer »Schwäche« zu einer »Stärke« der Lausitz. Und viele der alten Kraftwerke und Fabriken entpuppen sich als wahre Schätze der Industriekultur und werden zu Besuchermagneten.

--

INITIAL SITUATION

Lower Lusatia has had to endure a bad reputation for decades. Its lignite mines, power plants, and coking plants may have provided well-paid jobs for hundreds of thousands of people and provided the state with heat and electricity, but no one wanted to live here – there was too much air pollution and damage to the environment, and not enough quality of life. No one living in the GDR would have contemplated spending their holidays in Lower Lusatia. Only the Spreewald – sufficiently distant from the smoking chimneys and dusty coalmines – was ever popular as a holiday destination. In the nineteen-seventies it was joined by the Lake Senftenberg, but the region's many other places of natural beauty, landscape parks, castles, and idyllic villages remained virtually unknown – and many of them were either under threat, neglected, or already destroyed by the bulldozers.

After the political changes of 1989/90, these hidden assets began to receive more and more attention. The reunification and the region's sudden de-industrialisation had a devastating impact on the local labour market – but were a boon for the environment and for certain cultural monuments. The run-down historic city centres in Cottbus and Senftenberg and the historic factory houses in Brieske and Lauta were renovated. Not only was the backlog of countless opencast mine sites in need of recultivation largely cleared, but the birth of the Lusatian Lake Land transformed what had been a moonscape from a »liability« for Lusatia into an »asset.« Many of the old power plants and factories proved to be real industrial treasures, attracting crowds of visitors.

Tourismusexperten und Wirtschaftsförderer erkannten deshalb in der topografisch weitgehend flachen Niederlausitz mit dem entstehenden Seenland neben dem Wassersport vor allem den bundesweiten Trend zum Radwandern als großes Potenzial für die touristische Entwicklung der Region.

PROJEKTVERLAUF

Auf Empfehlung des Gründungskuratoriums der IBA entstand schon 1998 die Idee, die gesamte Region durch einen zentralen Radrundweg zu vernetzen, um den Fahrradtourismus zu fördern und die künftigen IBA-Projekte mit den schönsten Städten und Dörfern zu verbinden. So sollten die Besonderheiten der Lausitzer Kulturlandschaft und der allmähliche Landschaftswandel erlebbar werden. In Kooperation mit den Landkreisen und der Stadt Cottbus entwickelte die IBA eine Route, die fast alle IBA-Projekte mit den wichtigsten Sehenswürdigkeiten der Region vernetzte – und in das vorhandene oder bereits geplante touristische Wegenetz der Landkreise integriert werden konnte. Dort wo neue Wegeabschnitte gebaut werden mussten, wurden diese zum Beispiel im Rahmen der ohnehin laufenden Sanierungsarbeiten der LMBV im Lausitzer Seenland geschaffen.

--

In addition to water sport opportunities in Lower Lusatia's nascent lake district, tourism experts and economic experts saw the potential for linking Germany's long-distance cycling trend with tourism in the region – thanks to its mostly flat topography.

THE PROJECT'S PROGRESS

In 1998, the IBA's founding committee suggested connecting the whole region via a central, circular cycle path – to promote cycle tourism and to connect future IBA projects and beautiful towns and villages. It was to allow cyclists to experience Lusatia's cultural landscape and the geological landscape's gradual transformation for themselves. Together with the administrative districts and the city of Cottbus, the IBA developed a route that connects almost all of the IBA projects plus the region's major tourist attractions – and could be integrated into the existing or planned network of tourist routes for the various districts. Where new sections of path had to be built, they were created as part of the LMBV's mine restoration activities in the Lusatian Lake Land.

Das Interesse der Sportvereine, Bürger und Medien war groß, als der Fürst-Pückler-Weg zur Zwischenpräsentation der IBA im Halbzeitjahr 2005 eröffnet wurde. Nun war neben dem Landschaftswandel auch der gedankliche Zusammenhang aller IBA-Projekte »erfahr-bar«: Auf über 500 Kilometern führt der Weg am aktiven Tagebau Welzow-Süd ebenso vorbei, wie an den früheren Braunkohlegruben in allen Flutungsstadien von »noch trocken« bis »fertig geflutet«. Der Weg verbindet die Slawenburg Raddusch als Zeugnis vorindustrieller Besiedlungsgeschichte mit Industriedenkmalen wie der F60 sowie das Biosphärenreservat Spreewald mit dem künstlichen Lausitzer Seenland und seinen schwimmenden Häusern. Und natürlich verbindet der Radweg, der nach dem Lausitzer Gartenkünstler Fürst Pückler benannt wurde auch seine beiden Meisterwerke: die Pückler-Parks in Bad Muskau und Branitz. So verknüpft der Weg Vergangenheit, Gegenwart und Zukunft der Region.

--

When the Fürst Pückler Path was opened as part of the presentation to mark the IBA's »halfway point« in 2005, it received a lot of interest from sports clubs, ordinary citizens, and the media. As well as displaying the transformation of the landscape, it »tracked« the thoughts behind all the IBA projects, and how the individual ideas fitted together. Five hundred kilometres long, the path goes past the active open cast mine at Welzow-Süd and many former lignite trenches in various stages of being flooded – from »still dry« to »completely full.« The Fürst Pückler Path connects the Raddusch Slavic Fort – a trace of the region's preindustrial human settlement history – with industrial relics like the F60, and the Spreewald Biosphere Reserve with the artificial Lusatian Lake Land and its floating homes. Naturally, this cycle path named after Lusatian garden artist Fürst Pückler also connects his two masterpieces: the Pückler parks in Bad Muskau and Branitz. This is a path that unites the past, present, and future of the region.

Bereits ein Jahr nach Eröffnung war der Fürst-Pückler-Weg der erste Radfernweg in Deutschland, der vom Allgemeinen Deutschen Fahrrad-Club (ADFC) als Qualitätsroute mit vier Sternen ausgezeichnet wurde. Das Gütesiegel steht unter anderem für gute Befahrbarkeit, Sicherheit und touristisches Angebot mit Übernachtungsmöglichkeiten entlang der Route. 2009 wurde die Auszeichnung durch den ADFC bestätigt. Im gleichen Jahr erschien unter dem Titel *Fürst-Pückler-Weg – Eine Rundtour durch die Lausitz und den Spreewald* ein Tourenbuch bei Bikeline, dem renommiertesten Anbieter des Genres. Professionelle Radreiseveranstalter haben den Fürst-Pückler-Weg in ihr Programm aufgenommen.

Ergänzend zum Radweg lädt der Fürst-Pückler-Kutschweg zu einer ganz anderen Reise ein: Die beiden Pückler-Parks in Branitz und Bad Muskau sind bereits seit 2002 wieder mit einem Kutschweg verbunden. Seither werden Reisen mit der Postkutsche – wie zu Pücklers Zeiten – angeboten, stehen aber auch Selbstfahrern offen.

--

Just a year after it was opened, the Fürst Pückler Path became the first long-distance cycle route in Germany to be labeled a high-quality route and awarded four stars by the Allgemeiner Deutscher Fahrrad-Club (ADFC). This endorsement was awarded partly because of its smooth ride, safety, and services for tourists – overnight shelters on the route. This special honour was confirmed by the ADFC in 2009. In the same year, Bikeline – the best-known publisher in the sector – published a tour guidebook entitled *Fürst-Pückler-Weg – Eine Rundtour durch die Lausitz und den Spreewald* (The Fürst Pückler Path: a round-trip tour of Lusatia and the Spreewald). Professional cycle trip organisers began to include the Fürst Pückler Path in their programmes.

The cycle path is supplemented by the Fürst Pückler coach route, which takes visitors on a totally different journey. The two Pückler Parks – in Branitz and Bad Muskau – were first connected by a coach route in 2002, and visitors can now pay to make the journey in a mail coach – as they would have in Pückler's day. The road, however, is also open to motorists.

AUSBLICK

Der Fürst-Pückler-Weg ist fertiggestellt und bereits ein etablierter Fernradweg. Er trägt nicht nur zur Bereicherung des touristischen Angebots, sondern auch zur Aufenthaltsverlängerung in der Lausitz bei. Die Tourismusverbände übernehmen künftig das Marketing und unterstützen den weiteren Ausbau des Angebots durch die Privatwirtschaft etwa im Hinblick auf zusätzliche »Bed & Bike« Möglichkeiten, Gepäckservice und Gastronomie. Dies ist Grundlage für die angestrebte Bewertung des Weges mit fünf (statt bisher vier) Sternen. Auch die Beschilderung muss dazu in Teilen noch verbessert werden. Bei der Orientierung wächst die Bedeutung von Radnavigatoren und daher wird die Möglichkeit angeboten, den Weg als GPS-Track im Internet herunterzuladen.

--

FUTURE PROSPECTS

The Fürst Pückler Path is already completed, and is a well-established cycle route. As well as enhancing the range of tourist opportunities, this makes people more likely to spend some time in Lusatia. In future, the tourism associations will take on the marketing and expand the range of privately-run services – additional »bed & bike« businesses, luggage services, and eateries. This will be the basis for raising the rating of this path from four to five stars. It also needs better signposting in places. In recognition of the increased importance of cycle navigators as pathfinding aids, visitors have the option of downloading the route from the internet as a GPS track.

Information und Buchung Radreisen -- Information and booking bicycle trips
Radreisepartner Spreewald & Lausitz pro gastra
Fon (0355) 879 01 00
www.radreisepartner-spreewald-lausitz.de

Information und Buchung Kutschfahrten -- Information and booking coach trips
Fon (08808) 386
www.coaching-in-bavaria.com

Projektpartner -- Project partners
Landkreis Oberspreewald-Lausitz
Landkreis Spree-Neiße
Landkreis Elbe-Elster
Landkreis Dahme-Spreewald
Landkreis Görlitz
Landkreis Bautzen
Stadt Cottbus
Tourismusverband Niederlausitz
Tourismusverband Elbe-Elster-Land
Lausitzer und Mitteldeutsche Bergbau-Verwaltungsgesellschaft mbH (LMBV)
Allgemeiner Deutscher Fahrrad-Club (ADFC)
Deutsche Zentrale für Tourismus (DZT)
Gastgewerbe GmbH Cottbus

Teil 3
ANHANG

Part 3
APPENDIX

EIN MEMORANDUM ZUR ZUKUNFT INTERNATIONALER BAUAUSSTELLUNGEN

--

Im Zeitraum eines Jahrhunderts haben sich die Internationalen Bauausstellungen zu einem Experimentierfeld der Stadtentwicklung und damit zu einem besonderen »Markenzeichen« der Planungskultur in Deutschland entwickelt, das als »IBA« weltweit Anerkennung findet. Die IBA wandelten sich von Architektur- zu Bau-Kultur-Ausstellungen, bei denen neben ästhetischen und technologischen zunehmend soziale, wirtschaftliche und ökologische Aspekte sowie die Qualität von Prozessen und von Partizipation in den Vordergrund traten.

Eine IBA verhandelt das Leben, Wohnen und Bauen in Stadt und Region mit einem weit darüber hinausgehenden Geltungsanspruch ihrer Inhalte, ihrer Organisation und Präsentation. Sie setzt Maßstäbe für die Alltagspraxis der planenden Verwaltungen und gibt wichtige Impulse für Theorie und Wissenschaft. Jede der bisher durchgeführten IBA hatte eine Bedeutung, die über ihre Zeit hinauswies. Hervorgegangen aus jeweils spezifischen örtlichen Handlungserfordernissen, aus besonderen Konstellationen lokaler Akteure und ausgeprägten, die üblichen Standards überragenden Qualitätsansprüchen haben Internationale Bauausstellungen einen programmatischen, generalisierbaren Charakter.

Die IBA ist ein »Label« für ein international einzigartiges Instrument erfolgreicher Planungs-, Stadt- und Regionalpolitik. Anders als Weltausstellungen, Biennalen und Kulturhauptstädte sind IBA bisher ohne festen Kalender, ohne vorgegebene Regeln und normierte Qualitätskriterien entstanden. Bislang gab es keine feste Konvention darüber, was eine IBA ausmacht, was ihre Themen und Organisationsformen sein sollten. Gerade weil sich jede IBA immer wieder neu erfinden muss, ist aber eine kontinuierliche Qualitätssicherung erforderlich, die den Stellenwert der IBA für die Baukultur und die Stadtentwicklung sichert und die daraus abgeleiteten Erfahrungen für den Planungsalltag und für jede nachfolgende IBA fruchtbar macht.

Memo on the Future of International Building Exhibitions

--

Within the space of a century, the International Building Exhibitions have become a test bed for urban development and a distinctive trademark of German planning culture now recognised worldwide as »IBA.« The IBA have grown from architecture exhibitions to exhibitions of baukultur (understood as the culture of planning and building) in which social, economic, and ecological aspects and the quality of processes and participation have become increasingly important alongside aesthetic and technological issues.

An IBA addresses life, living, and building in a city and region, but aims to offer content, organisation, and presentation relevant outside its thematic field. It sets standards for planning authorities' daily work and provides a key stimulus for theory and science. Every IBA thus far has had a significance beyond its time. A product of specific local requirements, unique constellations of local players, and clear quality requirements over and above the usual standards, the objective and structure of International Building Exhibitions is such that the concept is universally applicable.

IBA is a »label« for a successful planning, urban, and regional policy tool unique in the world. Unlike world expos, biennales, and capitals of culture, IBA have to date been organised without a fixed annual schedule, set rules, or standardised quality criteria. There is no established agreement on what defines an IBA, on the areas it should address, or the way it should be organised. However, the very fact that IBA must constantly redefine themselves requires ongoing quality assurance – measures to secure the role of IBA in baukultur and urban development, and to ensure that the experiences they offer benefit everyday planning work and each subsequent IBA.

Dazu muss die »Marke IBA« über ihre historisch erreichte Bedeutung hinaus immer wieder attraktiv aktualisiert werden. Darin liegt eine gemeinsame, über die einzelnen IBA hinausgehende Aufgabe von Ländern, Kommunen und dem Bund, kritisch begleitet von unabhängigen Experten. Trotz thematischer Unterschiede beruht der Erfolg der IBA auf qualitativen Gemeinsamkeiten. Diese Qualitäten gilt es zu sichern und weiterzuentwickeln. Die Kriterien dafür ergeben sich aus den bisherigen IBA.

Daraus leiten sich für die Zukunft der IBA folgende zehn Empfehlungen ab:

1 Jede IBA hat aus lokalen und regionalen Problemlagen jeweils drängende Aufgaben auf Bereiche der Architektur und Stadtplanung zentriert. Eine IBA zeichnet aus, dass sie Zukunftsfragen gesellschaftlichen Wandels auf solche Aspekte fokussiert, die räumliche Entwicklungen anstoßen und durch Gestaltung von Räumen in Stadt und Landschaft beeinflusst werden können.

2 Eine IBA ist mehr als eine Architekturausstellung. Sie stellt gesellschaftliche Entwürfe zur Diskussion und gibt Antworten auf soziale Probleme nicht nur in der Gestaltung von Gebäuden, sondern auch in neuen Formen der Aneignung städtischer Räume und benachbarter Landschaften und macht diese sichtbar. Im Erleben einprägsamer Orte sind die Botschaften einer IBA präsent.

3 Eine IBA entsteht aus konkreten Herausforderungen der Stadtgesellschaft, aus jeweils aktuellem Problemdruck: Zentrale Themen einer IBA müssen aus Anlass und Ort herausgearbeitet werden. Jede IBA hatte ihre Vorgeschichte durch lokal oder regional begrenzte Initiativen und Ereignisse, die als Impulse für weitergehende Programme wirkten. Zur Definition der Themen sind vorbereitende formelle und informelle Diskurse sowohl in den Fachkreisen als auch mit der Öffentlichkeit sowie vorgeschaltete Werkstätten wichtig.

To that end, the »Brand IBA« must, beyond its historically established significance, be attractively updated on a regular basis. This calls for a consolidated effort, beyond the individual IBA duties, of states, communes, and the Federation, critically accompanied by independent experts. Despite differences in content, the IBA's success rests upon qualitative commonalities; these qualities must be safeguarded and further developed. The criteria of such derive from previous IBAS.

Ten recommendations for the future of the IBA have therefore resulted:

1 Each IBA has identified urgent local and regional problems and focussed on their architecture and urban planning aspects. What defines an IBA is that it focuses questions of future social change on those issues that impact on spatial developments and can be shaped by spatial design.

2 An IBA is more than just an architecture exhibition. It brings social models up for debate and offers and illustrates solutions to social problems – not simply in the design of buildings, but also in new ways of using urban space and neighboring landscapes. It makes them visible and presents its messages through the experience of memorable places.

3 IBA grow out of real challenges facing urban society and pressing current problems: the central focuses of an IBA must be defined on the basis of place and circumstances. The background to every IBA has been local or regional initiatives and events, which then acted as a trigger for more far-reaching action. Preparatory formal and informal discourses – among experts as well as the general public – and preliminary workshops are extremely important when deciding on the issues to be addressed.

4 Eine IBA folgt dem Anspruch, modellhafte Lösungen für aktuelle Probleme in baukultureller, ökonomischer, ökologischer und sozialer Hinsicht zu entwickeln. Durch ihren programmatischen Anspruch gelingt es, diese im internationalen Maßstab aufzuzeigen, zur Diskussion zu stellen und dadurch nachhaltig Fragen des Städtebaus und der gesellschaftlichen Entwicklung insgesamt anzuregen.

5 Jede IBA lebt zunächst von ihren gebauten Ergebnissen. Mit einer IBA wird die Aufmerksamkeit jedoch nicht allein auf das Gebaute, sondern auch auf die Wahrnehmung der Entstehungsbedingungen und der Qualität von Prozessen gelenkt. Jede IBA steht dafür, über die Qualifizierung von Verfahren zu einer neuen Planungs- und Baukultur zu gelangen, die in der gelungenen Kooperation der bei großmaßstäblichen Projekten üblichen Vielzahl von Akteuren als Zusammenspiel von Prozess- und Ergebnisqualität erkennbar wird.

6 Eine IBA muss von Anbeginn in der internationalen Dimension angelegt sein. International wird eine Bauausstellung durch herausragende Beiträge aus dem Ausland, durch die in den Projekten angelegte internationale Relevanz und durch eine international ausgerichtete Öffentlichkeitsarbeit.

7 Eine IBA wird durch Konzentration der intellektuellen, künstlerischen und finanziellen Kräfte auf einen überschaubaren Zeitraum möglich, als ein Ausnahmezustand auf Zeit. Sie ist ein Entwicklungslabor, in dem durch intensive Kooperation zwischen Experten und Betroffenen sowie durch deren Erfahrungen und Erfolge Projekte andernorts ermutigt, gleichzeitig aber auch langfristig wirksame Impulse für die Alltagspraxis der Planung vor Ort gegeben werden können.

4 IBA seek to develop model solutions for current problems from a baukultur, economic, ecological, and social perspective. Common objectives mean IBA succeed in drawing attention to these issues and sparking debate on an international level, thus promoting general town planning and social development issues in the long term.

5 Every IBA's success is defined first and foremost by the buildings it produces, but an IBA does not simply draw attention to buildings and the built environment: it also raises awareness of the conditions in which buildings are created and the quality of the processes involved. Every IBA seeks to create a new planning culture and baukultur by improving the quality of procedures, a culture expressed in the successful cooperation of the many different protagonists of large-scale projects, which leads to the combination of process quality and high quality results.

6 An IBA must, from the outset, be international. Exceptional contributions from abroad, international aspects of projects presented, and global public relations work all make a building exhibition international.

7 IBA are a short-term, exceptional situation made possible through the concentration of intellectual, artistic, and financial resources over a brief period of time. They are a development platform where close cooperation between experts and those affected and their experience and success can encourage projects elsewhere. At the same time, it can give sustainable impulses for local everyday planning practice.

8 An IBA demands the courage to take risks. It is an experiment whose outcome is uncertain. To generate new ideas it makes also use of provocation, maybe evoking opposition. Controversial issues and productive dispute are important elements of planning culture. All players, participants, and above all the public must be made aware of this from the outset to ensure there is scope for development beyond daily practice and wide interest in the projects is generated.

8 Eine IBA verlangt Mut zum Risiko. Sie ist ein Experiment mit offenem Ausgang und generiert neue Ideen auch durch Provokation, die Widerspruch erzeugen kann. Strittige Themen und produktive Kontroversen sind wichtige Elemente einer Planungskultur. Dies muss allen Akteuren, Verbündeten und vor allem der Öffentlichkeit von Anbeginn bewusst gemacht werden, um Freiräume jenseits der Alltagspraxis eröffnen und ein breites Interesse an den Projekten wecken zu können.

9 Jede IBA braucht angemessene Organisationsformen, um zu exemplarischen und generalisierbaren Lösungen mit hoher Ausstrahlungskraft zu kommen. Nicht die bereits etablierten Verfahren und bewährten Handlungsmuster sind gefragt, sondern Fantasie in Programm, Gestaltung und Organisation sowie die Kunst der Improvisation und schnellen Reaktion auf Unvorhersehbares. Eine Verzahnung von informeller mit formeller Planung dient der Verstetigung und damit dem langfristigen Erfolg von Projekten.

10 Eine IBA lebt von ihrer Verbreitung. Zeitgemäße Strategien der Kommunikation und Präsentation sind Voraussetzungen ihres Erfolgs. Jede IBA ist darauf angewiesen, die innovativsten und wirksamsten Kommunikationsformen, -formate und -wege zu nutzen und weiterzuentwickeln.

--

Verfasser:
Prof. Dr. Werner Durth, Leiter des Fachgebiets Geschichte und Theorie der Architektur, Technische Universität Darmstadt, 2009

--

in Zusammenarbeit mit:
Prof. Michael Braum, Bundesstiftung Baukultur, Potsdam; Dr.-Ing. Marta Doehler-Behzadi, BMVBS, Berlin; Dr. Ulrich Hatzfeld, BMVBS, Berlin; Uli Hellweg, IBA Hamburg GmbH; Dieter von Lüpke, Stadtplanungsamt der Stadt Frankfurt am Main; Michael Marten, BMVBS, Berlin; Rainer Nagel, Senatsverwaltung für Stadtentwicklung Berlin; René Reckschwardt, IBA Hamburg GmbH; Siegfrid Schneider, MLV Sachsen-Anhalt, Magdeburg; Dr. phil. Paul Sigel, TU Darmstadt; Gerti Theis, IBA Hamburg GmbH; Lars-Christian Uhlig, Bundesinstitut für Bau-, Stadt- und Raumforschung im BBR, Bonn; Prof. Kunibert Wachten, RWTH Aachen

9 Every IBA needs an appropriate structure if it is to offer universally applicable model solutions with broad appeal. People are looking not for established procedures and tried and tested approaches, but for an imaginative programme, form, and structure; for the art of improvisation and for rapid response to the unforeseeable. Interlocking formal and informal planning will lead to the sustainable, long-term success of projects.

10 IBA thrive on publicity. Modern communication strategies are vital to their success. Every IBA must use and develop the most innovative, most effective types, formats, and channels of communication.

--

Author:
Prof. Dr. Werner Durth, Head of the Department of Architectural History and Theory, Darmstadt University of Technology, 2009

--

in collaboration with:
Prof. Michael Braum, Bundesstiftung Baukultur (German Federal Foundation for Baukultur), Potsdam; Dr.-Ing. Marta Doehler-Behzadi, BMVBS (German Federal Ministry of Transport, Building and Urban Affairs), Berlin; Dr. Ulrich Hatzfeld, BMVBS, Berlin; Uli Hellweg, IBA Hamburg GmbH; Dieter von Lüpke, Stadtplanungsamt der Stadt Frankfurt am Main (Frankfurt am Main City Planning Office); Michael Marten, BMVBS, Berlin; Rainer Nagel, Senatsverwaltung für Stadtentwicklung (Senate Department for Urban Development) Berlin; René Reckschwardt, IBA Hamburg GmbH; Siegfrid Schneider, MLV Sachsen-Anhalt (Saxony-Anhalt State Ministry of Regional Development and Transport), Magdeburg; Dr. phil. Paul Sigel, TU Darmstadt; Gerti Theis, IBA Hamburg GmbH; Lars-Christian Uhlig, Bundesinstitut für Bau-, Stadt- und Raumforschung im BBR (German Federal Institute for Research on Building, Urban Affairs and Spatial Development, part of the German Federal Office for Building and Regional Planning), Bonn; Prof. Kunibert Wachten, RWTH Aachen (Aachen University of Technology)

ZEHN THESEN ZUM UMGANG MIT LANDSCHAFTEN NACH DEM BERGBAU

--

Zehn Jahre hat die Internationale Bauausstellung (IBA) Fürst-Pückler-Land 2000–2010 die Entwicklung der Landschaft nach dem Bergbau in der Lausitz mitgestaltet. In dieser Zeit hat sie im internationalen Austausch mit Wissenschaftlern und Praktikern wertvolle Erfahrungen im Umgang mit Bergbaufolgelandschaften gesammelt. Aus diesen Erfahrungen leitet die IBA zehn Thesen für die Gestaltung einer zukunftsfähigen Landschaft nach dem Bergbau ab. Die zehn Thesen werden in der internationalen Fachwelt weiter diskutiert. Zum Abschluss der IBA wird eine »Lausitz Charta« als Empfehlung für den Umgang mit Bergbaufolgelandschaften verabschiedet.

1 Beispiel geben -- Die Entwicklung der Landschaft nach dem Bergbau muss beispielgebend sein. Sie hat als bewusst geplanter Umgang mit Kulturlandschaft Vorbildfunktion und muss dazu beitragen, internationale Ziele und Standards nachhaltiger Entwicklung umzusetzen.

2 Ressourcen nutzen -- Die Hinterlassenschaften des Bergbaus – Flächen, Gebäude und Infrastrukturen – sind industriekulturelle Ressourcen für eine nachhaltige Entwicklung. Die Erhaltung und Nachnutzung typischer Elemente schafft besondere Orte, die das Image einer Region prägen und Brücken zwischen Vergangenheit und Zukunft bilden.

3 Identität stiften -- Die Landschaft nach dem Bergbau muss eigene, neue Qualitäten haben. Die ursprüngliche Landschaft und eine verlorene Heimat lassen sich nicht wiederherstellen. Neue Entwicklungen müssen an prägenden Orten ansetzen, um Identifikation und eine neue Identität zu fördern.

4 Planungshorizont weiten -- Die Planung für die Landschaft nach dem Bergbau muss bereits vor der Inanspruchnahme durch den Bergbau einsetzen, von Beginn an Ziele für die zukünftige Gestaltung und Entwicklung vertreten sowie Optionen für temporäre Nutzungen ermöglichen. Sie muss prozessbegleitend sein und flexibel auf sich ändernde Rahmenbedingungen reagieren können.

Ten Principles Concerning the Treatment of Post-Mining Landscapes

--

The Internationale Bauausstellung (International Building Exhibition, IBA) Fürst-Pückler-Land 2000–2010 has helped to redevelop the post-mining landscape in Lusatia for ten years. Over this period, it has gathered valuable experience about handling post-mining landscapes from international exchanges with scientists and practitioners. The IBA has derived ten theses for designing a post-mining landscape with a future. The ten theses are being discussed further by international experts. At the end of the IBA, a »Lusatia Charter« will be passed as a recommendation for dealing with post-mining landscapes.

1 Setting an Example -- The development of a post-mining landscape must be exemplary. As a consciously planned treatment of a cultural landscape, the development has a model character and must contribute to the implementation of international goals and standards of sustainable development.

2 Using Resources -- The legacy of mining, land, buildings, and infrastructures are industrial-heritage resources for a sustainable development. The preservation and reuse of typical components creates special places that shape the look of a region and bridge the past and the future.

3 Fostering Identity -- A post-mining landscape must have its own, new characteristics. The original landscape and the lost home cannot be reproduced. New developments must begin at meaningful locations, with the goal of promoting identification and shaping a new identity.

4 Broadening the Planning Horizon -- The planning for a post-mining landscape must begin before mining lays claim to the land. From the beginning, planning must represent goals for the future design and development and must make possible new options for temporary use. Planning must accompany mining processes and react flexibly to changing framework conditions.

5 Prozess gestalten -- Der Prozess der Umgestaltung muss erfahrbar sein. Informationen, Inszenierungen des Wandels und Zwischennutzungen sind wichtige Prozesselemente, die Veränderungen vermitteln und Anknüpfungspunkte für einen Identitätswandel bieten.

6 Kreativität & Innovation zulassen -- Die Entwicklung neuer Kulturlandschaften braucht Avantgarde und Kreativität, Austausch zwischen Innen- und Außensicht sowie offene Entscheidungsstrukturen. Der Prozess ist so zu organisieren, dass innovative Lösungen und neue Wege möglich werden.

7 Bilder erzeugen -- Bilder und Entwürfe der zukünftigen Entwicklung sind wichtig als Augenöffner und Transportmittel von Zukunftsvorstellungen. Events und gebaute Bilder als Landmarken sind bereits am Anfang des Umbauprozesses unerlässlich, um Ziele und Perspektiven der Entwicklung zu manifestieren.

8 Transparenz sichern -- Die Entwicklung von Landschaften nach dem Bergbau muss offen und transparent sein. Der Dreiklang von umfassender Partizipation der Betroffenen, gemeinsamer Entscheidung und einer Umsetzung der Planung mit den beteiligten Akteuren ist in allen Planungsphasen zu garantieren.

9 Organisationsstruktur aufbauen -- Die Umsetzung der Planungsziele ist durch eine handlungsfähige und ausreichend finanziell und personell ausgestattete Organisationsstruktur abzusichern. Sie übernimmt die Prozesssteuerung, etabliert Netzwerke und organisiert Finanzierungen und Förderungen. Voraussetzung dafür ist ein verbindlicher rechtlicher Rahmen, der Planungsebenen, Aufgaben und Verantwortung benennt.

10 Verantwortung übernehmen -- Für die Wiedernutzbarmachung gilt das Verursacherprinzip. Die Aufgabe einer qualitativen und Mehrwert erzeugenden Entwicklung kann nicht auf der lokalen Ebene allein gelöst werden. Sie muss durch unternehmerische und übergeordnete öffentliche Verantwortung sowie der Kooperation zwischen Kommunen und weiteren Partnern unterstützt werden.

5 Shaping the Process -- The process of redesign must be tangible. Information, staging of changes, and intermediate uses are important elements of the process that convey change and provide departure points for a change of identity.

6 Allowing for Creativity and Innovation -- The development of new cultural landscapes requires a vanguard and creativity, exchange of insider and outsider perspectives, as well as open decision-making structures. The process must be organised in such a way as to facilitate innovative solutions and new pathways.

7 Generating Pictures -- Pictures and outlines of a future development are important as eye-openers and vehicles for imagining the future. Even at the beginning of the conversion process events and constructed images are indispensable as landmarks to manifest the goals and perspectives of development.

8 Ensuring Transparency -- The development of post-mining landscapes must be open and transparent. The triad – comprehensive participation by those who are affected, common decision-making, and implementation of planning with the participating actors – must be guaranteed in all phases of planning.

9 Building the Organisational Structure -- The implementation of the planning goals must be secured by an organisational structure that is capable of acting and sufficiently equipped with funding and personnel. The organisational structure takes over the process management, establishes networks, and organises funding and promotions.

10 Taking Responsibility -- The polluter-pays principle applies to rehabilitation. The task of qualitative development that produces added value cannot be solved on the local level alone. It must be supported by entrepreneurial and higher-level public responsibility as well as by cooperation among local authorities and additional partners.

IBA-AUSSTELLUNGEN 2000-2010

--

Zentrale Ausstellungen auf den IBA-Terrassen

»Zeitmaschine Lausitz« 30.4.2004-16.1.2005
»Bewegtes Land« 15.4.2005-31.10.2006
»Energieland Lausitz« 18.4.2007-31.7.2009
»Die Neueroberung einer Landschaft« 24.4.-31.10.2010

Wanderausstellungen

»Werkstatt für Neue Landschaften« 1.-6.2.2002 Senftenberg / 7.3.-3.4.2002 Weißwasser / 4.4.-24.4.2002 Lauchhammer / 24.4.-24.5.2002 Cottbus / 28.9.-2.10.2002 Großräschen / 24.10.-20.11.2002 Dresden / 7.1.-23.1.2003 Potsdam

»brennweite« 19.9.2001-15.6.2002 Großräschen / 20.6.-12.8.2002 Dessau / 4.5.-15.06.2002 Cottbus / 5.12.2002-7.1.2003 Wien (Österreich) / 8.1.-11.2.2003 Bratislava (Slowakei) / 14.8.-15.9.2003 Tarcento (Italien) / 12.3.-3.5.2003 Dresden / 4.12.2003-11.1.2004 Breslau (Polen) / 4.8.-29.8.2004 Lasauvage (Luxemburg) / 14.9.-31.10.2004 Petite Rosselle (Frankreich)

»Bewegtes Land« 11.3.-15.4.2005 Berlin / 19.5.-30.5.2005 BUGA München / 5.6.-20.7.2005 Potsdam

»brennweite II« 7.3.-12.3.2007 Potsdam / 21.3.-19.4.2007 Keszthely (Ungarn) / 27.7.-11.9.2007 Kloster Zinna / 18.9.-25.10.2007 Lübben / 10.1.-4.2.2008 Cottbus

»Mies Memory Box« 27.5.-5.6.2006 Gubin (Polen) / 9.6.-23.7.2006 Breslau (Polen) / 25.7.-4.9.2006 Berlin / 8.9.-3.10.2006 Dessau

»eBox« 3.5.-3.6.2007 Vattenfall-Zentrale Berlin / 6.6.-2.9.2007 BUGA Gera-Ronneburg / 7.9.-13.9.2007 Cottbus Universität

IBA-Exhibitions 2000-2010

--

Central exhibitions on the IBA-Terraces

»Zeitmaschine Lausitz« (Time-Machine Lusatia; 30.4.2004-16.1.2005);
»Bewegtes Land« (Moving Land; 15.4.2005-31.10.2006);
»Energieland Lausitz« (Energy Land Lusatia; 18.4.2007-31.7.2009);
»Die Neueroberung einer Landschaft« (Reconquering a Landscape; 24.4.-31.10.2010)

Touring exhibitions

»Werkstatt für Neue Landschaften« (Workshop for New Landscapes) 7.1.-6.2.2002 Senftenberg / 7.3.-3.4.2002 Weißwasser / 4.4.-24.4.2002 Lauchhammer / 24.4.-24.5.2002 Cottbus / 28.9.-2.10.2002 Großräschen / 24.10.-20.11.2002 Dresden / 7.1.-23.1.2003 Potsdam

»brennweite« (focal length) 19.9.2001-15.06.2002 Großräschen / 20.6.-12.8.2002 Dessau / 4.5.-15.6.2002 Cottbus / 5.12.2002-7.1.2003 Vienna (Austria) / 8.1.-11.2.2003 Bratislava (Slovakia) / 14.8.-15.9.2003 Tarcento (Italy) / 12.3.-3.5.2003 Dresden 4.12.2003-11.1.2004 Wrocław (Poland) / 4.8.-29.8.2004 Lasauvage (Luxemburg) / 14.9.-31.10.2004 Petite Rosselle (France)

»Bewegtes Land« (Moving Land) 11.3.-15.4.2005 Berlin / 19.5.-30.5.2005 BUGA (National Horticultural Show) Munich / 15.6.-20.7.2005 Potsdam

»brennweite II« (focal length II) 7.3.-12.3.2007 Potsdam / 21.3.-19.4.2007, Keszthely (Hungary) / 27.7.-11.9.2007 Zinna Monastery / 18.9.-25.10.2007 Lübben / 10.1.-4.2.2008 Cottbus

»Mies Memory Box« 27.5.-5.6.2006 Gubin (Poland) / 9.6.-23.7.2006 Wrocław (Poland) 25.7.-4.9.2006 Berlin / 8.9.-3.10.2006 Dessau

»eBox«
3.5.-3.6.2007 Vattenfall-Zentrale Berlin / 6.6.-2.9.2007 BUGA (National Horticultural Show) Gera-Ronneburg / 7.9.-13.9.2007 Cottbus University

»IBA meets IBA« (von M:AI & IBA Hamburg)
15.9.2007-29.2.2008 Hamburg / 19.4.-8.5.2008 Basel (Schweiz) / 6.5.-27.5.2009 Frankfurt am Main / 5.6.-7.9.2009 Hamburg / 2.9.-25.9.2009 Magdeburg / 25.11.2009-7.3.2010 Großräschen

»Wettbewerbsergebnisse Mobile Schwimmende Architektur«
15.10.-16.11.2008 Großräschen / 18.+19.5.2009 Berlin (im Rahmen der Konferenz »Anpassung ist notwendig« des Bundesumweltministeriums) / 11.6.-5.7.2009 Dresden / 10.11.-12.11.2009 Hamburg (im Rahmen der Konferenz »Acqua Alta«)

Weitere Ausstellungen

»Ideen für Guben« Mai/Juni 2001 Guben/Gubin
»Die Sprache der Bilder« 19.9-30.9.2001 Großräschen
»Rising Water« Mai/Juni 06.2001 Großräschen
»Mies in Berlin« (Beitrag Wolf House Project Gubin)
Eröffnung: 20.6.2001 New York (Museum of Modern Arts)
»IBA-Präsentation« 2.10-7.10.2001 im Rahmen der BUGA Potsdam
»Das Schwimmende Haus« 30.8.-25.10.2003 IBA-Geschäftsstelle Großräschen und 5.-7.3.2004 im Rahmen der Messe CottbusBau in Cottbus
»Walking in a desert coat« 3.11.2003-1.1.2004 Dresden
»Canyons, Steppe und Lichtbilder« 17.12.2003-10.1.2004 IBA-Geschäftsstelle Großräschen
»Theaterinsel Gubin« 2004 im Rahmen der Architekturbiennale Venedig
»REKULA« 2005 Wirtschaftsministerium Sachsen
»11 Steckbriefe zum Lausitzer Seenland« 18.4.2008-31.12.2010 IBA-Terrassen Großräschen
»Wide European Landscapes« (mit IBA-Beitrag) 28.2.-27.4.2008 Lanzarote (Spanien) / 15.5.-31.7.2009 Lausanne (Schweiz)
»A wider view on cultural landscapes challenges« 11.6.-28.9.2008 IBA-Beitrag Landschaftsarchitektur-Trieenale Apeldoorn (Niederlande)
»Cidade para todos - City for all« IBA-Beitrag 31.10.-6.12.2009 im Rahmen der Architekturbiennale São Paulo (Brasilien)

»IBA meets IBA« (from M:AI & IBA Hamburg)
15.9.2007-29.2.2008 Hamburg / 19.4.-8.5.2008 Basel (Switzerland) / 6.5.-27.5.2009 Frankfurt am Main / 5.6.-7.9.2009 Hamburg / 2.9.-25.9.2009 Magdeburg / 25.11.2009-7.3.2010 Großräschen

»Mobile Floating Architecture Competition Results« 15.10.-16.11.2008 Großräschen / 18.+19.5.2009 Berlin (as part of the Ministry of the Environment's ›Adaptation is necessary‹ conference) / 11.6.-5.7.2009, Dresden / 10.11.-12.11.2009 Hamburg (as part of the »Acqua Alta« conference)

Additional exhibitions

»Ideen für Guben« (Ideas for Guben) May/June 2001 Guben/Gubin
»Die Sprache der Bilder« (The Language of Pictures) 19.9-30.9.2001 Großräschen.
»Rising Water« May/June 2001 Großräschen.
»Mies in Berlin« (contribution to the Wolf House Project Gubin), opening: 20.6.2001
»IBA Presentation« 2.10-7.10.2001 as part of the Potsdam National Horticultural Show.
»Das Schwimmende Haus« (The Floating House) 30.8.-25.10.2003 IBA branch in Großräschen; 5.-7.3.2004 as part of the Messe CottbusBau in Cottbus
»Walking in a desert coat« 3.11.2003-1.1.2004 Dresden.
»Canyons, Steppe und Lichtbilder« (Canyons, Steppe, and Photographs) 17.12.2003-10.1.2004 IBA-branch in Großräschen.
»Theaterinsel Gubin« (Gubin Theatre Island) 2004 as part of the Venice Architecture Biennale Venedig
»11 Steckbriefe zum Lausitzer Seenland« (11 Profiles for the Lusatian Lake District) 18.4.2008-31.12.2010 IBA-Terraces Großräschen.
»Wide European Landscapes« 28.2.-27.4.2008 (with IBA contribution) Lanzarote (Spain) / 15.5.-31.7.2009 Lausanne (Switzerland).
»A wider view on cultural landscapes challenges« 11.6.-28.9.2008 with IBA contribution as part of the Landscape Architecture Triennale in Apeldoorn (Holland)
»Cidade para todos - City for all« 31.10.-06.12.2009 with IBA contribution as part of the São Paulo (Brazil) Architecture Biennale

I B A - F A C H E X K U R S I O N E N   2 0 0 0 - 2 0 1 0

- -

2000 -- Fachexkursion »Schwimmende Objekte und der Umgang mit der Wasserlandschaft« zu ausgewählten Projekten in Deutschland und den Niederlanden als Vorbereitung auf die Entwicklung des Lausitzer Seenlandes: Kunstlandschaft Goitzsche mit Pegelturm, Steinzeichen Steinbergen mit Jahrtausendblick, Wasserkrater der Landesgartenschau Bad Oeynhausen, »Blauwe Stadt« Groningen, Groninger Museum, Landartprojekte Flevoland, Almere Noorderplassen, Werft Schwimmende Häuser »Ooms Baumaatschappij« Hoorn, Architekturstudio Hermann Hertzberger, Amsterdam

2001 -- Fachexkursionen in der Lausitz während des Internationalen Workshops »Werkstatt für Neue Landschaften«

2002 -- Fachexkursion in Vorbereitung auf die IBA-Projekteröffnungen 2003 zu einem großen (Landschafts-)Architektur-Event in der Schweiz: Vier Standorte der EXPO.02 Arteplage Biel, Arteplage Murten, Arteplage Yverdon-les-Bains, Arteplage Neuchâtel sowie Jura und Regionalzentrum Thurgau-Schaffhausen

2003 -- Fachexkursion in Vorbereitung auf die IBA-Projekteröffnung 2004 zu ausgewählten Projekten in Deutschland: Industriemuseum Chemnitz, Leipziger Seenland, IGA Rostock und Land Fleesensee

2004 -- Fachexkursion in Vorbereitung auf die »IBA-Werkschau 2005« zu ausgewählten Projekten in Oberschlesien (Polen): Hirschberger Tal, Zechenmuseum Zeche Julia/Waldenburg (Walbrzych), Schloss Fürstenstein, UNESCO-Weltkulturerbe Fachwerkkirche Schweidnitz, Breslau, Hindenburg, Werkssiedlung Borsig, Werkssiedlung Kattowitz, Gleiwitz, Bergwerk Skansen Königin Luise, Freizeitpark Königshütte, UNESCO-Weltkulturerbe Salzberg in Groß Salze sowie Krakau

IBA Field Trips 2000–2010

--

2000 -- A field trip devoted to »floating objects and dealing with a water landscape« to selected projects in Germany and the Netherlands in preparation for developing the Lusatian Lake Land: Goitzsche artificial landscape with gauge tower, Steinzeichen Steinbergen with millennium view, water craters at the Bad Oeynhausen regional horticultural show, »Blue City« of Groningen, Groningen Museum, Flevoland Land Art projects, Almere Noorderplassen, Floating Buildings Dockyard »Ooms Baumaatschappij« Hoorn, Hermann Hertzberger architecture studio Amsterdam

2001 -- Field trip in Lusatia during the »Werkstatt für Neue Landschaften« International Workshop

2002 -- Field trip in preparation for the IBA project openings in 2003 to a major (landscape) architecture event in Switzerland: four EXPO.02 site, Arteplage Basel, Arteplage Murten, Arteplage Yverdon-les-Bains, Arteplage Neuchâtel and Jura and Thurgau-Schaffhausen regional centre

2003 -- Field trip in preparation for 2004 IBA project opening to selected projects in Germany: Industriemuseum Chemnitz, Leipziger Seenland, IGA Rostock and Land Fleesensee

2004 -- Field trip in preparation for the »IBA-Werkschau 2005« to selected projects in Upper Silesia (Poland): Hirschberg valley, mine Julia/Waldenburg (Walbrzych) mining museum, Fürstenstein Castle, UNESCO World Cultural Heritage timberframe church in Schweidnitz, Breslau, Hindenburg, Borsig factory housing, Kattowice factory housing, Gleiwitz, Skansen Königin Luise mine, Königshütte leisure park, UNESCO World Cultural Heritage in Groß Salze and Krakow

2005 -- Fachexkursion in Vorbereitung auf das Themenjahr »Europa in der Lausitz« zu ausgewählten Projekten in Norditalien: Stausee Lago del Vaiont, historische Wasserwerke am Piave, Venedig und das Hochwasserschutzprojekt MOSE, Cava Merotto (REKULA-Pilotprojekt), Stadt Treviso

2006 -- IBA-Fachexkursion in Vorbereitung auf das Themenjahr »Energieland Lausitz« zu ausgewählten Projekten nach Tschechien, Österreich und Deutschland: Vorzeigedorf Heinersdorf (CZ) mit ökologischem Informationszentrum, »Grenzüberschreitende Gartenschau 2006« in Eger (CZ) und in Marktredwitz, Design Center Linz (AUT), Mustersiedlung »Solarcity Linz«, Biomassekraftwerk in Timelkam (AUT), Solarstromkraftwerk Borna mit »Movern« auf Flächen des ehemaligen Braunkohlenkraftwerks (D), Solarstromkraftwerk Espenhain mit Holzgestellkonstruktion, Solarzellenproduktion im »Solar Valley« in Thalheim

2007 -- Fachexkursion in Vorbereitung auf das Themenjahr »Seensucht Lausitz« zu ausgewählten Projekten in Dänemark, Schweden und Norddeutschland: Das Badeschiff in Berlin, die Seesauna Gesundbrunnen in Neuruppin, Lystbadehavn in Dragör/Kopenhagen, Kastrup Seewater Lido, Amager Beach und Maritimes Jugendzentrum auf Amager/Kopenhagen, Tunnel und Brücke über Öresund, Promenade und neues Holzseebad in Malmö, Hafenbad und Umnutzung historischer Hafengebäude, Schwimmendes Haus auf Christianshavn/Kopenhagen. Außerdem: Bellavista und Bellevue Theater mit Strandbad in Klampenburg, Luisiana Museum für Moderne Kunst in Humlebaek, Landmarke »Mennesker ved havet« in Esbjerg, Ferienhäuser in Dünen, Schwimmende Häuser AE Gammel Havn in Ringköbing Fjord/ Hvide Sande sowie HafenCity in Hamburg

2005 -- Field trip in preparation for the »Europa in der Lausitz« theme year to selected projects in northern Italy: Lago del Vaiont dam, historical waterworks on the Piave, Venice and the »Mose« flood prevention project, Cava Merotto (REKULA pilot project), city of Treviso

2006 -- IBA Field trip in preparation for the »Energieland Lausitz« theme year to selected projects in the Czech Republic, Austria, and Germany: Heinersdorf show village (CZ) with ecological information centre, »Grenzüberschreitende Gartenschau 2006« in Eger (CZ) and in Marktredwitz, Design Center Linz (AUT), »Solarcity Linz« model housing estate, biomass power station in Timelkam (AUT), Borna solar power station with »Movern« on land from the former lignite power station (D), Espenhain solar power station with timber frame structure, solar cell production in »Solar Valley« in Thalheim

2007 -- Field trip in preparation for the »Seensucht Lausitz« theme year to selected projects in Denmark, Sweden and North Germany: the Badeschiff in Berlin, Gesundbrunnen lake sauna in Neuruppin, Lystbadehavn in Dragör/Copenhagen, Kastrup Seewater Lido, Amager Beach and Maritime Youth Centre in Amager/Copenhagen, tunnel and bridge over Öresund, promenade and new timber lake bathing in Malmö, harbour bathing and new use for historic harbour buildings, Floating House on Christianshavn/Copenhagen. Also: Bellavista and Bellevue Theatre with bathing beach in Klampenburg, Luisiana Museum of Modern Art in Humlebaek, »Mennesker ved havet« landmark in Esbjerg, holiday homes in Dünen, Floating Houses AE Gammel Havn in Ringköbing Fjord/ Hvide Sande and the HafenCity in Hamburg

2008 -- Fachexkursion in Vorbereitung auf das Themenjahr »Neuland Lausitz« zu ausgewählten Projekten in Deutschland und Frankreich: Museum Insel Hombroich (Neuß), Regionale 2010, Köln, Carl-Alexander-Park Baesweiler, ENERGETICON in der Energielandschaft AnnA in Alsdorf, Vision Indeland/Tagebau Inden, UNESCO-Weltkulturerbe Völklinger Hütte, Frankreich/Lothringen: Parc des Grandes Carrières de l'Est, Bergbaumuseum Carreau-Wendel, Saarkohlenwald, Weinkellerführung mit Weinverkostung, Winzergenossenschaft Mußbach/Pfalz, Geo-Naturpark Bergstraße-Odenwald

2009 -- Fachexkursion in Vorbereitung auf das IBA-Finale 2010 zu ausgewählten IBA-Projekten mit den Schwerpunktthemen »Energielandschaften erleben« sowie »In Wasserlandschaften eintauchen«: IBA-Terrassen, Tagebau Welzow-Süd, Industriepark und Gartenstadt Marga, Biotürme Lauchhammer, Erlebnis-Kraftwerk Plessa, Besucherbergwerk F60, Lausitzer Seenland, mobile schwimmende Architektur, Lagunendorf, Nordufer Sedlitzer See, Landmarke, Schau(Bau)stelle mit Überlandboot

2010 -- IBA-Fachtouren in der Lausitz zum IBA-Finale 2010, Fachexkursion zur IBA Basel, an den Bodensee und ins Fränkische Seenland

2008 -- Field trip in preparation for the »Neuland Lausitz« theme year to selected projects in Germany and France: Museum Insel Hombroich (Neuss), Regionale 2010, Cologne, Carl-Alexander-Park Baesweiler, ENERGETICON in the AnnA energy landscape in Alsdorf, Vision Indeland/Inden opencast mining, Völklinger Hütte UNESCO World Heritage Site in France/Lorraine: Parc des Grandes Carrières de l'Est, Carreau-Wendel mining museum, Saarkohlenwald, wine cellar visit with winetasting, Winzergenossenschaft Mußbach/Pfalz, Bergstraße-Odenwald Geo Nature Park

2009 -- Field trip in preparation for the 2010 IBA Finale to selected IBA projects focusing on »experiencing energy landscapes« and »diving into water landscapes«: IBA-Terraces, Welzow-Süd opencast mining, Marga industrial park and garden city, Lauchhammer bio-towers, Plessa adventure power station, F60 visitors mine, Lusatian Lake Land, mobile floating architecture in Lagunendorf, Lake Sedlitz north bank, landmark, show (building) site with overland boat

2010 -- Field trip in Lusatia to the 2010 IBA Finale; Field trip to IBA Basel, Lake Constance and the Franconian Lake District

IBA-CHRONOLOGIE

--

1992

-- Exkursion der Brandenburgischen Architektenkammer zur IBA Emscher Park. Die vergleichbaren Problemlagen in den zwei alten Kohlerevieren Ruhrgebiet und Lausitz führen zur Formulierung erster Planungsansätze für die Lausitz.

1993

-- Dr. Otto Rindt, Nestor der deutschen Landschaftsgestalter und »Vater« des Senftenberger Seengebietes, bringt die »ausstrahlende Planungsidee« für ein Niederlausitzer Erholungsgebiet zu Papier.

1994

-- Der Senftenberger Stadtplaner Wolfgang Joswig entwickelt im Rahmen einer Projektwoche unter dem Thema »Ilse-Park« erste konkrete Ideen zur Neugestaltung der Tagebaue zwischen Senftenberg und Großräschen und knüpft dabei an die Visionen von Otto Rindt an.

-- Gründung der »Kommunalen Arbeitsgemeinschaft Ilse-Park« als Vorläufer für eine mögliche IBA 2010 in der Niederlausitz. Holger Bartsch, Landrat des Landkreises Oberspreewald-Lausitz, präsentiert Ministerpräsident Manfred Stolpe erste Ideen.

1995

-- Nach intensiven Diskussionen reift auf regionaler Ebene der Plan, mit einer IBA den Strukturwandel in der Lausitz zu begleiten. Die Stadt Großräschen, der Landkreis Oberspreewald-Lausitz, die Regionale Planungsgemeinschaft Lausitz-Spreewald und die LMBV unterstützen die Idee.

-- Kommunalpolitiker und LMBV diskutieren die Idee von Elke Löwe, die ausrangierte Förderbrücke F60 zu erhalten und touristisch umzunutzen.

IBA-Chronology

--

1992

-- Excursion to the IBA Emscher Park by the Brandenburgische Architektenkammer. Comparable sets of problems in the Ruhr and Lusatia, two old coalmining areas, lead to formulating the first planning approaches for Lusatia.

1993

-- Dr. Otto Rindt, grand old man of German landscape designers and »father« of the Senftenberg Lake District, puts the »luminous planning idea« for a recreation area in Lower Lusatia on paper.

1994

-- While involved in a project week on the subject of the »Ilse Park,« Senftenberg town planner Wolfgang Joswig develops the first concrete ideas for redesigning the opencast mining sites between Senftenberg and Großräschen, taking up Otto Rindt's visions.

-- The »Kommunale Arbeitsgemeinschaft Ilse-Park« is founded as forerunner to a possible IBA 2010 in Lower Lusatia. Holger Bartsch, head of the Oberspreewald-Lausitz district, presents his first ideas to Prime Minister Manfred Stolpe.

1995

-- After lively discussions, the plan to accompany structural change in Lusatia with an IBA matures at the regional level. The town of Großräschen, the Oberspreewald-Lausitz district, the Lausitz-Spreewald Regional Planning Association and the LMBV support the idea.

-- Local politicians and the LMBV discuss Elke Löwe's idea of preserving the disused F60 conveyor bridge and using it as a tourist attraction.

1996

-- Workshops der Regionalen Planungsgemeinschaft bündeln die verschiedenen Interessenebenen zwecks Vorbereitung einer »IBA von unten«.
-- Zwei Machbarkeitsstudien bestätigen die Realisierbarkeit einer IBA.
-- Die Regionale Planungsgemeinschaft beruft daraufhin ein »Gründungskuratorium IBA Fürst-Pückler-Land« unter Leitung von Walter Momper ein. Prof. Karl Ganser (damals Geschäftsführer der IBA Emscher Park) ist Ideengeber und Berater.

1997

-- In Diskussionen mit Verantwortlichen der Landesregierung wird weiterhin um die Unterstützung einer künftigen IBA gerungen.
-- Die F60 und 19 weitere Projekte werden als »Empfehlungen des Gründungskuratoriums« veröffentlicht.

1998

-- Die Landkreise Oberspreewald-Lausitz, Dahme-Spreewald, Spree-Neiße, Elbe-Elster und die kreisfreie Stadt Cottbus gründen als Gesellschafter die »IBA Vorbereitungsgesellschaft«.
-- Prof. Rolf Kuhn wechselt vom Bauhaus in Dessau zur IBA Lausitz.
-- Die ersten IBA-Mitarbeiter werden eingestellt.
-- Konferenz Lokale Akteure in Bagenz
-- Der IBA-Fachbeirat nimmt seine Arbeit zur Begleitung der IBA-Vorbereitungsgesellschaft auf.

1996

-- Regional Planning Association Workshops bring the various interested parties together in order to prepare an »IBA from below.«
-- Two feasibility studies confirm that an IBA can be realized.
-- On the basis of this, the Regional Planning Association appoints an »IBA Fürst-Pückler-Land Foundation Board« under the direction of Walter Momper. Prof. Karl Ganser (then managing director of the IBA Emscher Park) provides ideas and advice.

1997

-- Support for a future IBA continues to be fought for in discussions with those responsible in the regional government.
-- The F60 and nineteen other projects are published as »Foundation Board Recommendations.«

1998

-- The districts of Oberspreewald-Lausitz, Dahme-Spreewald, Spree-Neisse, Elbe-Elster and the independent municipality of Cottbus found the »IBA Preparation Company« in partnership.
-- Prof. Rolf Kuhn moves from the Bauhaus in Dessau to the IBA in Lusatia.
-- The first IBA employees are appointed.
-- Conference »Local Protagonists« in Bagenz
-- The IBA advisory board takes up its role of supporting the »IBA Preparation Company.«

1999

-- Brandenburg's government decides to support the IBA.
-- Prime Minister Manfred Stolpe opens the IBA start-up week.
-- The first IBA fact-finding mission visits IBA Emscher Park.
-- To conclude the IBA Emscher Park, Prof. Karl Ganser symbolically hands over the »IBA baton« to Prof. Rolf Kuhn in the LOUISE briquette factory.

1999

-- Brandenburgs Landesregierung beschließt die Unterstützung der IBA.
-- Ministerpräsident Manfred Stolpe eröffnet die IBA-Auftaktwoche.
-- Die erste IBA-Fachexkursion führt zur IBA Emscher Park
-- Zum Abschluss der IBA Emscher Park übergibt Prof. Karl Ganser in der Brikettfabrik LOUISE symbolisch den »IBA-Staffelstab« an Prof. Rolf Kuhn.
-- Der Tagebau Meuro in Großräschen-Süd wird eingestellt.
-- Die IBA-Vorbereitungsgesellschaft und die Stadt Großräschen loben gemeinsam einen internationalen Architekturwettbewerb für ein Besucher- und Informationszentrum der IBA am Rand der Grube Meuro aus.

2000

-- Mit 15 Mitarbeitern nimmt die IBA GmbH offiziell ihre Arbeit auf.
-- Als Geschäftsstelle bezieht sie ein saniertes historisches Beamtenwohnheim der Ilse-Bergbau-Aktiengesellschaft in Großräschen.
-- Der »Bericht der strategischen Kommission« erscheint: Das Konzept der Landschaftsinseln mit rund 20 eingebetteten Projekten wird darin beschrieben.
-- Ferdinand Heide, Frankfurt/Main, gewinnt den Architektenwettbewerb für das IBA-Besucherzentrum mit seinem Entwurf der »IBA-Terrassen«.
-- Die Sanierung von Marga, Deutschlands ältester Gartenstadt, ist nach zwei Jahren weitgehend abgeschlossen.
-- Die F60 wird zum heutigen Standort des Besucherbergwerks bei Lichterfeld herausgefahren – Bundeskanzler Gerhard Schröder informiert sich vor Ort.
-- Der Förderverein Slawenburg Raddusch gründet sich.
-- Mit der IBA-Konferenz »Bergbaulandschaft und Bergbaugerät nach dem Bergbau« (Finsterwalde) lädt die IBA erstmals zu einem breiten Diskurs zum Umgang mit den Bergbauhinterlassenschaften ein und erarbeitet dafür Kriterien.
-- Die IBA-Konferenz »Deutsch-Polnische und andere Grenzstädte – Die Grenze als Chance« (Guben-Gubin und Frankfurt/Oder-Slubice) thematisiert grenzübergreifende Projektthemen.
-- Gleich die erste der von nun an jährlich stattfindenden IBA-Fachexkursionen führt in die Niederlande und widmet sich dem Thema »Schwimmende Häuser«

-- The Meuro opencast mine in Großräschen South stops production.
-- The IBA Preparation Company and the town of Großräschen jointly organise an international architectural competition for an IBA visitor and information centre on the edge of the Meuro mine area.

2000

-- The IBA GmbH starts work officially, with fifteen employees.
-- It moves into its offices in a refurbished historical civil servants' hostel belonging to the Ilse-Bergbau-Aktiengesellschaft in Großräschen.
-- The »Strategic Commission's Report« is published, describing the concept of landscape islands with about twenty embedded projects.
-- Ferdinand Heide, Frankfurt am Main, wins the architectural competition for the IBA visitor centre with his »IBA-Terraces« design.
-- The refurbishment of Marga, Germany's oldest garden city, is largely completed after two years.
-- The F60 is driven out to the present location of the visitors' mine near Lichterfeld – Chancellor Gerhard Schröder briefs himself on the spot.
-- The Slawenburg Raddusch Friends Association is founded.
-- The IBA issues its first invitation to a wide-ranging discussion on dealing with the mining heritage in the form of the IBA conference called »Mining landscape and mining equipment after mining« (Finsterwalde), and devises criteria for it.
-- The IBA conference on »German-Polish and other border towns – the border as an opportunity« (Guben-Gubin and Frankfurt an der Oder-Slubice) addresses project themes reaching beyond borders.
-- The very first of the IBA GmbH study trips, which will take place annually from this point onwards, is devoted to the subject of »floating buildings« and visits the Netherlands.

2001

- -- Großer internationaler Studentenworkshop »Werkstatt für neue Landschaften« in Cottbus mit 100 Studenten aus 16 Ländern – die Landschaftsinseln werden konkretisiert.
- -- Richtfest an der Slawenburg Raddusch
- -- Die IBA-Konferenz »Arbeit« (Plessa) diskutiert Zukunftsoptionen für neue Modelle auf dem Arbeitsmarkt.
- -- Der Förderverein Kraftwerk Plessa gründet sich – und die Sanierung beginnt.
- -- Der Förderverein F60 gründet sich.
- -- Die Biotürme sind am Tag des offenen Denkmals erstmals öffentlich zugänglich.
- -- Im internationalen Architekturwettbewerb »Cottbus am Ostsee« entsteht die Zukunftsvision für den derzeit noch aktiven Tagebau »Cottbus Nord« als künftiger Tagebausee.
- -- Die IBA-Konferenz »Innovative Verkehrstechnologien und der Umgang mit alten Verkehrsinfrastrukturen« (Wildau) diskutiert innovative Verkehrsprojekte.
- -- Die IBA-Foren tagen zu den Themen »Industriekultur und Tourismus – Chance für die Lausitz« und »Energiegärten«.

2002

- -- Feierliche Eröffnung des Besucherbergwerks F60
- -- Start der IBA-Tagebautouren und erste Präsentation auf der Internationalen Tourismusbörse in Berlin (ITB)
- -- Symbolischer Spatenstich der LMBV für den Barbarakanal zwischen Partwitzer und Geierswalder See, den ersten schiffbaren Kanal im Lausitzer Seenland
- -- Eröffnung des IBA-Stadtpfades in Cottbus Sachsendorf-Madlow
- -- Eröffnung des Bürgerhauses und Biennale-Rundwegs in Pritzen
- -- Eröffnung des ersten Teilabschnitts des Fürst-Pückler-Wegs von Cottbus-Branitz nach Bad Muskau
- -- Kunstsommer »Sinnlich Drehna« in Fürstlich Drehna und Gehren mit Künstlern aus zehn Ländern
- -- Gründung des Netzwerks K.A.N.N. als Plattform zum Erfahrungsaustausch zum Thema Industriekultur

2001

- -- Major international student workshop called »Workshop for new landscapes« in Cottbus with 100 students from sixteen countries – the landscape islands take on concrete form.
- -- Topping-out ceremony at the Slawenburg Raddusch
- -- The IBA »Work« conference (Plessa) discusses future options for new models in the employment market.
- -- Friends of Plessa Power Station founded – and refurbishment begins.
- -- Friends of F60 founded.
- -- The Bio-Towers are open to the public for the first time on an open monument day.
- -- The international »Cottbus on the Baltic« architectural competition comes up with the future vision for the »Cottbus North« opencast mine, which is still active at the time, as a future opencast lake.
- -- The IBA conference on »Innovative transport technologies and dealing with old transport infrastructures« (Wildau) discusses innovative transport projects.
- -- The IBA Forums meet to discuss »Industrial culture and tourism – an opportunity for Lusatia« and »Energy gardens«.

2002

- -- Official opening of the F60 visitors mine
- -- IBA opencast mining tours launched and first presentation at the Internationale Tourismusbörse in Berlin (ITB)
- -- Symbolic spade cut by LMBV for the Barbara Canal between the Lake Partwitz and the Lake Geierswalde, the first navigable canal in the Lusatian Lake Land
- -- Opening of the IBA City Path in Cottbus Sachsendorf-Madlow
- -- Opening of the Bürgerhaus and Biennale Round Tour in Pritzen
- -- Opening of the first section of the Fürst Pückler Way from Cottbus-Branitz to Bad Muskau
- -- »Sinnlich Drehna« art summer in Fürstlich Drehna and Gehren with artists from ten countries
- -- Foundation of the K.A.N.N. network as a platform for exchanging experience on the subject of industrial culture

-- Start des EU-Projekts VIKTOUR mit der IBA als Leadpartner
-- IBA-Foren tagen zu den Themen »Neues Siedeln in schrumpfenden Regionen?« und »Zeitmaschine Lausitz«.
-- Die IBA-Fachexkursion führt in Vorbereitung auf die IBA-Projekteröffnungen 2003 zu einem großen (Landschafts-)Architektur-Event in der Schweiz: der EXPO.02.

2003

-- Neu-Berufung des IBA-Fachbeirates für die Förderperiode 2003–2007 (Verwaltungsabkommen Braunkohlesanierung)
-- Eröffnung der Slawenburg Raddusch durch Brandenburgs Kultusministerin Johanna Wanka
-- Bundespräsident Johannes Rau weiht die Licht-Klang-Installation von Hans-Peter Kuhn an der F60 ein.
-- Kooperationsvereinbarung mit polnischen Partnern unter anderem zur Neugestaltung der Neißeterrassen und Umnutzung der auf deutscher und polnischer Seite angrenzenden Bebauung in Guben und Gubin – es sind die ersten grenzüberschreitenden Projekte in der 100-jährigen Geschichte Internationaler Bauausstellungen in Deutschland.
-- Start des Interreg-III-B-Projekts REKULA der EU mit der IBA als Leadpartner und Partnern in Schlesien (Polen) und Veneto (Italien)
-- Richtfest für die IBA-Terrassen
-- Eröffnung des Barbarakanals durch die LMBV
-- Ausstellung »see-Haus« in der IBA-Geschäftsstelle: Die 2006 auf dem Gräbendorfer und 2009 auf dem Geierswalder See realisierten Projekte werden erstmals vorgestellt.
-- Das Projekt »Wüste/Oase Welzow«, das die bewusste Landschaftsgestaltung im laufenden Tagebaubetrieb vorsieht, wird mit dem Landschaftsarchitekturpreis des BDLA ausgezeichnet.
-- Die historische Waschkaue und Kraftzentrale neben der Gartenstadt Marga werden in einem Kunstprojekt bespielt.
-- IBA-Foren tagen zu den Themen »Restrukturierung von Kulturlandschaften« und »Routen der Industriekultur«.
-- Die IBA-Fachexkursion in Vorbereitung auf die IBA-Projekteröffnung 2004 führt zu ausgewählten Projekten in Deutschland: Industriemuseum Chemnitz, Leipziger Seenland, IGA Rostock und Land Fleesensee.

-- Launch of the EU VIKTOUR project with the IBA as lead partner
-- IBA Forums meet to discuss »New settlement in shrinking regions?« and »Time machine Lusatia.«
-- In preparation for the IBA project openings in 2003 the IBA fact-finding mission visits a major (landscape) architecture event in Switzerland: EXPO.02.

2003

-- IBA Advisory Council re-appointed for the 2003–2007 promotion period (Lignite Refurbishment Administration Agreement)
-- Slawenburg Raddusch opened by Brandenburg's culture minister Johanna Wanka
-- President Johannes Rau opens Peter Kuhn's light-sound installation at the F60.
-- Agreement to co-operate with Polish partners for projects including redesigning the Neisse Terraces and changing the uses of adjacent development on the German and Polish sides in Guben and Gubin – These are the first cross-border projects in the 100-year history of International Building Exhibitions in Germany.
-- Launch of the EU Interreg-III-B REKULA project with the IBA as lead partner and partners in Silesia (Poland) and the Veneto (Italy)
-- Topping-out ceremony for the IBA-Terraces
-- Opening of the Barbara Canal by the LMBV
-- »Lake House« exhibition in the IBA offices: the projects realized on the Lake Gräbendorf in 2006 and on the Lake Geierswalde in 2009 are presented for the first time.
-- The »Welzow Desert/Oasis« project, proposing carefully planned landscape design while opencast mining is still taking place is commended by the BDLA.
-- An art project is staged in the historic pithead baths and power control centre near the garden city of Marga.
-- IBA forums meet to discuss »Restructuring man-made landscapes« and »Routes for industrial culture.«
-- The IBA fact-finding mission to prepare for the opening of the IBA project in 2004 travels to selected projects in Germany: Chemnitz Industrial Museum, Leipzig Lakeland, IGA Rostock and Land Fleesensee.

2004

-- Ministerpräsident Matthias Platzeck eröffnet die IBA-Terrassen – das zentrale Besucher- und Informationszentrum der IBA.
-- Erste Ausstellung auf den IBA-Terrassen: »Zeitmaschine Lausitz« zur Industrie- und Siedlungsgeschichte der Lausitz – ergänzt durch eine zehnbändige Buchreihe.
-- Die IBA präsentiert das Teilprojekt »Theaterinsel Gubin« auf der 9. Architekturbiennale in Venedig.
-- Start für das Interreg-III-B-Projekt IdeQua der EU mit der IBA als deutschem Partner
-- Eröffnung von zwei Informationspunkten und des Felixturms im Muskauer Faltenbogen
-- IBA und Stadt Senftenberg loben einen Wettbewerb für die Landmarke Lausitzer Seenland aus.
-- Der Pückler-Park Bad Muskau wird UNESCO-Weltkulturerbe.
-- REKULA-Konferenz »Landschaft international«: Experten aus aller Welt treffen sich auf den IBA-Terrassen.
-- Neuberufung des IBA-Fachbeirats für 2008–2010
-- IBA-Foren tagen zu den Themen »Kulturland Brandenburg 2004: Horizonte – Landschaft und Gärten« und »IBA-Werkschau 2005«.
-- Die IBA-Fachexkursion in Vorbereitung auf die »IBA-Werkschau 2005« führt zu ausgewählten Projekten in Oberschlesien (Polen).

2005

-- Eröffnung der IBA-Werkschau zur Halbzeitpräsentation »Bewegtes Land« durch Ministerpräsident Matthias Platzeck auf den IBA-Terrassen
-- Große Ausstellung auf den IBA-Terrassen: »Von der Eiszeit zur Freizeit«
-- Bundespräsident Horst Köhler besucht die Ausstellung.
-- Die Seebrücke an den IBA-Terrassen wird eingeweiht.
-- Uraufführung des Theaterstücks »Alles Verloren – Alles Gewonnen« in der Grube Meuro: Abgebaggerte Großräschener erzählen ihre Geschichte.
-- Mit der »Tour d'IBA« eröffnen IBA-begeisterte Radfahrer den Fürst-Pückler-Weg, der auf 500 Kilometern Länge alle IBA-Projekte verbindet.

2004

-- Prime Minister Matthias Platzeck opens the IBA-Terraces – the central tourist and visitor centre for the IBA
-- First exhibition on the IBA-Terraces: »Lusatia Time Machine« on the industrial and settlement history of Lusatia–complemented by a ten-volume series of books.
-- IBA presents the »Theatre Island Gubin« sub-project at the 9th Architecture Biennale in Venice.
-- Launch of the EU Interreg-III-B IdeQua project with the IBA as German partner
-- Two information points and the Felix Tower open in the Muskau Faltenbogen.
-- IBA and the town of Senftenberg announce a competition for a Lusatian Lake Land landmark.
-- The Pückler spa in Bad Muskau becomes a UNESCO World Heritage site.
-- REKULA »Landscape International« conference: experts from all over the world meet on the IBA-Terraces.
-- IBA Advisory Board reappointed for 2008–2010
-- IBA forums meet to discuss »Culture Land Brandenburg 2004: horizons – landscape and gardens« and »IBA Work Show 2005.«
-- The IBA fact-finding mission to prepare for the »IBA Work Show 2005« travels to selected projects in Upper Silesia (Poland).

2005

-- Opening of the IBA Work Show for a half-time presentation called »Moving Land« by Prime Minister Matthias Platzeck on the IBA-Terraces
-- Major exhibition on the IBA-Terraces: »From the Ice Age to Leisure«
-- President Horst Köhler visits the exhibition.
-- The lake pier on the IBA-Terraces is opened.
-- World premiere of the play »Alles Verloren – Alles Gewonnen« (All Lost–All Gained« in the Meuro mine: people who have been »excavated« from Grossräschen tell their story.
-- Cyclists who are enthusiastic about the IBA take part in the »Tour d'IBA« to open the Fürst Pückler Way, which is 500 kilometres long and links all the IBA projects.

-- »Fürstlich Feiern« bietet ein festliches Wochenende mit Licht, Musik und Schauspiel rund um Wasserschloss und Park in Fürstlich Drehna.
-- Auf der Busrundfahrt »IBA-Lichtwechsel« sind das Besucherbergwerk F60, die Biotürme in Lauchhammer und das Kraftwerk Plessa in einem neuen Licht erlebbar.
-- Die IBA-Konferenz »Neue Arbeit, Neue Energien« (Plessa) diskutiert den Weg hin zu einer Ressourcenwirtschaft in der Niederlausitz.
-- Baubeginn am Gräbendorfer See für das erste schwimmende Haus im Lausitzer Seenland
-- Als Preisträger des Landmarkenwettbewerbs wird die Bürogemeinschaft Stefan Giers Architektur & Landschaftsarchitekturbüro Giers ausgezeichnet.
-- Die Marke »Lausitzer Industriekultur« wird eine von vier Themen für die länderübergreifende brandenburgisch-sächsische Marketingstrategie.
-- Die Stiftung Kunstgussmuseum Lauchhammer übernimmt die Trägerschaft für die Biotürme.
-- Die Sielmanns Naturlandschaft Wanninchen wird neues IBA-Projekt – Beginn der sanften touristischen Nutzung.
-- Der Außenpark des Pückler-Parks in Cottbus-Branitz wird neues IBA-Projekt.
-- Die Energielandschaft Welzow wird neues IBA-Projekt – zusammen mit den Partnern BTU Cottbus und Vattenfall erstellt die IBA ein Konzept für die Energielandschaft.
-- Das Projekt »Wüste/Oase Welzow« wird wegen Umsetzungsschwierigkeiten der bisherigen Pläne neu konzipiert.
-- IBA-Foren tagen zu den Themen »Halbzeitbilanz und Ausblick« und »IBA-Europa-Jahr 2006«.
-- Die IBA-Fachexkursion in Vorbereitung auf das Themenjahr »Europa in der Lausitz« führt zu ausgewählten Projekten in Norditalien.

-- »Fürstlich Celebrates« offers a festive weekend with light, music, and drama around the moated castle and park in Fürstlich Drehna.
-- The »IBA Lighting Change« coach tour shows the F60 visitors' mine, the Bio-Towers in Lauchhammer and the Plessa power station in a new light.
-- The IBA conference on »Neue Arbeit, Neue Energien« (Plessa) discusses the way to a resource economy in Lower Lusatia.
-- Building starts by the Lake Gräbendorf for the first floating building in the Lusatian Lake Land
-- The Stefan Giers Architektur & Landschaftsarchitekturbüro Giers office co-operative wins the competition for the landmark competition.
-- The »Lusatian Industrial Culture« brand becomes one of four themes for the joint project by the states of Brandenburg and Saxony.
-- The Stiftung Kunstgussmuseum Lauchhammer takes over responsibility for for the Bio-Towers.
-- The Sielmanns Naturlandschaft Wanninchen becomes a new IBA project – start of gentle tourist use.
-- The outer park of the Pückler Park in Cottbus-Branitz becomes a new IBA project.
-- The Welzow energy landscape becomes a new IBA project – the IBA draws up a concept for the energy landscape with its partners BTU Cottbus and Vattenfall.
-- The »Welzow Desert/Oasis« project is reconceived because the previous plans proved impossible to realize.
-- IBA forums meet to discuss »Half-time balance and prospects« and »IBA Europe Year 2006.«
-- The IBA fact-finding mission to prepare for the year's theme »Europe in Lusatia« travels to selected projects in Northern Italy.

2006

- -- Eröffnung des IBA-Themenjahrs »Europa« mit den Botschaftern der sieben IBA-Partnerländer bei den EU-Projekten REKULA und IdeQua
- -- Abschluss der EU-Projekte REKULA und IdeQua
- -- Start für das EU-Projekt »Robinwood« mit dem Teilprojekt Energielandschaft Welzow
- -- Eröffnung der Mies-Memory-Box am früheren Standort des Hauses Wolf in Gubin
- -- Richtfest der schwimmenden Tauchschule auf dem Gräbendorfer See im Beisein von Matthias Platzeck und Gründung des Kompetenzzentrums Schwimmende Architektur in Kooperation mit der LMBV und FH Lausitz
- -- Eröffnung des schwimmenden Ferienhauses auf dem Partwitzer See
- -- Die LMBV eröffnet den zweiten und dritten schiffbaren Kanal im Lausitzer Seenland: den Sornoer Kanal zwischen dem Sedlitzer und dem Geierswalder See und den Rosendorfer Kanal zwischen dem Sedlitzer und dem Partwitzer See.
- -- Die IBA-Terrassen sind »ausgezeichneter Ort« im Rahmen der Kampagne »Land der Ideen« der Bundesregierung.
- -- Fürst-Pückler-Weg wird als erster Radweg in Deutschland vom ADFC mit vier Sternen zertifiziert.
- -- Zehn Standorte von Energiemonumenten schließen sich zur ENERGIE-Route Lausitzer Industriekultur zusammen.
- -- Das Stadtumbauprojekt in Cottbus Sachsendorf-Madlow wird Sieger im Wettbewerb Soziale Stadt.
- -- Der Muskauer Faltenbogen wird zum Nationalen Geopark erklärt.
- -- Die historische Gutsökonomie des Pückler-Parks in Branitz wird nach umfangreicher Sanierung wieder eröffnet.
- -- Der Turbinentisch wird als erster Teilabschnitt im Kraftwerk Plessa fertiggestellt.
- -- Beginn des Umbaus am Wasserschloss in Fürstlich Drehna
- -- Beginn des Teilabrisses der Gubener Wolle - Haus D bleibt erhalten.
- -- Das »Wasserreich Spree« wird als 25. Projekt in die IBA-Projektliste aufgenommen.
- -- IBA-Forum tagt zum Thema »Schwimmende Architektur«.
- -- Die IBA-Fachexkursion in Vorbereitung auf das Themenjahr »Energieland Lausitz« führt zu ausgewählten Projekten nach Tschechien, Österreich und Deutschland.

2006

- -- The IBA theme for the year, »Europe, »opens with delegates from the seven IBA partner states for the EU REKULA and IdeQua projects.
- -- EU REKULA and IdeQua projects concluded
- -- EU „Robinwood» project launched with the Welzow energy landscape sub-project
- -- Opening of the Mies Memory Box on the former site of Haus Wolf in Gubin
- -- Topping-out ceremony for the floating diving school on the Lake Gräbendorf in the presence of Matthias Platzeck and foundation of the Floating Architecture Competence Centre in co-operation with the LMBV and FH Lausitz
- -- Opening of the floating holiday home on the Partwitz Lake
- -- The LMBV opens the second and third navigable canals in the Lusatian Lake Land: the Sorno Canal between the Lake Sedlitz and Lake Geierswald and the Rosendorf Canal between the Lake Sedlitz and Lake Partwitz.
- -- The IBA-Terraces named as a »commended location« as part of the Federal Government's »Land of Ideas« campaign
- -- The Fürst Pückler Way becomes the first cycle path in Germany to be awarded three stars by the ADFC.
- -- Ten sites with energy monuments join to form the Lusatian Industrial Culture ENERGY Route.
- -- The urban redevelopment project in Cottbus Sachsendorf-Madlow wins the Social City competition.
- -- The Muskau Faltenbogen is designated a National Geopark.
- -- The historic »Gutsökonomie« – an estate-run economy – at the Pückler Park in Branitz reopens after extensive refurbishment.
- -- The turbine tale is completed as the first subsection at the Plessa power station.
- -- Work starts on rebuilding the moated castle in Fürstlich Drehna.
- -- Start of partial demolition of Gubener Wolle - Building D remains.
- -- The »Spree Water Realm« becomes the 25th project on the IBA project list.
- -- IBA forum meets to discuss »Floating architecture.«

2007

- -- Eröffnung des IBA-Themenjahrs »Energieland Lausitz« mit einer Kampagne der 15 Partner und einer Ausstellung auf den IBA-Terrassen zum Strukturwandel im »Energieland Lausitz«
- -- Eine »eBox« tourt durch Deutschland und informiert über die Energieholzgewinnung im »Energieland Lausitz«.
- -- Fachtagung des Bundesumweltministeriums zu »Akzeptanz erneuerbarer Energien« auf den IBA-Terrassen
- -- Feierlicher Start der Flutung des Ilse-Sees und Eröffnung des Besucherzentrums Lausitzer Seenland auf den IBA-Terrassen
- -- Ministerpräsident Matthias Platzeck eröffnet im sanierten Ledigenwohnheim das »Seehotel« neben den IBA-Terrassen und den Aussichtspunkt Viktoriahöhe.
- -- Zum 5. Jahrestag des Besucherbergwerks F60 wird die »ENERGIE-Route Lausitzer Industriekultur« feierlich eröffnet und als eine von elf Regionalen Routen der Europäischen Route der Industriekultur (ERIH) anerkannt.
- -- Im fertig sanierten Wasserschloss in Fürstlich Drehna eröffnet ein Hotel.
- -- Charles Jencks besichtigt das Lausitzer Seenland und entwirft erste Skizzen für ein Landschaftskunstprojekt in Altdöbern.
- -- Die Arbeit am Landschaftsprojekt »Wüste/Oase Welzow« wird eingestellt.
- -- Eine Machbarkeitsstudie bestätigt Pläne zum Umbau der Ziegelei Klein Kölzig als Visitor Center im Muskauer Faltenbogen.
- -- Ein IBA-Forum tagt zum Thema »ENERGIE-Route Lausitzer Industriekultur«.
- -- Die IBA-Fachexkursion in Vorbereitung auf das Themenjahr »Seensucht Lausitz« führt zu ausgewählten Projekten in Dänemark, Schweden und Norddeutschland.

- -- The IBA fact-finding mission to prepare for the „Energy Land Lusatia» theme year travels to selected projects in the Czech Republic, Austria, and Germany.

2007

- -- Opening of the IBA »Energy Land Lusatia« theme year with a campaign by the fifteen partners and an exhibition on the IBA-Terraces about structural change in »Energy Land Lusatia.«
- -- An »eBox» tours Germany providing information about timber energy generation in the »Energy Land Lusatia.«
- -- Expert conference by the Federal Environment Ministry on »Accepting new energies« on the IBA-Terraces
- -- Ceremonial launch of the Ilse Lake flooding and opening of the Lusatian Lake Land visitor centre on the IBA-Terraces.
- -- Prime Minister Matthias Platzeck opens the »Seehotel« in the refurbished single people's hostel by the IBA-Terraces and the Viktoriahöhe viewing point.
- -- The »Lusatian Industrial Culture ENERGY Route« is formally opened on the 5th anniversary of the F60 visitors' mine and recognized as one of eleven Regional Routes on the European Route of Industrial Heritage (ERIH).
- -- A hotel opens in the completely refurbished moated castle in Fürstlich Drehna.
- -- Charles Jencks visits the Lusatian Lake District and draws preliminary sketches for a landscape art project in Altdöbern.
- -- Work stops on the »Welzow Desert/Oasis« landscape project.
- -- A feasibility study confirms plans for converting the Klein Kölzig brickworks into a Visitor Centre in the Muskau Faltenbogen.
- -- An IBA forum meets to discuss the »Lusatian Industrial Culture ENERGY Route.«
- -- The IBA fact-finding mission to prepare for the »Seensucht Lausitz« theme year travels to selected projects in Denmark, Sweden and North Germany.

2008

- Eröffnung des IBA-Themenjahrs »Seensucht Lausitz« mit einer Ausstellung zu den neuen Seen auf den IBA-Terrassen
- Eröffnung der Landmarke Lausitzer Seenland am Sornoer Kanal
- Eröffnung der »SchauBaustelle« am entstehenden Kanal zwischen Geierswalder und Senftenberger See
- Die IBA lobt einen Wettbewerb zu »Mobiler schwimmender Architektur« aus – und stellt die Ergebnisse noch im gleichen Jahr auf den IBA-Terrassen aus.
- Die IBA und die Stadt Senftenberg loben einen Architekturwettbewerb für den Stadthafen Senftenberg aus.
- Feierliche Eröffnung der Biotürme Lauchhammer durch zwei Landesminister
- Eröffnung des historischen Dieselkraftwerks in Cottbus als Kunstmuseum DKW (Teil des IBA-Projekts ENERGIE-Route Lausitzer Industriekultur)
- Nach aufwändiger Sanierung wird das 1945 zerstörte historische Schloss im Pückler-Park Bad Muskau wieder eröffnet.
- Der Geopark Muskauer Faltenbogen bezieht als Institution ein eigenes Büro in Döbern.
- Charles Jencks stellt öffentlich den Entwurf einer riesigen Hand als Landschaftskunstprojekt für den Altdöberner See vor.
- Der Rückbau der Gubener Wolle ist abgeschlossen und die Neiße-Terrassen werden eröffnet.
- Neuberufung des IBA-Fachbeirates für 2008–2010
- Ein IBA-Forum tagt zum Thema »Innovative Mobilität im Lausitzer Seenland«.
- Die IBA-Fachexkursion in Vorbereitung auf das Themenjahr »Neuland Lausitz« führt zu ausgewählten Projekten in Deutschland und Frankreich.

2009

- Eröffnung des IBA-Themenjahrs »Neuland Lausitz«
- Auf den IBA-Terrassen findet die internationale Fachkonferenz »Chance: Bergbau-Folge-Landschaften« mit Fachleuten aus 25 Ländern statt.
- Mit dem schwimmenden Haus auf dem Geierswalder See eröffnet das dritte schwimmende Haus im Lausitzer Seenland.
- Das EU-Projekt ReSOURCE startet.

2008

- Opening of the »Seensucht Lausitz« IBA theme year with an exhibition on the IBA-Terraces about the new lakes
- Opening of the Lusatian Lake Land landmark on the Sorno Canal
- Opening of the „ShowBuildingSite« on the canal under construction between the Lake Geierswalde and the Lake Senftenberg
- IBA announces a competition for »Mobile floating architecture« – and exhibits the results on the IBA-Terraces in the same year.
- IBA and the town of Senftenberg announce an architectural competition for the Senftenberg municipal harbour.
- Ceremonial opening of the Lauchhammer Bio-Towers by two state ministers
- Opening of the historic diesel power station in Cottbus as Kunstmuseum DKW (part of the IBA Lusatian Industrial Culture ENERGY Route project)
- The historic palace in the Pückler Park Bad Muskau, destroyed in 1945, is reopened after extensive refurbishment.
- The Muskau Faltenbogen Geopark moves into its own office in Döbern as an institution in its own right.
- Charles Jencks shows his design for a gigantic hand as a landscape art project for the Altdöbern Lake in public.
- Work on Gubener Wolle is completed and the Neisse-Terraces are opened.
- IBA Advisory Council reappointed for 2008–2010
- An IBA forum meets to discuss »Innovative mobility in the Lusatian Lake Land.«
- The IBA fact-finding mission to prepare for the »Neuland Lausitz» theme year travels to selected projects in Germany and France.

2009

- Opening of the »Neuland Lausitz« IBA theme year
- The international expert conference on »Opportunity: Post-mining Landscapes« with experts from twenty-five countries takes place on the IBA-Terraces.
- The floating building on the Lake Geierswalde Lake opens as the third floating building in the Lusatian Lake Land.

-- Eine Bürogemeinschaft aus Berlin, Köln und Dresden gewinnt den Wettbewerb für den Senftenberger Stadthafen.
-- Das neue Nutzungs- und Betreiberkonzept für die Gubiner Hauptkirche liegt vor.
-- Im »Energiewald Welzow« wird die erste Biomasse-Ernte eingefahren.
-- Bundesbauminister Wolfgang Tiefensee zeichnet die IBA mit dem »Nationalen Preis für integrierte Stadtentwicklung und Baukultur« aus.
-- Das Team der IBA-Terrassen wird auf der ITB mit dem Gütesiegel »Service-Qualität Deutschland« ausgezeichnet.
-- Die F60 begrüßt ihren 500.000. Besucher.
-- Ein IBA-Forum tagt zum Thema »IBA-Finale 2010«.
-- Die IBA-Fachexkursion in Vorbereitung auf das IBA-Finale 2010 führt zu ausgewählten IBA-Projekten in der Lausitz mit den Schwerpunkten »Energielandschaften erleben« sowie »In Wasserlandschaften eintauchen«.

2010

-- IBA-Finale: Nach zehn Jahren feiert die IBA ihren Abschluss.
-- Symbolische Übergabe der IBA-Projekte und einheitliche Markierung aller Standorte durch See-Würfel
-- Ausstellungseröffnung »Die Neueroberung einer Landschaft«
-- Veranstaltungshöhepunkte sind die sieben Inszenierungen des Kunstprojekts »Paradies 2«.
-- Erster Bauabschnitt für den Schwimmenden Steg auf dem Sedlitzer See
-- Geplant: erster Spatenstich für den Stadthafen Senftenberg
-- Geplant: erster Spatenstich für den schiffbaren Kanal zwischen Sedlitzer und Ilse-See
-- Prof. Rolf Kuhn übergibt den IBA-Staffelstab an die IBA Basel 2020.
-- Die abschließende IBA-Fachexkursion führt zur IBA Basel, an den Bodensee und ins Fränkische Seenland.

-- Launch of the EU ReSOURCE project
-- A practice co-operative from Berlin, Cologne, and Dresden wins the competition for the municipal harbour in Senftenberg.
-- The new use and operator concept for the main church in Gubin is published.
-- The first biomass harvest is introduced in the „Welzow Energy Forest.»
-- Federal building minister Wolfgang Tiefensee awards the IBA the »National prize for integrated urban development and building culture.«
-- The IBA-Terraces team is awarded the »Service-Qualität Deutschland« quality seal at the ITB.
-- The F60 welcomes its 500,000th visitor.
-- An IBA forum meets to discuss the »IBA-Finale 2010.«
-- The IBA fact-finding mission to prepare for the IBA-Finale 2010 travels to selected IBA projects in Lusatia, focusing on »Experiencing energy landscapes« and »Plunging into water landscapes.«

2010

-- IBA-Finale: the IBA celebrates its conclusion after ten years.
-- Symbolic handover of the IBA project and uniform marking of all locations with »see«-cubes
-- »Reconquering a landscape« exhibition opens
-- The seven presentations of the »Paradise 2« art project are event highlights.
-- First building phase for the floating footbridge on the Lake Sedlitz
-- Planned: first spade-cut for the Senftenberg municipal harbour
-- Planned: first spade-cut for the navigable canal between Lake Sedlitz and Lake Ilse
-- Prof. Rolf Kuhn hands the IBA baton over to IBA Basel 2020.
-- The final IBA fact-finding mission travels to the IBA Basel, Lake Constance and the Franconian Lake District.

IBA-MENSCHEN

Den landschaftlichen Wandel einer ganzen Region voranzutreiben ist ohne die Menschen vor Ort schlicht unmöglich. In eineinhalb Jahrzehnten hatte die IBA hunderte von Mitstreitern, bei denen wir uns auf diesem Wege herzlich bedanken wollen.
Haben wir jemanden vergessen? Dank auch an ihn!

IBA-GESELLSCHAFTER
von 1998 bis 2010
in wechselnder Zusammensetzung

→ IBA partners from 1998 to 2010 in changing combinations

Holger Bartsch, Georg Dürrschmidt, Dieter Friese, Sigurd Heinze, Waldemar Kleinschmidt, Walter Kroker, Stephan Loge, Karin Rätzel, Klaus Richter, Frank Szymanski, Martin Wille

IBA-PROJEKTBEIRATSMITGLIEDER
von 1998 bis 2010
in wechselnder Zusammensetzung

→ IBA project committee members from 1998 to 2010 in changing combinations

Holger Bartsch, Dr. Friedrich von Bismarck, Sven Cremer, Dieter Friese, Walter Karge, Manfred Kolba, Kathrin Schneider, Frank Szymanski, Klaus-Otto Weymanns, Herrmann Wittig

MITGLIEDER DES IBA-GRÜNDUNGSKURATORIUMS
von 1996 bis 1999
in wechselnder Zusammensetzung

→ Members of the founding board of trustees from 1996 to 1999 in changing combinations

Holger Bartsch, Prof. Dr. Karl Ganser, Waldemar Kleinschmidt, Edith Lotzmann, Walter Momper, Prof. Heinz Nagler, Prof. h. c. Helmut Rippl, Alois Seewald, Ulrike Staake, Erwin Stahl

MITGLIEDER DER STRATEGISCHEN KOMMISSION 2000

→ Members of Strategic Commission 2000

Dr. Friedrich von Bismarck, Prof. Wolfgang Christ, Prof. Dr. Karl Ganser, Dieter Hütte, Prof. Dr. Rolf Kuhn, Prof. h. c. Helmut Rippl

MITGLIEDER DES IBA-FACHBEIRATES
von 2000 bis 2010
in wechselnder Zusammensetzung

→ Members of the IBA advisory board from 2000 to 2010 in changing combinations

Holger Bartsch, Peter Benuska, Dietmar Beutler, Peter Busch, Prof. Dr. Detlev Dähnert, Jan Drews, Prof. Dr. Mathias Feige, Kristin Feireiss, Ulrich Fey, Prof. Dr. Karl Ganser, Dr. Werner Gerwin, Prof. Undine Giseke, Prof. Rainer Grahn, Oliver G. Hamm, Prof. Adrian Hoppenstedt, Prof. Dr. Dr. Reinhard F. J. Hüttl, Walter Karge, Prof. Dr. Heiderose Kilper, Dr. Andreas Kipar, Waldemar Kleinschmidt, Dr. Kristiane Klemm, Brigitte Klotz, Manfred Kolba, Jürgen Kothe, Prof. Matthias Koziol, Dr. W. Krüger, Edith Lotzmann, Carsten Maluszczak, Dietmar Micklich, Dr. Reimar Molitor, Prof. Dr. Andreas Muhar, Prof. Dr. Bernhard Müller, Dr. Hans-Ulrich Oel, Prof. Markus Otto, Prof. Dr. Andrzej Poniwierka, Klaus Richter, Prof. h. c. Helmut Rippl, Hubert Schneider, Prof. Dr. Werner Sewing, Jeroen Singelenberg, Prof. Dr. Catrin Schmidt, Werner Schröter, Prof. Dr. Ralf-Rüdiger Sommer, Erwin Stahl, Dr. Dietmar Staschen, Prof. Dr. Günter H. Schulz, Rosemarie Thölken, Prof. Hinnerk Wehberg, Prof. Dr. Max Welch-Guerra, Rita Werneke, Prof. Gerhard Wigleb, Prof. Sophie Wolfrum

DAS IBA-TEAM VON 1998 BIS 2010
in wechselnder Zusammensetzung

→ The IBA team from 1998 to 2010 in changing combinations

Ralf Annolek, Stephanie Auras, Martina Aurich, Michaela Baller, Antje Boshold, Roswitha Budich, Doreen Burigk, Hans Demme, Rainer Düvell, Renate Eichapfel, Brigitte Eixner, Marco Elsner, Joachim Engstfeld, Karolina Fanenbruck, Michael Feiler, Karsten Feucht, Prof. Dr. Wolfgang Fischer, Christian Flink, Lothar Flögel, Jana Fritsche, René Gottschalk, Elvira Graßhoff, Jaqueline Graupner, René Greger, Bettina Greif, Paul Gronert, Andrea Hähnlein, Liane Hannes, Anita Hannusch, Elke Hartmann, Detlef Hecht, Jörg Heidig, Heidemarie Heinze, Gabi Herzog, Hans Hagen Herzog, Manuela Hübner, Heike Ismer, Guido Janitz, Dr. Petra Kabus, Gerlinde Keil, Nadja Klinkhardt, Enrico Kotlarski, Olaf Kretschel, Prof. Dr. Rolf Kuhn, Melanie Künzel, Ines Kupfer, Ligia Laferte, David Lang, Kerstin Lange, Doreen Lehmann, Katrin Lindner, Hermine Lösche, Janine Mahler, Steffen Martini, Lindy-Isabell May, Anna Meditsch, Frank Messerschmidt, Renate Meusel, Birgit Michna, Volker Mielchen, Dorothea Miottke, Rainer Müller, Eveline Müllrick, Fred Munitzk, André Nachtigall, Dieter Neumann, Anja Nixdorf, Kerstin Noack, Ramona Noack, Christina Pachaly, Holger Peter, Karola Pfeifer, Frank Poppe, Yvonne Raban, Beate Raguse, Silvia Richter, Sylvia Robeck, Dr. Jürgen Roloff, Cornelia Rösler, Ulrike Rothe, Christian Rückert, Rita Sandner, Lars Scharnholz, Ingrid Scheunemann, Herbert Schirmer, Lena Schmidt, Brigitte Scholz, Sina Schreiber, Matthias Schulz, Martin Sebischka, Henning Seidler, Silvio Seifert, Annett Skrzypczak, Ellen Span, Hans Stephan, Gisela Stepputis, Karsten Thurm, Nicole Urbanek, Gabriele Völzke, Evelin Vondran, Corry Waldau, Ingolf Weichelt, Lilly Weise, Markus Werchosch, Christina Wirth, Arjen De Wit, Katja Sophia Wolf, Ulrich Wolf, Britta Wöllecke, Thomas Worms, Bettina Zimmermann

STUDENTEN UND SCHÜLER,
die die IBA im Rahmen eines Praktikums mit viel Schwung unterstützten

→ Students and schoolchildren who supported the IBA with considerable vigour as part of a practical project

Matthias Abend, Maria Araya Rojas, Ron Bahre, Frank Bendel, Stephanie Bergner, Bernadett Claudia Branke, Jördis Buder, Christina Bunda, Linda Choritz, Jana Claußnitzer, Renee De Waal, Doreen Edelmann, Tim Edler, Alexander Erler, Tino Freißler, Claudia Gabriel, Phillip Gehrke, Henriette Georgi, Carsten Gloßmann, Christin Gork, Arkadiusz Gorny, Marie-Theres Haase, Michael Hacker, Maria Hartmann, Linda Hegewald, Robert Herrmann, Jörg Himmelreich, Johanna Hoberg, Stefanie Hoffmann, Gyöngyver Horvath, Tobias Hundt, Jaqueline Jakob, Franka Jarchow/Ismer, Tobias Jünigk, Manja Kähne, Randy Kämpf, Pia Keschke, Alexander Knopp, Alida Koch, Anne Kockrow, Christian Koksch, Juliane Kubiak, Caroline Laatz, Jeanne-Marie Laurendeau, Frank Lehmann, Sandra Lehnigk, Claudia Lerche, Jaqueline Lisiak, Sarah Lühring, Kai-Uwe Margraf, Ingo Metag, Anne Mrosko, Stephan Mühl, Ute Müller, Nadja Napiralski, Thomas Nasdal, Yvonne Nawrotzki, Katrin Neuber, Thu Nguyen, Michael Nitzsche, Marcus Noack, Claudia Oberländer, Alexandra Ohl, Kornelia Pachen, Marzia Panai, Tina Petrick, Lysann Pötschick, Simone Reinhardt, Jeanett Reitmann, Elodie Rué, Cornelia Rumpf, Edeltraud Scheidt, Anja Schöne, Maria Schöne, Markus Schott, Antje-Kathrin Schroeder, Brygida Schröter, Jens Soffner, Michael Sperber, Sebastian Spiez, Susan Splinter, Phillipp Stafe, Stanislava Stoianova, Natalia Stolarczyk, Dirk Strauß, Diana Stuckatz, Sebastian Tischendorf, Susanne Trapp, Jana Tschitschke, Christina Uhl, Eleni Vasileiadou, Ulrike Voigtländer, Thomas Wachtel, Anett Wallstein, Christin Wannagat, René Wazilowsky, Jan Welsch, Daniel Willeke, Alexandra Witeczek, Antje Wunderlich, Joanna Ziolkowski

WEITERE MITSTREITER, KOOPERATIONSPARTNER UND FÖRDERER DER IBA

ohne Anspruch auf Vollständigkeit

Other IBA co-operative partners and supporters. Completeness not guaranteed

→ Indira Abdulvoap, Bernd-Rainer Ackermann, Jörg Ackermann, Thomas Adam, Andreas Adrian, Rüdiger Albert, Wolfgang Albus, Harald Altekrüger, Prof. Dr. Uwe Altrock, Jens Andres, Hiltrud Apel, Peter Apelt, Peter Attula, Monika Auer, Andreas Bänder, Hans-Joachim Balkow, Prof. Inken Baller, Katharina Balzer, Grit Bandemer, Dieter Bankert, Dr. Janusz Barnas, Carla Barovetti, Harald Barsch, Bartlomiej Bartczak, Jakub Bartczak, Luiza Bartczak, Jürgen Bartholomäus, André Baschlakow, Christiane Baum, Petra Baum, Nicolette Baumeister, Ute Baumgarten, Prof. Henri Bava, Dr. Matthias Baxmann, Marco Bayer, Prof. Dr. Günter Bayerl, Dr. Carlo W. Becker, Veronika Becker, Hermann Beese, Janusz Beger, Volker Benedix, Dr. Oliver Bens, Udo Berger, Ulrike Bergmann, Horst Bernstein, Gaby Beiler, Jens Beuchler, Prof. Matthias Beyrow, Jan Bieniasz, Klaus Biesel, Frank-Wilhelm Binde, Michaela Birkner, Wolfgang Birthler, Werner Blaschke, Bernd Blaufelder, Cornelia Boanta, Wolfgang Bogenrieder, Rosemarie Böhmchen, Heinz Böhnisch, Frank Böhnke, Ulf Bollack, Dr. Harriet Bönisch, Martina Boog, Hans Börjes, Oliver Bothe, Katrin Brandt, Ulrike Bräuer, Lothar Bretterbauer, Helmut Bronk, Ardo Brückner, Bozena Buchowicz, Stephan Buddatsch, Ralf Burkhardt, Peter Buth, Laura Chiarandini, Simion Cretu, Christos Christodoulou, Angelica Ciocchetti, Stephan Dahle, Achim Dahlheimer, Dr. Axel Dahremöller, Anika Damian, Maja Daniel, Dr. Werner Daus, Norbert Deak, Carsten Debes, Wolfgang Deger, Reinhold Dellmann, Markus Derling, Knut Deutscher, Dr. Hans-Liudger Dienel, Klaus Dieskau, Prof. Dr. Andreas Dittrich, André Domin, Ralf Donat, Helmut Donath, Karel Dosek, Manfred Drews, Alexandra Druzynski von Boetticher, Tom Duncan, Armin Dünnbier, Alfons Dürr, Martina Dürrschmidt, Klaus Duve, Dr. Wolfgang Ebert, Albrecht Ecke, Jörg Ecker, Marten Eger, Dr. Christina Eisenberg, Susanne Eisewicht, Martin Eitner, Uwe Eppinger, Christoph Ernst, Dr. Rainer Ernst, Herbert Ertelt, Wieland Eschenburg, Hannah Essinger, Bertold Ettrich †, Brigitte Faber-Schmidt, Jörg Fabiunke, Véronique Faucheur, Titus Faustmann, Andreas Fennert, Prof. Dr. Wolf Fichtner, Gerd Fiedermann, Czeslaw Fiedorowicz, Andrea Fischer, Dr. Ralf Fischer, Dr. Bruno Flierl, Ingrid Franke, Roland Frankfurth, Andreas Fredrich, Dirk Freese, Astrid Freitag, Birgit Freitag, Werner Frenzel, Prof. Dr. Matthias Freude, Dr. Klaus Freytag, Marcel Friedrich, Claudia Fröhner, Peter Fromm, Dr. Christian Fünfgeld, Wolfgang Fürniß, Margitta Gabriel, Michael Gaedicke, Norbert Gafke, Hans-Joachim Gahler, Janusz Gajda, Peter Gallasch, Carmen Caro Garcia, Rüdiger Gau, Rüdiger Geffers, Helmut Geissler, Wolfgang Genehr, Elias Geragas, Dr. Werner Gerwin, Christoph Geskes, Dr. Sokrates Giapapas, Olaf Gibbins, Stefan Giers, Marcin Gierstun, Christina Glanz, Herbert und Helga Glatz, Michael Glausch, Silke Goerlich, Kerstin Gogolek, Michael Grabinski, Klaus-Jürgen Graßhoff, Martina Gregor-Ness, Martina Greib, Dr. Meinhard Maria Grewening, Dr. Holm Große, Johannes Grothaus, Hannelore Grunert, Dr. Holger Grünewald, Jürgen Günsel, Heidrun Günther †, Ditmar Gurk, Lutz Habermann, Barbara Hackenschmidt, Karin Hädicke, Prof. Kurt Häge, Christian Häntzka, Hans Heinrich Hardt, Prof. Walter Hardt, Dr. Gerd Harms, Reiner Hanisch, Manuela Hänsel, Erich Härtel, Dr. Alexander Harter, Arved Hartlich, Sybille Hartnick, Reinhardt Hassa, Thomas J. Hauck, Annegret Haupt, Marcus Heberle, Regina Heelemann, Ferdinand Heide, Gottfried Hein, Manfred Heine, Andreas Heinrich, Matthias Heinrich, Dr. Peter Heinrich, Birgit Hell, Karina Hemmo, Dr. Eberhard Henne, Klaus Henning, Wolfgang Hensel, Timo Hermann, Claus Herrmann, Pertti Hermannek, Erich Hertel †, Otto Herz, Wolfgang Heym, Stephan Hilsberg, Dr. Christian Hirte, Prof. Dr. Frank Höfler, Detlef Höhl, Christian Hohm, Jürgen Hohmuth, Eckhard Hoika, Günther Holder, Axel Holz, Dagmar Holz, Frank Höchsmann, Elvira Hölzner, Ales Hozdecky, Norbert Huber, Prof. Bernd Huckriede,

Klaus-Dieter Hübner, Wilhelm Hummerjohann, Prof. Jörg Hundertpfund, Dr. Bernd Hunger, Prof. Dr. Reinhard Hüttl, Dr. Wolfgang Illert, Anja Itmann, Uwe Jacobshagen, Peter Jähne, Barbara Jakel, Doris Jakubowski, Gerhard Janßen, Raimund Jennert, Katalin Jona, Ulrich Joost, Dr. Hannelore Joswig, Wolfgang Joswig, Felicitas Juckel, Ullrich Junghanns, Dr. Martin Jürgens, Hendrik Just, Prof. Dr. Nina Juzwa, Dorothea Kärgel, Jürgen Kaiser, Wolfgang Kaiser, Urs Kalbfuss, Veit Kalinke, Günther Kalliske, Mariana Kancheva Ivanova, Bengt Kanzler, Gabriela Karmasz, Justyna Karpisjak, Martina Katzschner, Prof. Joachim Katzur, Gerald Kendzia, Tanja Kenkmann, Volkmar Kiene, Thomas Kläber, Dr. Axel Klausmeier, Manfred Kleefeld, Prof. Dr. Helene Kleine, Rainer Klenner, Wolfgang Klepsch, Mirko Klich, Bert Klinkenberg, Rolf Klinkenbusch, Dr. Volker Knabe, Dietmar Koark, Bernd Koch, Dr. Lutz Koch, Petra Kockert, Ralf Kolberg, Dorette König, Angiola König, Joachim Könnicke, Wilko Koop, Stefan Korb, Martin Kornas, Matthias Körner, Peter Kortmann, Brigitta Kose, Lutz Krause, Volker Krause, Dietmar Kraußer, Jaqueline Krengel, Manuela Krengel, Tordis Krengel, Bernd Krieg, Boris Krmela, Dr. J.-C. Kröhan, Uwe Krohn, Barbara Krönert, Reinhard Kröning, Olaf Krüger, Tim Krüger, Wolfgang Krüger, Eberhard Kubiak, Hans Peter Kuhn, Dr. Lothar Kuhn, Markus Kuhn, Stefan Kuhn, Dr. Anke Kuhrmann, Jutta Kuhtz, Werner Kuhtz, Reiner Kula, Alexander Kulicke, Jörg Kuntzsch, Dr. Torsten Kunze, Uwe Kunze, Almut Kupetz, Dr. Manfred Kupetz, Hans-Joachim Kupz, Margarita Kusokowa, Dr. Klaus Kürvers, Dr. Mahmut Kuyumcu, Prof. Gerhart Lampa †, Tommaso Lana, Prof. Dr. Gerhard Lappus, Frank Laqua, Sewan Latchinian, Hazel Leach, Jörg Lebus, Manuela Lebus, Anke Lehmann, Gerd Lehmann, Gerhard Lehmann, Rainer Lehmann, Prof. Dr. J. Krzysztof Lenartowicz, Ulrich Lepsch, Jan Lewerenz, Jan Liesegang, Jörg Lietzke, Uwe Lindner, Estera Lindner-Kuhlmann, Jens Lochmann, Carmen Lorenz, Elke Löwe, Arch. Domenico Luciani, Siegfried Lüdecke, Peter Lüdke, Bernd Lürding, Dr. Engelbert Lütke Daldrup, Michael Mackenrodt, Dr. Hana Maierová, Miroslav Makovicka, Izabela Malachowska-Coqui, Barbara Cernic Mali, Sören Marotz, Petra Maser, Bernd Mattuschka, Ines Mattuschka, Noel McCauley, Anita Meisel, Carola Meißner, Prof. Angela Mensing de Jong, Hartmut Meyer, Lür Meyer-Bassin, Simone Michael, Gerlinde Michaelis, Karin Mietke, Karl Mildner, Sven Mimus, Ingeborg Mittag, Norbert Mnich, Gabriele Möbius, Ralf Möbius, Dr. Reinhard Möckel, Ron Möller, Jürg Montalta, Rainer Mühle, Elisabeth Mühlpforte, Axel Müller, Dieter Müller, Gabriele Müller, Harry Müller, Heinz-Wilhelm Müller, Karl-Heinz Müller, Karsten-Olaf Müller, Stephan Müller, Sybille Müller, Steffen Müller, Ute Müller, Wolfgang Müller, Adriana Muresan, Frank Muschik, Michael Nadebohr; Angela Nattke, Andreas Nemitz, Karin Neufeld, Christina Nicklisch, Gerhard Nies, Henry Nitzsche, Dietmar Noack, Konstanze Noack, Eugen Nowak, Harald Obenaus, Leszek Ochotny, Guido Odendahl, Jan Oelker, Klaus Oelschläger, Prof. Axel Oestreich, Eberhard Oettel, Andreas Ohse, Krzysztof Olifirowicz, Czeslaw Osekowski, Prof. Dr. Ulrich Paetzold, Diethelm Pagel, Andreas Pahl, Prof. Dr. Gundolf Pahn, Ingeborg Paland, Georgi Pamporov, Cord Panning, Daniela Paulig, Christoph Pech, Martin Pehle, Thomas Pehle, Ulrich Peickert, Dieter Perko, Katrin Peter, Arne Petersen, Ilona Petrick, Peter Petrick, Petra Petrick, Tzvetalina Petrova-Genova, Susanne Pfeffer, Hubert Pfennig, Christoph Pienkoss, Egbert S. Piosik, Lothar Piotrowski, Staša Baloh Plahutnik, Matthias Platzeck, Viktor Pogudin, Ekaterina Pohle, Ingeborg Pohmer, Andreas Pöschl, Peter Pollack, Georg Popanda, Horst Posa, Marc Pouzol, Wulf-Rüdiger Prein, Marco Puiatti, Detlef Pusch, Günter Quander, Günter Quiel, Peter Raack, Prof. Eugen Rabold, Karl-Heinz Rademacher, Bernhard Radigk, Peter Radke, Karl-Heinz Radochla, Wolfgang Rakel, Steffen Rasche, Dr. Jochen Rascher, Zbigiew Rau, Bärbel Rechenbach, Antje Recknagel, Dr. Bernd Rehahn, Wolfgang Reichberg, Kai Reichelt, Annerose Reichenbach, Anke Richter, Gerd Richter, Gottfried Richter, Noreen Ripberger, Gerhard Rösch, Julia Rösel, Uwe Rogin, Friederike Rohland, Detlef Rohland,

Brigitta Roick, Eberhard Roick, Wolfgang Roick, Jürgen Rosemund, Dr. Wolfgang Roters, Mario Roth, Holger Rupprecht, Ryszard Rudkiewicz, Hartmut Rüffert, Knut Rumsch, Dr. Paul Rupp, Roland Rust, Prof. Detlef Saalfeld, René Sabrowski, Zbigniew Samociak, Roland Sängerlaub, Prof. Dr. Agnes Saretz, Prof. Gabriele Saupe, Werner Schaaf, Manfred Schäfer, Dr. Olaf Schär, Gerold Schellstede, Bernhard Scherf, Kerstin Schilling, Werner-Siegwart Schippel, Jörg Schlenstedt, Dr. Birgit Schliewenz, Prof. Dr. Wolfgang Schluchter, Birgit Schmidt, Prof. Birgit Schmidt, Elke Schmidt, Prof. Dr. Holger Schmidt, Prof. Dr. Leopold Schmidt, M. Schmidt, Horst Schmöche, Dr. Uwe Schneider, Irmgard Schneider, Simone Schökel, Dr. Hartmut Scholz, Jörg Schönbohm, Günter Schönfeld, Ulrich Schönfeld, Heyo Schönwälder, Olaf Schöpe, Roland Schöpe, Jörg Schrager, Wilfried Schreck, Thies Schröder, Prof. Dr. Wolfgang Schröder, Andreas Schubert, Hans-Joachim Schubert, Martin Schüler, Isabell Schülli-Maurer, Hartmut Schultze, Monika Schulz, Burgit Schulze, Dr. Klaus-Peter Schulze, Prof. Horst Schumacher, Bernhard Schuster, Falk Schwaar, Frank Schwartze, Christiane Schwarz, Klaus Schwarz, Dr. Michael Schwarze-Rodrian, Kerstin Seewarte, Bernd Seidel, Uwe Sell, Gerhard Seltmann, Ingo Senftleben, Prof. Dr. Roland Sessner, Jens Siebert, Andreas Siegl, Prof. Dr. Ernst Sigmund, Krzysztof Sikora, Renate Simons, Fergus Sinclair, Sabine Slapa, Dr. Roland Socher, Peter Sohst, Alfons Sonntag, Reiner Sowa, Rainer Speer, André Speri, Annabell von Sperber, Prof. Dr. Jürgen Stamm, Ursula Starick, Angelika Steffens, Andreas Stein, Dr. Uwe Steinhuber, Carolin Steinmetzer-Mann, Gerhard Steintjes, Walter Stelte, Tillmann Stenger, Peter Stephan, Ulrich Stephan, Dieter Stodian, Manfred Stolpe, Prof. Dr. Horst Stopp, L. Wilken Straatmann, Gert Streidt, Frank Strohmeier, Eberhard Stroisch, Detlef Stronk, Anna Szczesniewicz, Marco Tamaro, Ovidia Trandrau, Christian Tänzler, Christian Taubert, Dr. Karl Heinz Tebel, Andrea Teinze, Gerti Theis, Markus Thelen, Prof. Dr. Hans-Christoph Thiel, Marlies Thiel, Egbert Thiele, Gudrun Thieme-Schmidt, Susanne Thien, Hans-Joachim Thierbach, Dr. Siegfried Thomas, Stefan Tiensch, Prof. Joachim Tourbier, Karen Trepte, Sybille Trog, Jürgen Türk, Marietta Tzschoppe, Andreas Uhlich, Bernd Ullrich, Ralf Ullrich, Olaf Umbreit, Prof. Dr. Erik v. Grawert-May, Elizabeth Vargáné Várkonyi, Michael Vetter, Axel Viertler, Jörg Vogelsänger, Constanze Vogt, Reiner Vogt, Hans-Jürgen Volkland, Karl von der Schmitt, Dr. Perdita von Kraft, Henriette von Preuschen, Graf Hermann von Pückler, Prof. Dr. Hille von Seggern, Dr. Klaus Vonderbank, Wolfgang Wache, Monika Wachsmann, Dr. Georg Wagener-Lohse, Gabriela Wagler, Petra-Juliane Wagner, Norbert Wahren, Karl-Heinz Wahren, Dr. Eva Wala, Andreas Wallat, Gunther Walter, Thomas Wälter, Johanna Wanka, Fred Wanta, Bernd Warchold, Claudius Wecke, Bernhard Weigel, Hans-Joachim Weinhold, Frank Weise, Heinz-Peter Weiser, Rainer Weisflog, Christina Weiss, Bertram Weisshaar, Thomas Weith, Karin Weitze, Doreen Welfert, Helmut Wenzel, Rudolf Wenzel, Carola Werner, Frank Werner, Johannes Werner, Stephan Westermann, Prof. Dr. Thorsten Wiechmann, Mischa Wilcke, Thomas Wilde, Dr. Konrad Wilhelm, Thomas Wilke, Kathrin Winkler, Dr. Peter Wirth, Barbara Wittig, Herrmann Wittig, Dr. Cornelia Wobar, Egon Wochatz, Roger Wohlwend, Johannes Wohmann, Dr. Dietmar Woidke, Kerstin Woite, Claudia Wolf, Elke Wolf, Olaf Wolf, Karin Wolff, Birgit Wöllert, Carola Wolschke, Reinhard Wolschke, Friedrich Wolters, Anne Wróbel, Veronika Worms, Heinz Wunsch, Wolfgang Wüntsch, Jens Wuttke, Manuela Zahn, Simonetta Zanon, Thomas Zenker, Ulrich Zickora, Dagmar Ziegler, Gerhard Ziemann, Prof. Walther Zimmerli, Frank Zimmermann, Prof. Peter Zlonicky, Birgit Zuchold, Prof. Stefan Zundel

INHALT -- CONTENT

I M P R E S S U M -- I M P R I N T

Abbildungen -- Pictures: Umschlagfoto -- Cover: Radke LMBV
Arbeitsgemeinschaft bgmr - Becker Giseke Mohren Richard Landschaftsarchitekten; Architekturbüro Zimmermann + Partner; ARGE hochC Landschaftsarchitektur / Horst Schumacher / Lenné3D; Axel Adler, BASF Schwarzheide, bbz Landschaftsarchitekten, Klaus Biesel, Bildarchiv Stiftung Fürst-Pückler-Museum Park & Schloss Branitz, Prof. Matthias Beyrow, Christian Brünig, Celestin Rohner, Diana Kadur und Jacqueline Bieri; Arjen De Wit, Disos Archiv, Erik Doffek (2), Ralf Donat (2), Frank Döring, Rainer Düvell, Renate Eichapfel, Michael Feiler, Karsten Feucht, Christian Flink, Lothar Flögel, Förderverein Slawenburg Raddusch (2), Fotolia.com (2), Martin Frank, Freaming Seascape Kern und Repper, Architektenpartnerschaft BLAUWERK; Christina Glanz (6), René Greger (2), Häfner/Jimenez, Rudolf Hartmetz, Detlef Hecht (5), Heinz Sielmann Stiftung, Robert Herrmann (2), Johanna Hoberg, Jürgen Hohmuth (3), Tobias Hundt, IBA-Archiv (4), Jencks & Kipar, Gerhard Kassner, Thomas Kläber (24), Jacob Kozma, Marlies Kross, Johannes Lange, Laisureworkgroup, Katrin Lindner, Krajowy Ośrodek Badań i Dokumentacji Zabytków w Warszawie (KOBiDZ); LOMA Architektur, Landschaft, Städtebau; Janine Mahler, MAN TAKRAF, Jürgen Matschie, Volker Mielchen (7), Moma-Image, Frank-Heinrich Müller, Heinrich Natho, Offroadtours Bothe, Petra Petrick (3), Conrado Piccoli, Stefan Pönack, Frank Poppe, Benjamin Pritzkuleit (2), Profifoto Kliche (11), Radke LMBV (12), Michael Rasche, Steffen Rasche (15), Hartmut Rauhut, Kai Reichelt, Dr. Jürgen Roloff (4), Cornelia Rumpf (4), Lars Scharnholz (2), Angelika Schulew, Jörg Schurig, Dietmar Seidel (2), Henning Seidler, sinai, Anton Sladek (4), Lena Schmidt (6), Rosemarie Thoelken, Axel Timpe, TLG, Aris Tsantiropoulos, Univega Dan Zoubek, Vattenfall, Börres Weiffenbach, Rainer Weisflog (24), Karen Wichmann (2)

Herausgeber -- Editor: Internationale Bauausstellung (IBA) Fürst-Pückler-Land, Großräschen
IBA-Geschäftsführer -- Managing director: Prof. Dr. Rolf Kuhn, Großräschen
Leiterin Kommunikation -- Communication manager: Ulrike Rothe, Pritzen
Leiterin Projekte -- Project manager: Brigitte Scholz, Cottbus

Redaktionelle Gesamtleitung -- Overall direction editing: Katja Sophia Wolf, Großräschen
Textredaktion -- Editing: Rainer Müller, texturban, Hamburg
Übersetzung -- Translation: Michael Robinson, London
Gestaltung, Satz und Lithografie -- Design, setting, and lithography:
Constanze Vogt, Prof. Matthias Beyrow (FHP)
Druck und Bindung -- Printing and binding: GCC Grafisches Centrum Cuno, Calbe

Bibliografische Information der Deutschen Nationalbibliothek
Die Deutsche Nationalbibliothek verzeichnet diese Publikation in der Deutschen Nationalbibliografie; detaillierte bibliografische Daten sind im Internet über http://dnb.d-nb.de abrufbar.
--
Bibliographic information published by the Deutsche Nationalbibliothek
The Deutsche Nationalbibliothek lists this publication in the Deutsche Nationalbibliografie; detailed bibliographic data are available on the Internet at http://dnb.d-nb.de

jovis Verlag GmbH
Kurfürstenstraße 15/16
10785 Berlin

www.jovis.de

ISBN 978-3-86859-042-5